各國憲法對照　帝國憲法正義

竹村欽次郎註釋

明治廿二年出版

各國憲法對照 帝國憲法正義

日本立法資料全集 別巻 1437

信山社

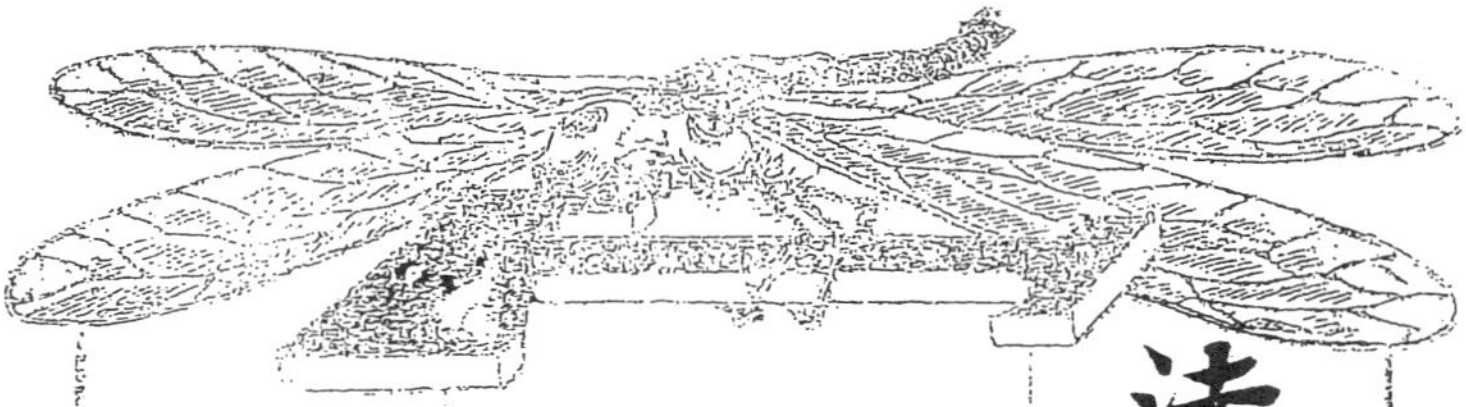

法學士竹村欽次郎註釋

各國憲法對照

帝國憲法正義

說明問答

●告文 ●勅語 ●皇室典範
●憲法 ●議院法 ●議員選擧法
●同附錄 ●會計法 ●貴族院令

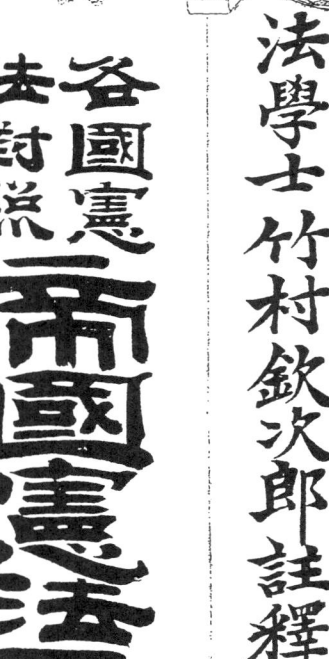

發兌
東京出版會社

例言

一本書ノ解説ハ説明問答參照ノ三項ニ分チ説明ノ項ヲ以テ法文ノ意義理由ヲ説キ問答ノ項ヲ以テ疑義及ヒ實際ノ運用ヲ示シ參照ノ項ヲ以テ各國ノ學説及ヒ法規ヲ掲グ然レ𪜈必ラスシモ嚴正ニ此例ニ據ラス相出入スルモノアリ一ニ解説ノ便ニ從フ

一本書ノ解説ハ説明問答參照ノ三項ニ分ツト雖𪜈各條ニ於テ或ハ説明ノ一項ニ止マリ或ハ數多ノ問答ヲ載セ其説明ノ如キモ或ハ一字一句ヲ分析シ或ハ數項ヲ混同シ總ヘテ畫一ノ虛式ヲ拘守セス

一本書ハ各條鼇頭ニ各國憲法正條ヲ記シ以テ異同ヲ示ス然レ𪜈取捨其宜シキニ隨ヒ重要ノ者ノミニ止ム

一本書ハ咄嗟ノ間ニ草了シ校訂添刪未タ其詳悉ヲ得ス將サニ他日ヲ俟ツテ之ヲ完成セントス江湖具眼ノ士諭告改竄ノ勞ヲ吝ムナクン

ハ榮ナリ矣

明治廿二年二月

著者識

告文

皇朕レ謹ミ畏ミ
皇祖
皇宗ノ神靈ニ誥ケ白サク皇朕レ天壤無窮ノ宏謨ニ循ヒ惟神ノ寶祚ヲ承繼シ舊圖ヲ保持シテ敢テ失墜スルコト無シ顧ルニ世局ノ進運ニ膺リ人文ノ發達ニ隨ヒ宜ク
皇祖
皇宗ノ遺訓ヲ明徴ニシ典憲ヲ成立シ條章ヲ昭示シ内ハ以テ子孫ノ率由スル所ト爲シ外ハ以テ臣民翼賛ノ道ヲ廣メ永遠ニ遵行セシメ益〻國家ノ丕基ヲ鞏固ニシ八洲民生ノ慶福ヲ増進スヘシ茲ニ皇室典範及憲法ヲ制定ス惟フニ此レ皆
皇祖

皇宗ノ後裔ニ貽シタマヘル統治ノ洪範ヲ紹述スルニ外ナラス而シテ
朕カ躬ニ逮テ時ト俱ニ擧行スルコトヲ得ルハ洵ニ
皇祖
皇宗及我カ
皇考ノ威靈ニ倚藉スルニ由ラサルハ無シ皇朕レ仰テ
皇祖
皇宗及
皇考ノ神祐ヲ禱リ併セテ朕カ現在及將來ニ臣民ニ率先シ此ノ憲章ヲ
履行シテ愆ラサラムコトヲ誓フ庶幾クハ
神靈此レヲ鑒ミタマヘ

憲法發布勅語

朕國家ノ隆昌ト臣民ノ慶福トヲ以テ中心ノ欣榮トシ朕カ祖宗ニ承クルノ大權ニ依リ現在及將來ノ臣民ニ對シ此ノ不磨ノ大典ヲ宣布ス

惟フニ我カ祖我カ宗ハ我カ臣民祖先ノ協力輔翼ニ倚リ我カ帝國ヲ肇造シ以テ無窮ニ垂レタリ此レ我カ神聖ナル祖宗ノ威德ト並ニ臣民ノ忠實勇武ニシテ國ヲ愛シ公ニ殉ヒ以テ此ノ光輝アル國史ノ成跡ヲ貽シタルナリ朕我カ臣民ハ即チ祖宗ノ忠良ナル臣民ノ子孫タルヲ回想シ其朕カ意ヲ奉體シ朕カ事ヲ奬順シ相與ニ和衷協同シ益々我カ帝國ノ光榮ヲ中外ニ宣揚シ祖宗ノ遺業ヲ永久ニ鞏固ナラシムルノ希望ヲ同クシ此ノ負擔ヲ分ツニ堪フルコトヲ疑ハサルナリ

朕祖宗ノ遺烈ヲ承ケ萬世一系ノ帝位ヲ踐ミ朕ガ親愛スル所ノ臣民ハ即チ朕ガ祖宗ノ惠撫慈養シタマヒシ所ノ臣民ナルヲ念ヒ其ノ康福ヲ増進シ其ノ懿德良能ヲ發達セシメンコトヲ願ヒ又其ノ翼贊ニ依リ與ニ俱ニ國家ノ進運ヲ扶持センコトヲ望ミ乃チ明治十四年十月十二日ノ詔命ヲ履踐シ茲ニ大憲ヲ制定シ朕カ率由スル所ヲ示シ朕ガ後嗣及臣民及臣民ノ子孫タル者ヲシテ永遠ニ循行スル所ヲ知ラシム

國家統治ノ大權ハ朕カ之ヲ祖宗ニ承ケテ之ヲ子孫ニ傳フル所ナリ朕及朕カ子孫ハ將來此ノ憲法ノ條章ニ循ヒ之ヲ行フコトヲ愆ラサルベシ

朕ハ我カ臣民ノ權利及財產ノ安全ヲ貴重シ及之ヲ保護シ此ノ憲法及法律ノ範圍內ニ於テ其ノ享有ヲ完全ナラシムヘキコトヲ宣言ス

帝國議會ハ明治二十三年ヲ以テ之ヲ召集シ議會開會ノ時ヲ以テ此ノ

憲法ヲシテ有効ナラシムルノ期トスヘシ
將來若此ノ憲法ノ或ル條章ヲ改定スルノ必要ナル時宜ヲ見ルニ至ラハ朕及朕カ繼統ノ子孫ハ發議ノ權ヲ執リ之ヲ議會ニ付シ議會ハ此ノ憲法ニ定メタル要件ニ依リ之ヲ議決スルノ外朕カ子孫及臣民ハ敢テ之カ紛更ヲ試ミルコトヲ得サルヘシ
朕カ在廷ノ大臣ハ朕カ爲ニ此ノ憲法ヲ施行スルノ責ニ任スヘク朕カ現在及將來ノ臣民ハ此ノ憲法ニ對シ永遠ニ從順ノ義務ヲ負フヘシ

御名御璽

明治二十二年二月十一日

內閣總理大臣　伯爵黑田清隆
樞密院議長　伯爵伊藤博文

外務大臣　伯爵大隈重信
海軍大臣　伯爵西鄉從道
農商務大臣　伯爵井上馨
司法大臣　伯爵山田顯義
大藏大臣兼內務大臣　伯爵松方正義
陸軍大臣　伯爵大山巖
文部大臣　子爵森有禮
遞信大臣　子爵榎本武揚

天祐ヲ享有シタル我カ日本帝國ノ寶祚ハ萬世一系歴代繼承シ以テ朕カ躬ニ至ル惟フニ祖宗肇國ノ初大憲一タヒ定マリ昭ナルコト日星ノ如シ今ノ時ニ當リ宜ク遺訓ヲ明徴ニシ皇家ノ成典ヲ制立シ以テ丕基ヲ永遠ニ鞏固ニスヘシ茲ニ樞密顧問ノ諮詢ヲ經皇室典範ヲ裁定シ朕カ後嗣及子孫ヲシテ遵守スル所アラシム

御名御璽

明治二十二年二月十一日

皇室典範

第一章　皇位繼承

第一條　大日本國皇位ハ祖宗ノ皇統ニシテ男系ノ男子之ヲ繼承ス

第二條　皇位ハ皇長子ニ傳フ

第三條　皇長子在ラサルトキハ皇長孫ニ傳フ皇長子及其ノ子孫皆在

ラサルトキハ皇次子及其ノ子孫ニ傳フ以下皆之ニ例ス

第四條　皇子孫ノ皇位ヲ繼承スルハ嫡出ヲ先ニス皇庶子孫ノ皇位ヲ繼承スルハ皇嫡子孫皆在ラサルトキニ限ル

第五條　皇子孫皆在ラサルトキハ皇兄弟及其ノ子孫ニ傳フ

第六條　皇兄弟及其ノ子孫皆在ラサルトキハ皇伯叔父及其ノ子孫ニ傳フ

第七條　皇伯叔父及其ノ子孫皆在ラサルトキハ其ノ以上ニ於テ最近親ノ皇族ニ傳フ

第八條　皇兄弟以上ハ同等内ニ於テ嫡ヲ先ニシ庶ヲ後ニシ長ヲ先ニシ幼ヲ後ニス

第九條　皇嗣精神若ハ身體ノ不治ノ重患アリ又ハ重大ノ事故アルトキハ皇族會議及樞密顧問ニ諮詢シ前數條ニ依リ繼承ノ順序ヲ換フル

コトヲ得

第二章　踐祚即位

第十條　天皇崩スルトキハ皇嗣即チ踐祚シ祖宗ノ神器ヲ承ク

第十一條　即位ノ例及大嘗祭ハ京都ニ於テ之ヲ行フ

第十二條　踐祚ノ後元號ヲ建テ一世ノ間ニ再ヒ改メサルコト明治元年ノ定制ニ從フ

第三章　成年立后立太子

第十三條　天皇及皇太子皇太孫ハ滿十八年ヲ以テ成年トス

第十四條　前條ノ外ノ皇族ハ滿二十年ヲ以テ成年トス

第十五條　儲嗣タル皇子ヲ皇太子トス皇太子在ラサルトキハ儲嗣タル皇孫ヲ皇太孫トス

第十六條　皇后皇太子皇太孫ヲ立ツルトキハ詔書ヲ以テ之ヲ公布ス

第四章　敬稱

第十七條　天皇太皇太后皇太后皇后ノ敬稱ハ陛下トス

第十八條　皇太子皇太子妃皇太孫皇太孫妃親王親王妃內親王王王妃女王ノ敬稱ハ殿下トス

第五章　攝政

第十九條　天皇未タ成年ニ達セサルトキハ攝政ヲ置ク天皇久キニ亘ルノ故障ニ由リ大政ヲ親ラスルコト能ハサルトキハ皇族會議及樞密顧問ノ議ヲ經テ攝政ヲ置ク

第二十條　攝政ハ成年ニ達シタル皇太子皇太孫之ニ任ス

第二十一條　皇太子皇太孫在ラサルカ又ハ未タ成年ニ達セサルトキハ左ノ順序ニ依リ攝政ニ任ス

第一　親王及王

第二　皇后
第三　皇太后
第四　太皇太后
第五　内親王及女王
第二十二條　皇族男子ノ攝政ニ任スルハ皇位繼承ノ順序ニ從フ其女子ニ於ケルモ亦之ニ準ス
第二十三條　皇族女子ノ攝政ニ任スルハ其ノ配偶アラサル者ニ限ル
第二十四條　最近親ノ皇族未タ成年ニ達セサルカ又ハ其ノ他ノ事故ニ由リ他ノ皇族攝政ニ任シタルトキハ後來最近親ノ皇族成年ニ達シ又ハ其ノ他ノ事故既ニ除クト雖皇太子及皇太孫ニ對スルノ外其ノ任ヲ讓ルコトナシ
第二十五條　攝政又ハ攝政タルヘキ者精神若ハ身體ノ重患アリ又ハ

重大ノ事故アルトキハ皇族會議及樞密顧問ノ議ヲ經テ其ノ順序ヲ換フルコトヲ得

第六章　太傅

第二十六條　天皇未タ成年ニ達セサルトキハ太傅ヲ置キ保育ヲ掌ラシム

第二十七條　先帝遺命ヲ以テ太傅ヲ任セサリシトキハ攝政ヨリ皇族會議及樞密顧問ニ諮詢シ之ヲ選任ス

第二十八條　太傅ハ攝政及其ノ子孫之ニ任スルコトヲ得ス

第二十九條　攝政ハ皇族會議及樞密顧問ニ諮詢シタル後ニ非サレハ太傅ヲ退職セシムルコトヲ得ス

第七章　皇族

第三十條　皇族ト稱フルハ太皇太后皇太后皇后皇太子皇太子妃皇太

孫皇太孫妃親王親王妃內親王王王妃女王ヲ謂フ

第三十一條　皇子ヨリ皇玄孫ニ至ルマテハ男ヲ親王女ヲ內親王トシ五世以下ハ男ヲ王女ヲ女王トス

第三十二條　天皇支系ヨリ入テ大統ヲ承ルトキハ皇兄弟姉妹ノ王女王タル者ニ特ニ親王內親王ノ號ヲ宣賜ス

第三十三條　皇族ノ誕生命名婚嫁薨去ハ宮內大臣之ヲ公告ス

第三十四條　皇統譜及前條ニ關ル記錄ハ圖書寮ニ於テ尙藏ス

第三十五條　皇族ハ天皇之ヲ監督ス

第三十六條　攝政在任ノ時ハ前條ノ事ヲ攝行ス

第三十七條　皇族男女幼年ニシテ父ナキ者ハ宮內ノ官僚ニ命シ保育ヲ掌ラシム事宜ニ依リ天皇ハ其ノ父母ノ選擧セル後見人ヲ認可シ又ハ之ヲ勅選スヘシ

第三十八條　皇族ノ後見人ハ成年以上ノ皇族ニ限ル

第三十九條　皇族ノ婚嫁ハ同族又ハ勅旨ニ由リ特ニ認許セラレタル華族ニ限ル

第四十條　皇族ノ婚嫁ハ勅許ニ由ル

第四十一條　皇族ノ婚嫁ヲ許可スルノ勅書ハ宮內大臣之ニ副署ス

第四十二條　皇族ハ養子ヲ爲ス事ヲ得ス

第四十三條　皇族國疆ノ外ニ旅行セントスルトキハ勅許ヲ請フヘシ

第四十四條　皇族女子ノ臣籍ニ嫁シタル者ハ臣族ノ列ニ在ラス但シ特旨ニ依リ仍內親王女王ノ稱ヲ有セシムルコトアルヘシ

第八章　世傳御料

第四十五條　土地物件ノ世傳御料ト定メタルモノハ分割讓與スルコトヲ得ス

第四十六條　世傳御料ニ編入スル土地物件ハ樞密顧問ニ諮詢シ勅書ヲ以テ之ヲ定メ宮内大臣之ヲ公告ス

第九章　皇室經費

第四十七條　皇室諸般ノ經費ハ特ニ常額ヲ定メ國庫ヨリ支出セシム

第四十八條　皇室經費ノ豫算決算檢査及其他ノ規則ハ皇室會計法ノ定ムル所ニ依ル

第十章　皇族訴訟及懲戒

第四十九條　皇族相互ノ民事ノ訴訟ハ勅旨ニ依リ宮内省ニ於テ裁判員ヲ命シ裁判セシメ勅裁ヲ經テ之ヲ執行ス

第五十條　人民ヨリ皇族ニ對スル民事ノ訴訟ハ東京控訴院ニ於テ之ヲ裁判ス但シ皇族ハ代人ヲ以テ訴訟ニ當ラシメ自ラ訟廷ニ出ルヲ要セス

第五十一條　皇族ハ勅許ヲ得ルニ非ザレハ勾引シ又ハ裁判所ニ召換スルコトヲ得ス

第五十二條　皇族其ノ品位ヲ辱ムルノ所行アリ又ハ皇室ニ對シ忠順ヲ缺クトキハ勅旨ヲ以テ之ヲ懲戒シ其重キ者ハ皇族特權ノ一部又ハ全部ヲ停止シ若クハ剝奪スヘシ

第五十三條　皇族蕩産ノ所行アルトキハ勅旨ヲ以テ治産ノ禁ヲ宣告シ其ノ管財者ヲ任スヘシ

第五十四條　前二條ハ皇族會議ニ諮詢シタル後之ヲ勅裁ス

第十一章　皇族會議

第五十五條　皇族會議ハ成年以上ノ皇族男子ヲ以テ組織シ内大臣樞密院議長宮内大臣司法大臣大審院長ヲ以テ參列セシム

第五十六條　天皇ハ皇族會議ニ親臨シ又ハ皇族中ノ一員ニ命シテ議

長タラシム

第十二章　補則

第五十七條　現在ノ皇族五世以下親王ノ號ヲ宣賜シタル者ハ舊ニ依ル

第五十八條　皇位繼承ノ順序ハ總テ實系ニ依ル現在皇養子皇猶子又ハ他ノ繼嗣タルノ故ヲ以テ之ヲ混スルコトナシ

第五十九條　親王內親王王女王ノ品位ハ之ヲ廢ス

第六十條　親王ノ家格及其ノ他此ノ典範ニ牴觸スル例規ハ總テ之ヲ廢ス

第六十一條　皇族ノ財產歲費及諸規則ハ別ニ之ヲ定ムヘシ

第六十二條　將來此ノ典範ノ條項ヲ改正シ又ハ增補スヘキノ必要アルニ當テハ皇族會議及樞密顧問ニ諮詢シテ之ヲ勅定スヘシ

目次

大日本帝國憲法

議院法

衆議院議員選擧法

衆議院議員選擧法附錄

會計法

目次終

各國憲法對照 帝國憲法正義

法學士　竹村欽次郎　著

大日本帝國憲法

憲法トハ何ソヤ之ヲ說明スルニ先チ須ク法ノ區別ヲ明カニシ以テ憲法ノ何レニ位スルヤヲ說カザルベカラス今法ヲ理論上ヨリ區別スルトキハ自然法人爲法トナリ之レヲ原由上ヨリ區別スルトキハ成文法慣習法トナリ叉之レヲ人民ノ社會ニ存在スル關係上ヨリ觀察シ來ル時ハ公法私法ノ別アリトス而ソ憲法ハ即チ此ノ公法ノ一ニシテ諸國間ニ交涉スル外部ノ公法ニ對シテ內部ノ公法ト稱スヘキモノナリ彼ノ刑法行政法ノ如キモ亦內部公法ノ中ニ存ス

其レ然リ而ソ憲法ノ諸法中何レノ部分ニシテ何レノ位地ニアルヤハ右述フルカ如クナリト雖モ其性質ハ如何其記載スル事項ハ如何ト云フニ憲法ハ一國政躰ノ組織ヲ規定シタルモノニシテ所謂一國政躰ノ基本ヲ爲ス所ノ大憲ナリ故ニ其規定スル所ノモノハ細目ニ渉ラス各章表題ノ綱領ヲ示スモノナリ之レカ行政法トノ關係最モ密着スル所ノモノニシテ佛國大學敎授某ハ此ノ關係ヲ簡明ニ示シタリ其言ニ曰ク憲法ハ各章表題ニシテ行政法ハ其條目ナリト蓋シ憲法ハ行政法ノ綱領ヲ示シ行政法ハ憲法中ノ項目ヲ定ムルモノナリ尙之ヲ換言セハ行政法ハ憲法ノ如何ニ運用スヘキカ如何ニ施行スヘキカヲ規定スルモノニ外ナラサルナリ

然ルニ玆ニ猶一ノ注意ヲ要スヘキハ憲法ニハ二種アリテ一ヲ

欽定憲法（シャルト）ト云ヒ一ヲ國約憲法（コンスチチュウシヨン）ト云フ而シテ此ノ二種ノ異ナル所ノモノハ欽定憲法トハ元ト一國主長ノ有スル所ノ權力ヲ割テ一國人民幸福ノ爲メニ其權力ノ幾分ヲ與ヘタルモノナリ即チ一國主長ノ恩惠ニ出ツルモノニシテ一國人民ヨリハ決シテ其權力ヲ受ケンコヲ請求スルノ權ナキモノナリ反之國約憲法トハ元ト一國人民ノ有スル權力ヲ假リニ一國主長ニ托シタルモノナレハ憲法ヲ制定シ其權力ヲ人民平等一般ノモノトセンコヲ一國主長ニ迫リ之ヲ取リ戻シタルモノナリ故ニ其憲法ヲ制定スルニ當リテハ一般人民ノ多數カ同意ヲ表シタル所ノモノヲ以テ成立ス夫レ如此ナルヲ以テ其欽定憲法ト國約憲法トハ其根本ニ於テ已ニ大ナル差異アリトス故ニ其結果ニ至テモ亦自カラ異ナラサルヲ得ス即チ

其君主ト人民トノ權力ノ多少廣狹及其ノ權衡上ニ付欽定憲法ナレハ敢テ不可ヲ唱フルヿヲ得サルノミナラス既ニ其君主ヨリ與ヘラレタルノミニテモ之ヲ感謝セサルヘカラサル性質ヲ有スルモノナリ反之國約憲法ナレハ自由ニ其權限ヲ定メ得ルモノナリトス

我日本帝國憲法ハ右ニ述ヘタル欽定憲法ニシテ從來天皇陛下ノ掌握シ賜ヒシ處ノ大權中ヲ割イテ憲法ヲ制定セラレ以テ未タ曾テ寸毫モ有セサリシ權力ヲ人民ニ賦與セラレシモノナリ是レ即チ天皇陛下慈仁ノ優渥ナル所ニシテ吾人臣民タルモノハ宜ク叩首鳴謝スヘキモノナリトス故ニ本法說明ノ前ニ當リ憲法ノ何物タルコトニ付茲ニ一言ヲ加フルノミ其詳細ナルコトハ各條ノ說明問答ニ至リテ了得セラルヘシ

第一章　天皇

（說明）本章ハ我大日本帝國ノ天皇ハ如何ナル御身分ニ渡ラセ賜フヤ如何ナル大權ヲ持タセラルヽヤ如何ナル方法ニヨリテ國ヲ統治シ賜フヤヲ明カニ示スモノナリ而シテ本法ノ第一ニ此ノ事ヲ定メタルハ我國躰上ヨリ見ルモ最モ其順序ヲ得タルモノナリ何トナレハ之レヲ歐米諸國ノ君主幷ニ一國主長ト比較スルモ皇統連綿神聖無窮ニメ同一視スベカラサル所アレハナリ故ニ第一章ニ於テ此ノ事ヲ明カニスルハ實ニ天皇陛下ノ尊嚴威德以テ我邦國家ノ元首タラルヽモノナルニ由ル

第一條　大日本帝國ハ萬世一系ノ天皇之レヲ統治ス

（說明）本條ハ最モ重要ナル所ニシテ我邦ノ國躰ヲ示シタルモノナリ即チ大日本帝國ハトアルヲ以テ國躰ノ帝國タルヲ知ルベク且

ツ萬世一系ノ天皇之ヲ統治ストアルニヨリ一天萬乘ノ君天下ニ君臨シ賜ヒ帝國萬般ノ政務ヲ親ク統治アラセラルヽモノナルヲ知ルヲ得ヘシ

（問）本條ニ萬世一系ノ天皇之ヲ統治ストアルハ如何ナル意ヲ以テシタルモノカ之レヲ換言スレハ大日本帝國ハ天皇之ヲ統治スト書シタルト萬世一系ノ天皇ト書シタルトハ如何ナル差異ノアルアリテ然ルカ皮想ノ見ヲ以テスレハ其必要ナキモノヽ如シ元來憲法ノ如キモノハ一國基本ノ大綱ヲ定メタル大法ナレハ文簡ニシテ意深キコトヲ要スルモノナリト思考セラルカ如シ如何

（答）萬世一系ノ天皇之レヲ統治ストアル所以ノモノハ是レ我國躰ノ自然ヨリ來ルモノニシテ神武天皇御即位マシマシテ以降皇

統連綿トシテ今日ニ渡ラセ賜フ其間二千五百有餘年ノ久シキ秩序整然敢テ皇室ノ尊榮ヲ侵スモノアラス是レ萬國ニ其比ヲ見サル所ナレハ此ノ無比無極ノ皇統將來ヲ萬々世ニ傳ヘラルヽコトハ一點ノ疑ヒナキコト故之レヲ明示シテ我カ皇室ノ尊榮ヲ知ラシムルニアリ之レヲ佛國ノ歷史ニ就テ考フルニ同國ハ最モ革命多キ國ナレハ初メテ憲法ヲ制定シタル以來今日ノ共和憲法迄十回ノ改革アリ或ハ帝國トナリ或ハ共和國トナリ又其帝國トナルニ於テモ同一ノ皇統ヲ以テセス「ブールボン」家アリ「ナポレヲン」統アリ又「ヲルレアン」家アリ夫レ如此帝國ヲ爲スニ當テモ一系ノ皇統ヲ以テセス又之ヲ英國ニ徵スルニ同國ハ最モ古クヨリ立憲帝國ノ制ヲ施シタル國ナレ圧其皇統ニ至テハ又同一ナル能ハス是レ我邦ノ皇統ハ歐洲諸國ノ比ニ非スシ

伊第二條伊太利國ハ立憲政軆ニ由テ統治ス王位ハ「サリーク」(女子ニ王位ヲ傳ヘサルノ法)ノ法ヲ以テ男統世襲トス

伊第四條國王ノ身軆ハ神聖ニシテ侵スヘカラサルモノトス

ヲ憲法上特筆大書スヘキ所以ナリトス

第二條 皇位ハ皇室典範ノ定ムル所ニ依リ皇男子孫之レヲ繼承ス

(説明)本條ハ皇位讓即ノ事ニ係リ其順序法式等ノアルナラント思考スルモ未タ皇室典範ノ發布ナラサルノ前ニ當リ輕ク想像ヲ以テ筆ヲ執ルハ若シ一歩ヲ誤レハ皇室ノ尊榮ヲ冒瀆シ不敬ニ亘ルノ恐レアレハ茲ニ之ヲ説明セス皇室典範ノ發布ヲ待チテ後チ増補スル所アルヘシ

第三條 天皇ハ神聖ニシテ侵スヘカラス

(説明)本條其文簡ニシテ其意深遠ナレハ最モ愼重ヲ加フヘキ條ナリ即チ神聖ニシテ侵スヘカラストハ我カ皇室ノ連綿タルヿ之レヲ史ニ徴スレハ自カラ明カナルヲ得ヘシ則チ神祖ノ裔ヲ承ケ

サセ賜ヘル所ニシテ之レカ臣民タルモノ非望ノアルヘキニアラズ又我歴史上未タ曾テ神聖ナル天皇ヲ侵シタルコトナシ藤原氏以來源平二氏ノ軋轢北條足利諸氏ノ爭鬪ナキニアラスト雖モ要スルニ武門ノ權ヲ張ラントスルニ止マリ皇室ヲ瀆スノ非望ヲ以テ歴史上ニ瑕點ヲ遺シタルコトアラス是レ我邦ノ臣民タルモノハ一人トシテ其神聖侵スヘカラサルコトヲ銘セサルモノナキナリ然レモ之レヲ事例ニ徴シテ說明セントスルハ尊嚴ヲ汚スノ恐レアリ且ツ筆紙ノ盡スヘキ處ニアラサレハ此ノ一點ニ於テハ日本臣民タルモノヽ良心ニ問フノ外アラサルナリ

以上ハ天皇ノ御身分上ヨリ見タルモノナリ而シテ之レカ國政ヲ總攬セラルヽ一國ノ元首トシテ政治上ノ點ヨリ云ヘハ如何

是レ又大ヒニ說明スヘキ點アリトス

(問) 本條ニ天皇ハ神聖ニシテ侵スヘカラストハ之ヲ政治上ノ點ニ付テハ如何ニ解釋スヘキヤ

(答) 抑モ立憲帝國ノ本義トシテ一國主長タル天皇又ハ君王ハ政務ヲ總攬シ萬機ヲ統治シ賜フノ大權ヲ有セラルヽト雖圧政治上ノ事ニ至テハ全ク責任以外ニ立タセ賜フモノナリ即チ若シ其政務ノ方法ニシテ一般國民ノ意見ニ戾リ議會ノ否决ニ遇フニ當リテハ其責任ハ內閣大臣ノ負フ所ニシテ天皇ハ之レニ關シ賜ハス即チ國務大臣ヲ交代セシムルモノナリ是レ政治上ニ付テモ亦侵カスベカラサル所ナリ其政務ノ責任ノ事ハ後條ニ說明スル所アルヘシ

第四條 天皇ハ國ノ元首ニシテ統治權ヲ總攬シ此ノ憲法ノ條規

ニ依リ之ヲ行フ

（說明）天皇ハ國ノ元首ニシテアトハ一國ノ大權ヲ有シ賜フ主長ナルコトヲ明ニシタルモノナリ其細密ナルコトハ第一條第三條ニ於テ已ニ說明シタル處ナレハ玆ニ再ヒ重複ノ辨ヲ費サヽルベシ然ルニ統治權ヲ總攬シ此ノ憲法ノ條規ニ依リ之レヲ行フトアルハ是レ立憲帝國ノ本義ニ協フタル處ニシテ即チ一國主長タルモノハ萬般ノ政務ヲ總攬統治スルハ執行權ノ長タル性質ニ於テ當サニ然ルヘキ所ナリ即チ文武官ヲ任命黜陟スルコト國務大臣ノ執務ヲ統裁シ賜フ事是レ執行權ノ長タル所ノ職務ニ當ラセ賜フカ故ナリ且ツ又憲法ノ條規ニ依リ之レヲ行フトハ假令ヒ一國ノ大權ヲ掌握シ賜フ天皇陛下ナリトハ申シナカラ已ニ立憲政躰ヲ施カセラレタルニ於テハ其旨趣全ク一國人民

ノ公議ヲ重ンゼラルヽノ思召ニ出タルモノナレハ凡百ノ法律ヲ制定スルカ如キハ最モ臣民ノ意望ヲ滿足セシメ以テ之レヲ施行セラルヽニアラサレハ施政圓滑ナルヲ期シ難シ即チ一國民人ノ幸福ト皇室ノ尊榮トヲ無窮ニ垂レサセ玉ハンニハ立憲政體ニ若クナキヲ信セラレ已ニ憲法ヲ制定セラレタルニ於テハ之レニ依リテ萬事ヲ行ハルヘキハ至當ノ事ナリトス

（問）茲ニ統治權ヲ總攬シトアル統治權トハ如何ナルモノナルヤ

（答）統治權トハ苟モ一國ノ安寧幸福ヲ圖ラルヽニ於テ宜ク裁定シ賜フ處ノ權ハ皆統治權ナリ然ルニ統治トハ之レヲ天皇御一人ニ握ラセ賜フ故ニ統ヘ治ムルト書シタルモノナルベシ故ニ立法權ナリ執行權ナリ司法ノ權ナリ皆天皇ノ統ヘサセ賜ハサルハナキコトヲ云フ之レヲ歐米ノ憲法ニ比較スルニ多クハ主長

タル者ハ立法權タル代議院ニハ立法權ヲ任シアルモノナレ圧(尤モ裁可權制止權解散權ハ帝國タルト共和國トニヨリ差異アルモ君王タルモノハ概ネ有セサルハナキナリ)我カ憲法ニハ本條ニ於テ右立法執行司法ノ三權ノ上ニ統括權ヲ有セラルヽコヲ云フ然レ圧此ニ大ニ注意スヘキモノアリ政學ノ格言ニ天皇ハ統治シテ支配セスノ語アリテ統治權ヲ有セラルヽハ万般ノ政治ヲ總率監督シ賜フモ政務ノ處理施設ハ之ヲ親ラシ賜フモノニ非ルナリ而シテ其各權ヲ統括セラルヽノ權限ハ以下ノ諸條ノ定ムル處ナレハ其時ニ至リ猶說明スルコトアルヘシ

伊第三條立法ノ權ハ國王元老院及下院合同シテ之ヲ行フ

第五條　天皇ハ帝國議會ノ協贊ヲ以テ立法權ヲ行フ

(說明)本條ハ凡テノ法律ヲ制定スルニハ帝國議會ノ決議シタル處ニヨリ以テ天皇其立法ノ權ヲ實際ニ行ハルヽコヲ示シタルモノ

ナリ然ルニ議會ノ事ニ付テノ詳細ハ第三章以下ニ定メアレハ茲ニハ只タ其大躰ヲ示スヘシ抑モ諸般ノ法律ヲ制定スルノ順序ヲ云ヘハ其議案ハ國務大臣ヨリ之レヲ帝國議會ニ提出シ帝國議會ハ之レガ審議ヲ遂ケ以テ之レカ論決ヲ爲シ然ル後天皇之レヲ以テ至當ノ議決ナリト思考セラルヽ𪜈ハ之ヲ裁可シ若シ不當ノ議決ナリトセラルヽ𪜈ハ或ハ停會シ又ハ衆議院ノ解散ヲ命スルコトヽナル猶委シキコトハ次條及第七條ニ至リテ説明スヘシ

第六條　天皇ハ法律ヲ裁可シ其公布及執行ヲ命ス

伊第七條國王ハ法律ヲ確定シ且ツ之ヲ布告ス

（説明）本條ハ前條ト共ニ第四條ニ規定シタル統治權總攬ノ原則ヨリ生スル所ノモノナリ而シテ前條ハ立法權ノ事ヲ云ヒ本條ハ裁下公布執行ノ事ヲ規定スルモノナリ而シテ凡テ法律ハ議定シ

テ成立シ裁可ヲ經テ定成シ公布アリテ效力ヲ生スルモノナリ故ニ此ノ議定裁可公布ノ三段落アルニアラサレハ執行スルコトヲ得サルニヨリ天皇ハ統治權ヲ總攬セラル丶ヲ以テ此ノ三者ノ上ニ權力ヲ有セラル丶モノナリ

（問）法律ヲ裁可スルトハ如何ナルヿヲ云フヤ

（答）天皇ハ法律ヲ裁可スルトハ帝國議會ニ提出シタル議案ヲ衆議院及貴族院ニテ議定シタルヲ天皇之ヲ可ナリト思惟セラレタル片之レヲ公布スル前ニ當リ裁可スルモノナリ即チ其議定シタル所ハ可ナリト承諾セラレタルコトヲ示シ然ル後國務大臣ニ命シテ其法律ヲ公布セシメ且ツ之レヲ執行セシムルモノナリ

（問）公布トハ如何

（答）公布トハ全國人民ニ之レヲ知ラシムルノ方法ニシテ古ハ其方法種々アリテ或ハ皷鐘ヲ打チテ各村ノ人民ヲ一所ニ集メ以テ之レヲ讀ミ聞カセ或ハ公ケノ掲示場ニ貼付シテ之ヲ縱覽セシメタル等ノコトアリシカ現今我邦ノ公布或ハ官報ニ登載スルヲ以テ公文式ト爲シ其官報カ各府縣廳ニ到達ノ日割ヲ定メ其日以後ハ之レヲ人民一般ノ知ラルモノト見做ス之ヲ公布ト云フナリ要スルニ人民ニ其法律ノ成立シタルコトヲ通知スルモノナリ

（問）執行ハ何レノ日ヨリ爲スカ

（答）右ニ述ヘタル通リ公布ノ式ヲ終リ官報ニ登載シ以テ之レヲ各府縣ニ送付シ其到達豫定ノ日數ヲ經タル翌日ヨリ執行スルモノナリ故ニ其東京ヲ去ル府縣ノ路程遠近ニヨリ其日數ヲ異ニ

スレハ一ノ法律ニシテ全國同一ノ日ヨリ執行スルモノニアラス例ヘハ東京ハ公布後三日ニシテ執行スルモノトシ二月十一日ヨリ執行セラルヽモ大分縣ニハ官報ノ到達日數ヲ十日ト定メアレハ從テ十日ノ後ニアラサレハ執行ヲ初メサルカ如シ尤モ法律ノ性質ニヨリ或ハ直チニ執行スルモノナキニアラザルナリ此レ等ハ本條ノ規定以外ニ渉ルヲ以テ玆ニ述ヘス

伊第九條國王ハ毎歳兩院ヲ召集シ又ハ會期ヲ延ハシ或ハ下院ヲ解散スルコトヲ得但シ解散シタルトキハ其解散ノ日ヨリ四ケ月内ニ更ニ召集スヘシ

第七條　天皇ハ帝國議會ヲ召集シ其開會閉會停會及衆議院ノ解散ヲ命ス

(説明)本條モ亦第四條ノ規定ヨリ生スル處ノモノニシテ天皇ノ帝國議會ノ上ニ有スル權力ヲ示シタルモノナリ即チ帝國議會ヲ召集シ其開會閉會停會及衆議院ノ解散ヲ命スルカ如キハ最モ重大ナル權ナレハ天皇ノ親クセラルヽコトハ至當ニシテ若シ之

レヲ國務大臣ニ任スル𪜈ハ帝國議會ヲ凌クカ如キ嫌ヒアリ且ツ帝國議會ハ立法ノ權ヲ有スルモノナレハ之レニ對スル執行權ノ國務大臣ハ議會ニ命令ヲ下スノ權ナキヤ勿論ナリ之レヲ能クスルモノハ獨リ天皇アルモノトス加之ナラス此ノ權タルヤ若シ之レヲ濫用スルニ於テハ帝國議會モ其効ヲ少フシ隨テ第五條ニ規定セラレタル天皇ハ帝國議會ノ協贊ヲ以テ立法權ヲ行フト云フノ旨趣ニ違フニ至ルノ恐レアリ然ルニ之レニ付テハ如何ナル時ニ停會ヲ命シ又如何ナル場合ニ際會シタル𪜈ハ衆議院ノ解散ヲ命スル等ハ定メナケレハ一ニ天皇ノ聖意ニ從フヘキノミ而シテ通常ノ帝國議會ハ第四十一條四十二條ニ定メアリ故ニ同條ニ至リ說明スル所アルヘシ

（參照）停會ヲ命スルハ議會ノ討議ニシテ言論過激ニ亘リ全國ノ民心

ヲシテ動搖ヲ惹キ起スノ恐レアル𪜈其議會ヲ中止シテ一國ノ治安ヲ保持セシカ爲メ此ノ權ヲ行フモノナリ以テ一時ノ勢ニ乘シテ不識不知不穩ノ討議ニ陷リタルコトヲ反省セシムルニアリ故ニ停會ト云ヒ中止ト云フモノハ議會其モノハ依然存在スルモ一時ノ働キヲ止メタルニ過キサルナリ

又解散ヲ命スルハ如何ナル場合ナルヤト云フニ議會ノ決議シタル所カ執行權ノ意見ニ反對シ且ツ執行權ノ思考スル所ニヨレハ今議會ノ議決シタル所ハ現在ノ國民一般ノ意思ニ反スルモノナリ故ニ之レヲ解散シテ更ラニ新議員ヲ撰擧シテ議會ヲ開カハ必スヤ執行權ノ意見ニ同意スルナルヘシ即チ一般ノ意思ト執行權ノ出シタル法案ニ同意スヘキニ今ノ議會カ議決シタル所ハ一般人民ノ意思ニ違背シタル所アルヘシト考フル𪜈

之レカ解散ヲ命スルモノナリ而シテ更ニ撰出セラレタル議會ノ議決ト若シ第一ノ議會ノ議決ト同一ニ出ツルトキハ即チ執行權ノ意見カ一般ノ意思ニ協ハサルモノ故又再ヒ解散スルコト能ハサルモノナリ

右述フル處ハ歐洲諸學者ノ學說ニシテ多ク一般憲法ヲ施行スル國ニ行ハルヽ處ナレハ又以テ本法ヲ研究スルノ一端トナルヘキヲ信ス故ニ茲ニ讀者ノ參考ノ爲メ一言ス

第八條　天皇ハ公共ノ安全ヲ保持シ又ハ其ノ災厄ヲ避クル爲メ緊急ノ必要ニ由リ帝國議會閉會ノ場合ニ於テ法律ニ代ルヘキ勅令ヲ發ス

此ノ勅令ハ次ノ會期ニ於テ帝國議會ニ提出スヘシ若シ議會ニ於テ承諾セサルトキハ政府ハ將來ニ向テ其効力ヲ失フコトヲ公

布スヘシ

（說明）凡テ法律ヲ制定スルハ第五條ノ規定スル所ニヨリ天皇ハ帝國議會ノ協賛ヲ以テ立法權ヲ行ハルヽモノナレハ若シ帝國議會ヲ閉會スヘキ必要ノアルアリテ閉會ニ法律ノ制定ヲ要スルニ法律ヲ制定スルノ順序ヲ經ルヲ得サル片ハ不得止一時假リニ法律ニ代ルヘキ勅令ヲ發シ以テ一時ノ急ヲ補ハサルヘカラズ是レ本條アル所以ナリ然ルニ如何ナル場合ニ於テ帝國議會ノ閉會ヲ來タスヘキヤハ前條參照ノ部ニ於テ述ヘタルカ如キ場合ナルヘキカ本條ニヨレハ公共ノ安全ヲ保持シ又ハ其災厄ヲ避クル爲メ緊急ノ必要ニ由リトアリ左ニ其如何ナル場合ナルヤヲ問答スヘシ

（問）公共ノ安全ヲ保持シ又ハ其災厄ヲ避クル爲メ緊急ノ必要ニ由

リトハ如何ナル場合ヲ云フヤ

（答）内訌外患等ノ如キ非常ノ事故ニ際會シ之レカ處置ヲ爲サヽル

ドハ公共ノ安全ヲ保持スルコト能ハサル場合アラン又ハ之レ

ヲ處置スルノ遊優不斷ニ流ルヽドハ爲メニ人民ノ災厄ニ陷ル

コアラン是レ等ヲ防禦救護セントスルニ方リ法令ヲ發セサル

ヲ得サル時ヲ云フナリ然ルニ正當ナル順序ニヨリ法律ヲ制定

センニハ帝國議會ノ協贊ヲ要スルモノナルニ其時帝國議會閉

會中ナルドハ之レヲ如何トモスルヲ得ス左レハトテ之レヲ處

置セサレハ公共ノ安全ヲ保持シ災厄ヲ避クルヲ得サルカ故ニ

天皇假リニ法律ニ代ルベキ勅令ヲ發スルノ必要アリ是レ本條

第一項ノ起リタル所以ナリ

第二項ニ於テハ右ノ場合ニ於テ一時發シタル勅令タルヤ元ト

帝國議會ノ協贊ヲ要メサルモノナレハ之レヲ眞ノ法律ト云フヲ得ス故ニ臨時ニ處分シタル勅令ハ次ノ會期ニ於テ帝國議會ニ提出スルモノナリ然ルニ若シ議會ニ於テ臨時ニ勅令ヲ以テ發シタルモノヲ承諾セサル時ハ政府ハ將來ニ向テ勅令ノ效力ナキコトヲ公布スルモノトス是レ更ラニ帝國議會ノ協贊ヲ得テ發布スベキ法律ヲ制定スルモノニシテ帝國議會ノ意見ヲ重ンスヨリ此ノ如ク規定セラレタルモノナリ若シ之ニ反シテ已ニ發シタル勅令ハ帝國議會ノ不承諾ナルニ拘ハラス依然將來ニ向テ其效力ヲ有スベキモノトスル時ハ帝國議會ハ有レトモ無キガ如キ觀ヲ生シ且ツ第五條ノ精神ニモ戻ルニ至ルベケレバナリ

伊第六條國王ハ諸官員

第九條 天皇ハ法律ヲ執行スル爲ニ又ハ公共ノ安寧秩序ヲ保持

ヲ選任シ及ヒ法律ヲ執行スル爲ニ緊要ナル布告又ハ規則ヲ制定スルノ權ヲ有ス然レトモ法律ノ執行ハ停止シ或ハ法律ノ違犯ヲ許可スヘカラス

シ及臣民ノ幸福ヲ增進スル爲ニ必要ナル命令ヲ發シ又ハ發セシム但シ命令ヲ以テ法律ヲ變更スルコトヲ得ス

(說明)本條ハ要スルニ法律ヲ執行スルニ付テノ命令又ハ其他行政上ノ規則ハ帝國議會ノ協贊ヲ待タス天皇親カラ命令ヲ發シ又ハ國務大臣ヲシテ之レヲ發セシムルコトヲ規定シタル處ナリ是レ法律ト行政規則トノ異ナル處ニシテ憲法ヲ說明シタル所ニ論シタルカ如ク行政規則ナルモノハ帝國議會ノ協贊ヲ得テ制定シタル法律ヲ執行スルニ付テノ細則ニ過キサレハ執行權ノ自由ニ制定スヘキ權內ニアルモノナレハナリ然ルニ其執行權內ニ屬スルモノハ啻ニ法律執行ニ係ル細則ノミナラス其他公共ノ安寧ヲ保持シ臣民ノ幸福ヲ增進スル爲メ必要ナル事柄ハ皆之レヲ制定スルノ權アリ故ニ之レヲ廣ク規定シタルモノナ

リ

然レ𪜈但シ書ニアル如ク假令天皇ノ命令ト雖𪜈之レヲ以テ法律ヲ變更スルコトハ爲スヲ得サル所ナリ是レ屢々述ヘタル如ク法律ハ凡テ帝國議會ノ協賛ヲ得天皇之レヲ裁可シテ始メテ法律トナルモノナレハ之レヲシモ妄リニ變更スルコトアリトセハ立法權ハ實ニ賴ムニ足ラサルモノトナレハナリ

(問) 然ラハ則チ一度制定シタル法律ハ如何ナルコトアルモ變更スルヲ得サルヤ果シテ然ラハ實ニ不正不當ナル法律ナルコトヲ發見シ又ハ時勢變遷シ最初ハ適當ノモノト思考シタル法律モ時ニ或ハ不適當ノモノトナルコトナキニアラサルベシ此ノ如キ時ハ之レヲ如何スヘキヤ

(答) 實ニ萬般ノ法律ハ皆必要ノ爲メニ制定スルモノナレハ又必要

ノ為メニハ之レヲ變更シ若クハ廢止スルモ亦已ムヲ得サル所ナリ否ナ寧ロ其變更廢止ハ必要ナリト云フヘキナリ故ニ此ノ如キ場合ニ際會スルニ於テハ政府ハ之レカ為メ議案ヲ帝國議會ニ提出スルコトモアルヘク又議會自カラ之レカ變更廢止ノ必要ナルコトヲ感シタル時ハ其案ヲ提出スルコトアルヘシ而シテ又最初ニ法律ヲ制定シタル時ト同一ノ手續ニ依リ帝國議會ノ決議ニヨリ天皇ノ裁可ヲ以テセハ可ナリ一度制定シタル法律ナリト雖モ不便不良ノ法律ナルコトヲ知ラハ之レヲ墨守スルヲ要スヘキモノナランヤ

> 伊第六條國王ハ諸官員ヲ撰任シ云々
>
> 蘭第五十八條國王ハ海陸軍ヲ指揮シ武官ヲ任

第十條　天皇ハ行政各部ノ官制及文武官ノ俸給ヲ定メ及ヒ文武官ヲ任免ス但シ此ノ憲法又ハ他ノ法律ニ特例ヲ掲ケタルモノハ各々其ノ條項ニ依ル

免ス但シ其昇級免黜若クハ退老ハ法律ヲ以テ定メタル例規ニ準シ國王之ヲ決ス

(説明)本條ハ天皇ノ有スヘキ權力ヲ規定シタルモノナリ而シテ行政各部ノ官制及文武官ノ俸給ヲ定ムルハ是レ天皇ハ執行權ノ主長ニ位ヒセラルヽ處ヨリ此ノ權ヲ行ハセラルモノナリ此事タル敢テ説明ヲ要セザル程ナリトス勿論帝國議會ノ如キハ元ト行政上ニ干渉スヘキモノニアラス又之ヲ干渉セシムルトスルモ其實際ノ有樣ヲ熟知スルモノニアラサレハ其當ヲ得サルヘク且ツ議會ニ此ノ權ヲ與フルトスル𪜈ハ一官吏ヲ任免シ又ハ昇降セシムルニ付テ一々議決スルノ煩ニ堪ユヘキモノニアラス元來帝國議會ノ性質トシテ行政上ノ細事ニ關係スヘキモノニアラサレハナリ

然ルニ之レヲ天皇ノ親カラシ賜フコトハ實ニ其宜シキヲ得タル所ニシテ即チ自カラノ命ヲ受ケテ事務ヲ取扱フ處ノ行政官

ナレハ之レヲ任免スルコト及其能不能ニヨリ俸給ヲ定ムルカ如キモ亦平素親ラ之レヲ知ルモノニアラサレハ其適當ヲ得サルコトアルベシ是レ本條ノ由テ起リタル所ニシテ何レノ國ヲ見ルモ然ラサルハナシ又武官ニ至リテモ之レト同一ノ理由ニシテ次條ニアル如ク天皇ハ陸海軍ヲ統帥シ賜フモノナレハナリ

（問）此ノ憲法又ハ他ノ法律ニ特例ヲ掲ケタルモノ云々トハ如何ナル場合ヲ云フヤ

（答）此ノ憲法ニアルモノハ第五十八條ニ示シタル裁判官ハ刑法ノ宣告又ハ懲戒ノ處分ニ由ルノ外其職ヲ免セラルヽコトナシトアルカ如キヲ云フ此ノ裁判官ヲ終身トシ以テ妄リニ任免セサル所以ノモノハ大ヒニ理由ノ存スル所アリ然レ圧是レ第五十

八條ヲ說明スルニ當リ詳述スヘシ
又ハ他ノ法律ニ特例ヲ揭ケタルモノトハ陸海軍士官ノ如キモノナリ是レ等ハ退職年限ニ至ルカ其他身躰ノ不具トナルカ犯罪等アルニアラサレハ常職ヲ解カルヽコトアラサルナリ尤モ犯罪ヲ爲シタルモノヽ外ハ假令ヒ常職ハ解カルヽト雖モ軍籍ヲ脫スルニアラス且ツ平時職務ヲ取ラサルニ止マリ身躰ノ健康ヲ保ツ上ハ非常ノ塲合ニ際シテハ亦軍事ニ從フヘキハ勿論ナリトス

第十一條　天皇ハ陸海軍ヲ統帥ス

（說明）本條ハ別ニ說明ヲ要セスト雖モ明カナル所ナリ且ツ第四條ニモ規定アルカ如ク天皇ハ國ノ元首ニシテ統治權ヲ總攬シ云々トアルヲ以テ別ニ本條ヲ置クノ必要ヲ見サル樣ナレモ元ト我

邦ノ天子ハ三軍ヲ帥ヒテ親征セラレタルコトハ古代ノ史乘ニ歷々トシテ明カナル所ナリ中世ニ至リ源平氏以降ハ武門權ヲ專ラニシ且ツ軍事ハ一ニ時ノ執政ニ任セラレタルノ姿アリト雖モ是レ只陸海軍ヲ統帥スルノ權ヲ任シタルニ過キス故ニ今憲法ヲ制定スルニ方リ茲ニ本條ヲ置キタル所以ノモノハ往古ノ例ニ復シ天皇親カラ陸海軍ノ元帥トシテ萬般ノ軍ヲ統帥シ賜フコトヲ明示シタルモノナリトス

第十二條　天皇ハ陸海軍ノ編制及常備兵額ヲ定ム

（說明）本條ハ前條ヨリ自然ニ生シ來ル結果ニシテ天皇陸海軍ヲ統帥セラルヽ以上ハ之レカ編制ヲ司リ及其常備ノ兵額ヲ定ムルハ至當ノ事ナリ深ク研究ヲ費サスシテ知ルヲ得ヘシ

第十三條　天皇ハ戰ヲ宣シ和ヲ講シ及ヒ諸般ノ條約ヲ締結ス

普國憲法第四十八條國王ハ宣

戰媾和及外國政府ト諸條約ヲ締結ス○貿易ノ諸條約及一國若ハ國民ノ負担ヲ起スヘキ諸條約ハ兩院ノ同意ヲ得テ始メテ施行スヘキ効力アリ

西第四十五條國王ノ特權第四ニ曰ク戰ヲ宣シ和ヲ講ス但シ之ヲ宣講スルノ後國會ニ對シテ之カ說明ヲ爲シ及其文據ヲ示スヘシ

米法　外國トノ條約ハ大統領元老官協同シテ之ヲ擧ケ元老官三分ノ二以上ノ同

(說明)本條ハ實ニ重要ノ事項ニ係レハ須ク研究スヘキ所ナリ宣戰ト云ヒ講和ト云ヒ其他諸般ノ條約ヲ締結スルコトハ外國ニ係ルコトナレハ其措置ノ當ヲ得ルト否トハ大ヒニ一國ノ利害榮譽ニ關スルコトナレハ最モ愼重ヲ加フヘキ重大ノ事件ナリトス而〆宣戰ト云フコトヲ說明スルニ先チ戰トハ如何ナルコトヲ云フヤヲ述ヘサルヘカラス即チ單ニ双方ヨリ發砲シタリト雖ヒ未タ以テ戰ト云フヘキモノニアラサルナリ且ツ其主義トスル處ハ妄リニ他國ヲ畧奪スルモノニアラス自國ヲ防キ自國ノ權利ヲ全フセントスルニアルモノナリ即チ支那ノ舊書ニ云ヘル如ク名ナキ戰ヲナサスト云フ如キモノナリ而シテ戰ナルモノハ數多ノ行爲ノ集合ナリ此ノ行爲ニ依リテ自國ノ權利ヲ尊敬セシメンカ爲メ他國ニ對シ兵力ヲ以テ抵抗スル所ノ所爲ノ

議ヲ得ハ大統領之ヲ批準スルヲ得

集合ナリ故ニ只タ發砲シテ他國ノ砲臺ヲ擊ツカ如キハ之レヲ戰ト云フニハ其ノ所爲ノ屢々アルコトヲ要スルナリ是皆已ムヲ得サルニ出ツルモノニシテ或ハ自國ノ權ヲ全フセン爲メ兵力ヲ以テ敵國ヲ攻擊スルニアラサレハ平和ノ談判ヲ以テスル能ハサル時初メテ此ノ戰ヲ宣スルモノナリ故ニ輕卒ニ爲スヘキモノニアラス而シテ此ノ戰ノ起リニハ二種アルモノニシテ一ハ事實ニヨルモノナリ例ヘハ甲國カ乙國ニ向テ發砲シタルニヨリ乙國之レニ答テ直チニ反發シ以テ遂ニ戰トナルコトアリ又一ハ互ニ權利上ノ談判ヲ爲シタルモ遂ニ其局ヲ結ハス談判爲メニ破レテ邪正ヲ武力ニ決セントコトヲ約シ相當ノ手續ヲ經テ之ヲ開クコトアリトス

又講和トハ一度開戰シタルニ一方勝算ナキカ爲メ又ハ双方其

戰ノ不利ナルコトヲ悟リシ為メ一方ヨリ發言シ他方之レニ同意ヲ表シ以テ講和スルコトアリ或ハ戰ニ敗レテ已ムヲ得ス己レノ權利ヲ捨テ或ハ償金ヲ出シテ講和ニ至ルコトアリ必竟之レヲ約言スレハ開戰シタルヲ止メテ和議ヲ為スニ外ナラサルナリ

其レ此ノ如ク宣戰ト云ヒ講和ト云ヒ若シ一歩ヲ誤レハ非常ナル影響アルモノナレハ宜シク愼重ヲ加フヘキ處ナリ

此ノ大權ヲ天皇ノ親ラ賜フハ何故ナリヤト云フニ是レ大ヒニ理由ノアルアレバナリ即チ執行權ノ主長タル天皇ニアラサレハ外國トノ關係及其事情ヲ審カニ知ルヲ得サレハナリ若シ之レヲ帝國議會ニ與フルトセンカ其外國トノ關係ヲ知ラサルカ為メニ其權アリトスルモ空トナルカ否ラサレハ妄トナルノ

結果ニ至ルヲ免レサルヘキナリ加之ナラス宣戰講和ノ權タルヤ元ト外交上ノ事柄ナレハ一國首長タル者ノ執行權ノ上ニ付テ有スヘキモノナリ何トナレハ一國主長ハ文武官ヲ任命スルノ權アリ從テ又外交官ヲ命スルノ權アルヤ明カナリ即チ外國ニ公使ヲ派遣スルノ權アルモノナレハ其外國トノ直接又ハ間接ノ關係ハ如何ナル點ニアルカヲ知ルハ一國主長又ハ外務大臣ノ職ニアルモノニシテ又或ル場合ニ於テハ立法權タル議會ニ知ラシムルヲ得サル秘密ノ事情ナキニアラサレハナリ是レ天皇ノ之ヲ親ラシ賜フ所以ナリ

又諸般ノ條約ヲ締結スルトハ四隣外國ニ關スル和親其他ノ條約ヲ爲スコトヲ云フモノナリ即チ萬國聯合郵便法赤十字社ノ約條ノ如キ是レナリ此等ハ戰後ニ於ケル講和ト同シク外交上

ノ事ニシテ其外國ノ事情ヲ知ルモノハ執行權ニアルヲ以テナリ

第十四條　天皇ハ戒嚴ヲ宣告ス

戒嚴ノ要件及ヒ効力ハ法律ヲ以テ之ヲ定ム

（說明）戒嚴トハ他交際國ノ間ニ於テ戰爭ヲ開クニ當リ我國ハ其何レニモ加担セス即チ局外中立ヲ守ルト云ヘトモ我國ハ其戰爭又ハ事實ノ爲メ侵害ヲ受クルカ如キ患ヒアルニ方リ兵備ヲ爲シテ全國又ハ一地方ヲ戒嚴スルモノナリ然ルニ其戒嚴ヲ宣告スルニハ如何ナル事件アルヲ要スルヤ又其戒嚴ノ宣告アリタル片國民ハ之ヲ遵守スヘキハ勿論ナレ圧若シ之ニ背キタル片ハ如何ナル裁判ヲ受クルヤ等ノ効力ハ別ニ法律ヲ以テ定メラルヽモノナレハ茲ニ推測ヲ以テ說明ヲ爲スハ穩當ナラサルノ恐

レアレハ之レヲ畧ス

（參照）從來國際法ノ定ムル處ニシテ例ヘハ甲國ト乙國トノ間ニ戰爭ヲ開クニ當リ丙國ハ其何レニモ加担セス即チ局外中立ヲ守ルコトヲ公布スル以上ハ甲國及乙國ノ爲メニモ軍用ニ供スル金穀兵器ヲ供給セストカ或ハ兩國ノ爲メニ自國ノ港灣ヲ貸サストカ云フカ如ク凡テ軍事ニ關スルコトニ付テハ其便利ヲ與ヘスト云フニアリ啻ニ便利ヲ與ヘサルノミナラス又進テ其何レノ國ニモ害ヲ爲サスト云フコトナリ

白第六十六條國王ハ軍士ニ位階ヲ賜フ
白第七十五條國王ハ貴族ノ爵位ヲ與フルノ權ヲ有ス但シ特ニ附スル

第十五條　天皇ハ爵位勳章及其ノ他ノ榮典ヲ授與ス

（說明）天皇ハ國ノ元首ナリ統治權ヲ總攬セラルヽナリ凡ソ我々臣民トシテ皇室ノ尊榮ヲ祈リ國民ノ幸福ヲ希フハ情ニ於テ義ニ於テ當サニ然ルヘキ處ナリ而メ其君ニ忠ニ國ヲ愛シ以テ功勞著

權ヲ以テスルコトナシ

普第五十條國王ハ爵位及他ノ勳章ヲ與フルノ權ヲ有ス但シ爵位勳章ハ特權特許ヲ附帶セス

シキ者ハ實ニ國民ノ龜鑑ナレハ宜ク之レニ酬ヒテ其功ヲ標章セサルヘカラス是レ褒賞ノ權ハ一ニ天皇ノ有セラルヽ處ナリ而シテ其之レヲ天皇親カラセラルヽ所以ノモノハ臣下ヲ統率シ奬勵セラルヽノ方法ナリトス爵位トハ公侯伯子男ノ爵及ヒ一位ヨリ八位ニ至ル位階ヲ云ヒ勳賞トハ國家ニ功勞アルモノヲ表賞スル爲メニ與ヘラルヽ徽章ナリ其他本人ノ榮譽トナルヘキ賞狀等ヲ授與セラルヽモノナリ

伊第八條國王ハ特赦及減刑ノ權ヲ有ス

第十六條　天皇ハ大赦特赦減刑及復權ヲ命ス

(說明)本條ヲ說明スルニ當リテハ先ツ大赦特赦ノ何物タルコトヲ明カニセサレハ本條ヲ解スルコト能ハサルヲ以テ茲ニ之レカ畧解ヲ爲サン我國古ヨリ大赦ト云ヒ常赦ト云ヒ或ハ又赦典ト云フカ如キ恩赦ノ存スルナキニアラスト雖ヒ此ニ所謂大赦特赦

トアルハ刑法ニアル所ノモノト同一ナリ故ニ其主旨其用法ニ於テ古ヨリ存スルモノニ異ナラサルヲ得サルナリ

大赦トハ刑法ノ罪トスル處ヲ犯シテ已ニ刑罰ヲ受ケ或ハ又刑罰ヲ受ケントスルモノアランニ其事柄ハ何程重大ナルニモセヨ又其人ハ如何ナル人ニモセヨ又其人員ハ幾何大勢アルニモセヨ犯罪ノ性質時勢ノ變遷等ヨリシテ社會ハ此ノ事件ニ付其犯罪人ヲ罰セサルコトヲ却テ利益ナリトスルノ事情アラン若シ然ルトキニ於テハ是レ社會刑罰權ノ一元素タル犯人ヲ罰スヘキ緊要ノ點ヲ欠クノミナラス此ノ權ヲ行ヒ以テ犯罪人ヲ罰スルハ却テ人心ヲ動搖セシメ害トナルコトモアルヘシ故ニ此ノ如キ場合ニ於テハ公訴ヲ起シテ罪人ヲ裁判所ニ訴ヘ又ハ已ニ裁判言渡シノアリタルモノヲ執行スル所ノ權トモ二ツナカラ

之レヲ放棄シテ犯罪事件ヲ不問ニ付セサルヘカラス是レ即チ大赦ノ制ノ因テ起ル所以ナリサレハ大赦ハ人ノ如何ニヨリテ之レヲ行フニアラス只タ其事件ノ如何ニヨリテ之レヲ行フモノニシテ已ニ裁判ヲ經タル者ニ對シテハ刑ノ執行權ヲ放棄シ未タ所斷ヲ經サル者ニ對メハ公訴ヲ起スノ權ヲ放棄シテ犯罪事件ハ已ニ消滅シタルコトヲ想像スルモノトス故ニ大赦ハ必ス左ノ結果ヲ生ス第一犯人ノ刑ヲ免スルノミナラス其罪ヲ免シテ問ハス何トナレハ已ニ事件ヲ不問ニ付スレハ其人ニ罪アルノ理ナケレハナリ第二大赦ハ之レヲ國事犯若クハ特別犯罪事件ニ適用スヘクシテ常事犯罪ニ適用スルヲ得ス何トナレハ殺人放火强盜竊盜事件ノ如キニ對シテハ如何ナル情狀アルモ社會ノ利益決メ之レヲ不問ニ付スルヲ要求スルノ理ナケレハ

ナリ第三大赦ヲ得ルモノハ再ヒ犯罪ヲ犯スモ再犯ヲ以テ論セス又已ニ刑ヲ受ケタル片ハ此ノ刑消滅シテ復權ヲ得何トナレハ前ノモノカ無罪ニシテ後チノモノカ再犯トナルノ理ナク又免罪セラレテ猶ホ刑罰存スルノ理ナケレバナリ

特赦トハ右ニ述ヘタル大赦トハ大ニ其性質ヲ異ニシ其用法ニ於ケルヤ即チ犯人ヲ目的トシテ事件ヲ目的トセス故ニ只其受クヘキ刑ヲ免レ若クハ之レヲ減等スルニ止マリテ其罪ハ決シテ之レヲ免サヽルナリ故ニ其効果ハ又自カラ大赦ト異ナラサルヲ得ス第一特赦ノ典ハ必ス裁判確定ノ後ニアリ第二其國事犯ノ罪ニ係ルト常事犯ノ罪ニ係ルトヲ分タス第三特赦ヲ得タルモノ再ヒ罪ヲ犯セハ再犯ヲ以テ論ス第四特赦ニ因テ免刑ヲ得タルモノハ赦狀中記載スルニ非サレハ復權ヲ得サルナリ

復權トハ重罪ノ刑ニ處セラレタルモノハ刑法第三十一條ニ規定アル剝奪公權ニ會フモノナリ然ル上ハ終身其權ヲ行フコトヲ得サルモノトス又輕罪ノ刑ニ處セラレタルモノハ刑期間公權ヲ停止セラルヽモノナリ而シテ本條ニ復權ヲ命ストアレハ右重罪ノ刑ニ處セラレタルモノカ終身間失フタル公權ヲ復シテ再ヒ其權ヲ行フコトヲ得ルニ至ルモノナリ

右ノ諸權ヲ天皇ヨリ命セラルヽハ其權タルヤ實ニ重大ノモノナレハ妄リニ行フヘキモノニアラス且ツ天皇ハ國ノ元首ニシテ統治權ヲ總攬セラルヽニヨリ行政司法ハ勿論立法權ヲ有スル帝國議會ノ上ニモ立タセラルヽモノナレハ此ノ大權ヲ有セラルヽハ至當ノコトナリトス

第十七條　攝政ヲ置クハ皇室典範ノ定ムル所ニ依ル

伊第十二條
國王未成年

ノ間ハ王位繼承ノ順序ニ從ヒ最近ナル王族ノ滿二十一歳ナルモノ攝政ノ職ニ任スヘシ

西第五十六條國王未成年ナレハ王ノ父若ハ母攝政ノ職ニ任ス(中略)攝政ハ國王未成年ノ間常ニ其職ヲ執行スヘシ

攝政ハ天皇ノ名ニ於テ大權ヲ行フ

(說明)本條ハ皇室典範ヲ捧讀シタル上ニアラサレハ攝政ハ如何ナル職權ヲ有スルヤ又ハ如何ニシテ之レヲ命スルヤハ審カナラサル所ナリ然レヒ本條第二項ニヨレハ攝政ハ天皇ノ名ニ於テ行フトアルヲ以テ天皇ノ有セラルヽ凡テノ權力ハ皆攝政ヲシテ行ハシメ即チ天皇ノ名ヲ以テ天皇ノ權力ニヨリテ行フモノナルコトハ明カナリ即チ天皇御幼年ノ間此ノ職ヲ置カルヽモノナルヘシ

(問)大權トハ如何

(答)大權トハ其意廣クシテ凡ソ天皇ノ有セラルヽ權力ハ悉ク之レヲ包含スルモノナルベシ而シテ其大權トハ何物ナルカヲ悉ク例示スルニ遑アラスト雖ヒ以上諸條ニ於テ說明シタル諸權ハ

皆之レヲ大權ト云フヘキナリ之レヲ換言スレハ本章ニ規定シアル天皇ノ有セラル丶權力ハ之レヲ大權ナリト云フノ外ナシ其何物ナルヤハ本章各條ノ説明ニ付テ見ルヘシ

第二章　臣民ノ權利義務

（説明）本章ハ臣民ノ有スヘキ權利及ヒ負フヘキ義務ヲ規定シタルモノニシテ第一章ニ天皇ノ事ヲ定メタレハ之レニ次キ之レニ對シテ臣民ノ權利義務ヲ定ムルハ至當ノ順序ナレバナリ其權利ハ如何義務ハ如何ト云フコトハ以下順次ニ説明スル處ノ各條ニ付テ了解スヘシ

（問）本章ヲ通讀スルニ義務ノ文字ハ各條ニ散見スルト雖ヒ權利ノ文字ハ之レヲ見ス然ルニ本章ノ表題ニハ臣民權利義務トアリ然ラハ如何ナルモノヲ以テ權利ト云フヘキヤ又權利ト云ヒ義

務ト云フハ平素何人モ之レヲ口ニスル處ナリト雖ドモ其性質ヲ審カニセス是レ之レハ如何

（答）權利ト云ヒ義務ト云フハ互ニ相對シタル語ニシテ權利アレハ必ス義務アリ義務アレハ必ス權利アルハ自然ノ性質ヨリ然ルモノナリ故ニ權利ナクシテ義務アリ義務アリテ權利ナキモノハ之レアラサルナリ而シテ本章中權利ノ文字ナシト雖ドモ其事項上ヨリシテ臣民ノ行フヲ得ヘキ事柄ハ之レヲ權利ト云テ可ナリ又義務トハ爲サヽルヘカラサル事柄ニシテ若シ之レヲ爲サヽルトキハ公ケノ制裁ヲ受ケサルヲ得サルモノナリ之レニ依テ是ヲ觀レハ其權利ハ如何ナル性質ノモノナルヤ又義務トハ如何ナル性質ノ者ナルヤハ之レヲ知ルヲ得ヘシ而シテ本章ニ記載シアル處ノ事項ハ各條ニ付テ之ヲ見レハ明了ヲ得ヘシ

普第三條　憲法及法律ニ於テ普魯西國民タルノ身分及政權ノ獲得及其喪失ヲ定ム

白第四條　白耳義人タルノ身分ヲ得且ツ之ヲ保チ及ヒ之ヲ失フコトハ民法ニ依テ定メタル規例ニ従フ

第十八條　日本臣民タルノ要件ハ法律ノ定ムル所ニ依ル

（說明）本條日本國民タルノ要件ハ如何ナルコトヲ具備シテ日本國民トナルコトヲ得ルヤハ民法人事編ノ定ムル所ナルモ未タ民法ノ發布ナキヲ以テ之レヲ知ル能ハスト雖モ今之レヲ學理上ヨリ論述スル亦利益ナキニアラサルヘシ例ヘハ日本國ニ生レタル日本人ノ子ハ日本ノ臣民ナリ又外國ニ於テ生レタル日本人ノ子モ亦然ルヘシ父日本人ニシテ母外國人タルトモ其生レタル子ハ日本人タルヘシ又外國人ニシテ歸化ノ要件ヲ備ヘテ日本政府ノ許可ヲ得タルモノハ日本ノ臣民タルコトヲ得ヘシ是レ皆日本臣民タルヲ得ルモノナレトモ詳細ハ今之レヲ述ヘス民法ノ發布ヲ待テ後知ルヲ得ヘシ是レ本條ニモ法律ノ定ムル處ニ依ルトアル所以ナリ而シテ其日本臣民タルノ要件ヲ備ヘテ

日本臣民タルコトヲ得ルハ即チ臣民ノ權利ト云フヲ得ヘシ何トナレハ其要件ヲ定ムルコトハ妄リニセサル所以ノモノナレハナリ

第十九條　日本臣民ハ法律命令ノ定ムル所ノ資格ニ應シ均シク文武官ニ任セラレ及其他公務ニ就クコトヲ得

(說明)本條ハ日本臣民ノ權利ヲ規定シタルノ條ナリトス而シテ法律命令ノ定ムル處ノ資格ニ應シトハ彼ノ文官登用規則ノ如キモノヲ云フ故ニ奏任官トナリ判任官トナルニハ同規則ニ定ムル處ノ資格ヲ有スルモノニアラサレハ任セラル丶コトヲ得ス又命令トハ勅任以上親任ノ式ニ依リ命セラル丶モノ丶如キ或ハ各省各府縣ニ於テ判任官普通試驗ニ及第シタルモノ丶如キ資格ニ應シ以テ其相當ノ官ニ命セラル丶モノナリ又武官ニ至リ

テハ別ニ定ムル所ノ法律アリ即チ陸軍部内ノ學校ヲ卒業シ以テ相當ノ官ニ任セラル、等ヲ云フモノナリ而シテ其他ノ公務トハ本官ニアラスシテ雇ヲ任スルカ如キ教師僧侶トナルカ如キヲ云フモノトス

（問）文武官ニ任セラル、ハ何故ニ權利ナルヤ

（答）日本臣民ニアラサレハ日本國ノ官吏トナルコトヲ得ス此レ其官吏トナルノ權ハ日本臣民ノ特有ニシテ外國人ノ決ソ望ムヲ得サルモノナレハ日本臣民タルモノ、特權ト云フヘキナリ尤モ或ル場合ニハ例外ナキニアラス彼ノ領事ノ如キハ外國人ヲ以テ日本ノ領事ニ任スルコトアルカ如キ是ナリ

第二十條　日本臣民ハ法律ノ定ムル所ニ從ヒ兵役ノ義務ヲ有ス

普第三十四條兵役ハ凡テ普魯西國民ノ義務タリ

（說明）日本國ハ日本臣民ニヨリテ成立スルモノナリ是レ國アルニハ

民アルヲ要スルモノナルヿ自然ノ理ナリ土地アリ草木アリト雖𪜈住民ナクンハ未タ以テ國ヲ爲サス又土地アリ住民アリト雖𪜈政府ナクンハ又以テ國ヲ爲サヽルナリ故ニ一國ヲ成立スルニハ必ス土地人民政府ノ三者アルヲ要ス夫レ然リ然ラハ則チ其一國ヲ維持シ一般ノ安寧ヲ保タント欲セハ一般國民之レカ協力ヲ以テ防禦ノ力ヲ致サヽルヲ得ス此レ本條ニ於テ日本臣民ハ法律ニ從ヒ兵役ノ義務アル所以ナリ而シテ法律ノ定ムル處トハ彼ノ徴兵令等ヲ云フモノナリ其細密ナル規則ハ同令ニ付テ見ルヘク本法ノ正義ニ於テ說明スヘキニアラサレハ茲ニ之レヲ畧ス此ノ兵役ニ服スルノ義務タルヤ一ニ之レヲ血税ト云ヒ國家ヲ維持スルニ付キ壯丁者ノ名譽トシテ負擔スヘキモノナリ

第二十一條　日本臣民ハ法律ノ定ムル所ニ從ヒ納税ノ義務ヲ有ス

（說明）本條ハ前條ト同一ノ理ニシテ其租税ヲ納ムヘキハ必竟政府ヲ維持シ一般國民ノ利益ヲ謀リ災害ヲ除カンカ爲メニ費ス處ノ費用ニ供スルモノナレハナリ若シ人民ニシテ租税ヲ納ムルコトナシトセンカ一國ハ如何ニシテ維持スヘキカ政府ハ如何ニシテ職務ヲ盡スヲ得ンヤ其政府ノ事業タルヤ枚擧ニ遑アラストﾓ雖ﾓ國防ニ要スル陸海軍ノ費用ヨリ學事勸農警察衞生其他萬般ノ經費ハ皆大概租税ヨリ出テサルハナシ是レ臣民タルモノハ政府ノ保護ヲ受クルモノナレハ之レカ報酬トシテ納税ノ義務アルモノナリ

第二十二條　日本臣民ハ法律ノ範圍內ニ於テ居住及移轉ノ自由

普第十一條
移住ノ自由

ハ兵役ノ故ニアラサルヨリハ政府ヨリ之レヲ制限スルコトヲ得ス〇移住ヲ爲ス者ニ向テ稅ヲ課スルコトヲ得

英約翰王大憲章第五十條今ヨリ戰國擾亂ノ時ト犯罪敵國ノ人トヲ除クノ外其何人タルヲ間ハス我王國ニ對シ忠信ヲ守ル者ハ皆海陸二路ニ依テ我王國ニ往來スルコトヲ許ス

ヲ有ス

(說明)法律ノ許容スル限度ニ於テ日本臣民カ住居及移轉スルコトハ臣民ノ自由中貴重ナルモノトス動行ノ自由ハ本身ノ自由ト相牽連スルモノニシテ往來去住唯々我カ心ノ欲スル所ニ任セテ之レヲ束縛セサルヘキコトハ人生活度ノ道ニ於テ最モ緊要ナルモノト云フヘシ蓋シ其生活ニ便利ナル地ヲ求メテ之レニ往來去住シテ其業ヲ營ミ以テ其生ヲ樂シムハ人生至重ノ權利ニシテ他ヨリ之レヲ妨害スヘカラサルモノナレハナリ往時國土ノ强盛ナル所以ハ只タ人口ノ夥多ナルニ基スト思意シタルニ方テヤ動モスレハ民人他國ニ移住ノ事ヲ禁止シ或ハ外國移住ノ稅ヲ課スル等爲メニ人生動行ノ自由ヲ害スルコト多カリシ然ルニ文化日々ニ進步ヲ來タシ人々其自由ヲ重ンスルニ及

英吉利法典何人ヲ論セス其國法ヲ犯ス所以ノ事由ヲ指示スルニアラサレハ之レヲ収監拘留スヘカラス

佛一八四八年憲法第二條其何人タルヲ問ハス法制ノ所令ニ依ルニアラサレハ官之レヲ逮捕拘置スルヲ得ス

普第五條人身ノ自由ハ

ソテヤ此非政斷ク其跡ヲ絶チ今ノ時ニ方テ古世界ノ人相率テ新世界ニ移ルモノ年々幾千万ナルヲ知ラス其勢得テ防クヘカラス夫レ如此理由ナルヲ以テ本條ヲ設ケタルモノナレハ其日本臣民ノ自由ヲ重ンシ以テ外國ニ移住スルコトヲ得ルナリ

第二十三條　日本臣民ハ法律ニ依ルニ非スシテ逮捕監禁審問處罰ヲ受クルコトナシ

(說明)本條ハ人身自由ノ貴重ナルコトヲ明示シタルモノナリ即チ日本臣民ニ於テハ法律ノ規定スル所ニ依ルニアラサレハ妄リニ逮捕監禁審問處罰ヲ受ケサルコト是レ自由ヲ全フスルニ於テ欠クヘカラサル條件ナリトス若シ本條ナカランカ吾人ハ一日モ安全ニ經過スルコト能ハサルナリ何トナレハ彼ノ面想甚タ兇惡ナリ宜シク逮捕シテ之ヲ審問スヘシ某ノ口供甚タ曖昧ナ

保固トス○特ニ捕拿法ニ屬スルモノニ付テハ法律ヲ以テ其規定及約束ニ依テ人身自由ノ制限ヲ定ム

リ須ク監禁スヘシ誰ノ所爲甚タ惡ムヘシ相當ノ罰ヲ加フヘシトシ法律ニヨラス時ノ執務者之レヲ自由ニ爲スコトアラハ吾人ハ如何シテカ業ニ安ンシ今日ヲ送ルコトヲ得ン是レ本條アル所以ナリ彼ノ刑法ノ原則ニ於テ法律ニ正條ナキモノハ何等ノ所爲ト雖モ之レヲ罰セストアリ則チ本條ト其主旨ヲ同クシ人身ノ自由ヲ重ンスルモノナリ

第二十四條　日本臣民ハ法律ニ定メタル裁判官ノ裁判ヲ受クルノ權ヲ奪ハルヽコトナシ

（說明）本條モ亦前條ト同シク自由ヲ重ンシ已ニ得タル權利ヲ奪ハストノ主旨ニ外ナラサルナリ抑モ裁判所ハ之レカ等級アリテ民事ニ付テハ四種ニ區別シ治安裁判所始審裁判所控訴院大審院トナレリ又刑事ニ付テ違警罪裁判所輕罪裁判所重罪裁判所大

審院高等法院ノ五種アリ皆各其事件ノ性質ニヨリ其裁判所ノ管轄ヲ異ニセリ從テ又裁判スヘキ裁判官ノ員數ヤ訴訟ノ手續ヲ異ニスルモノニシテ且ツ其事件ノ生シタル場所等ニ依リ管轄ヲ異ニスルモノナレハ若シ甲裁判所ニテ裁判ヲ受クヘキモノナルニ乙裁判所ニテ裁判ヲ受クルヿアルニ於テハ爲メニ被告人ノ迷惑ナルヿ幾何ナルヲ知ラス何トナレハ各等ノ裁判所ハ各其訴訟ノ手續ニ粗密ノ別アリ又裁判官ニモ高下ノ差アリ員數モ多少ノ異アレハナリ

加之ナラス若シ法律ニ定メタル裁判官ニアラスシテ行政官ノ臨機ノ處分ヲ受クルカ如キヿアラハ一層其迷惑ヲ感スヘシ是レ古昔文化ノ進マサル所ニアリテハ往々見ル處ニシテ其人ノ愛憎ニヨリ又ハ政黨ノ主義ヲ異ニスル等ノ事ヨリシテ隨分專

横ノ處分ナキニシモアラス故ニ此レ等ノ弊ヲ除キ人民ヲシテ安固ナラシメンカタメ本條ヲ置キタルモノナリ實ニ重要ナル規定ナリトス

普第六條住居侵スヘカラサルモノトス住家内ニ侵入スルコト家宅ヲ探撿スルコト及ヒ書翰文書ヲ拘收スルコトハ法律ノ定メタル機ニ由ラス又法律ノ定メタル規程ニ從フニアラサレハ行フコトヲ得ス

第二十五條　日本臣民ハ法律ニ定メタル場合ヲ除ク外其ノ許諾ナクシテ住所ニ侵入セラレ及搜索セラルヽコトナシ

(説明)本條ハ要スルニ家宅不侵ノ權アルヿヲ示シタルモノナリ此權タルヤ吾人ノ最モ重ンスヘキ處ニシテ人身ノ自由ニ亞ケルモノナリ西哲云ヘルアリ曰ク吾人ノ家宅ハ吾人ノ城廓ナリト若シ妄リニ闖入セラレ搜索ヲ受クルカ如キヿアラハ吾人ノ安固何レニアルヤ爲メニ吾人ハ安眠スルヲ得サルヘキニ至ラン彼ノ治罪法ニ於テ書類ヲ送達スルニ方リテスラ日出前日沒後ハ本人ノ承諾アルニアラサレハ送達セストアルニアラスヤ尤モ

治罪法ニ規定シタル理由ハ別ニ書類ノ紛失等ヲ恐ルヽノ故ナキニアラスト雖𪜈又其妄リニ安眠ヲ妨ケサルノ主旨ナキニアラス況ンヤ侵入セラレ及捜索セラルヽニ於テヲヤ是レ本條アル所以ナリ然リト雖𪜈本條ニハ法律ニ定メタル場合ヲ除ク外トアリ故ニ法律ニ定メタル場合ハ勿論侵入セラレ捜索ヲ受クルヿアルヘシ是レ即チ公益上ヨリ然ラサルヲ得サルモノナリ例ヘハ何某ノ中ニハ犯人ノ隱匿セリトカ證據物件ノ藏匿スル等ノ嫌疑アル場合ニ方リ是レ人ノ住處ナリ許諾アルニアラサレハ立チ入ルヲ得ストセハ爲メニ公安ヲ維持スルヿ能ハサルヘシ犯人ハ遁カルヽニ至ルヘシ故ニ此レ等ノ場合ニハ假令許諾ナキモ侵入スルヿヲ得ル者ナリ又或ル場所ニ限リ夜中ト雖𪜈侵入スルノ必要ナルヿアリ彼ノ貸席宿屋茶屋ノ如キハ常ニ

犯人等ノ居ルヿアルヲ以テ別ニ法律ニ定ムル處アルナリ

普第三十三條信書ノ秘密ハ侵スヘカラス戰時反罪犯糺治ノ爲メニ已ムヲ得サル制限ハ法律ヲ以テ之ヲ定ムヘシ

第二十六條　日本臣民ハ法律ニ定メタル場合ヲ除ク外書信ノ秘密ヲ侵サルヽコトナシ

(說明)書信ノ秘密ハ人文ノ開ケテ人ノ自由ヲ貴重スル所ニ於テハ已ニ其緊要ナルヿヲ許ス所ニシテ殊ニ之レヲ配付スルノ特權ヲ擧ケテ之レヲ政府ノ手中ニ專有スル國土ニ在ツテハ最モ其秘密ヲ保證セサルヘカラス蓋シ人々ノ自在ニ其書信ヲ通シ他人ノ之レヲ開披スルヿヲ受ケサルハ人生缺クヘカラサルノ權利ニシテ人文ノ進化ヲ謀ルノ途ニ於テ誠ニ切要ナルモノナレハナリ何トナレハ信書ヲ開披セラルヽノ恐レアル片ハ爲メニ交通ノ數ヲ減シ從ツテ智識ヲ開達スルノ妨ケトナルコト鮮少ナラサルヘシ且ツハ人々安心セサルカ爲メ僅カノ事モ信書ノ便

ヲ借ルヿヲ得サルニ至ルヘケレハナリ或ル人嘗テ論シテ曰ク
正當ノ令狀アルニアラスシテ人ノ信書ヲ開披スルハ人生怕ル
ヘキノ暴行ニシテ其乖戻惜ムヘシト惟フニ政府タルモノ能ク
秘密ノ詭計ヲ摘發スルヲ得ルモ夫ノ信書ノ秘密ヲ貴フヘキハ
人生本原ノ事實ニシテ政府設置ノ前早ク既ニ人生ノ間ニ存セ
ルヲ以テ政府能ク之レヲ摘發スルヲ得スト今引テ以テ信書ノ
尊重スヘキ理由ヲ示ス夫レ如此ナルヲ以テ本條ニ之レカ規定
ヲ爲シタルモノナレ𪜈此レ亦前條ト同シク例外ノ塲合ナキニ
アラサルナリ例外ノ塲合トハ如何ナルヿヲ云フヤ曰ク彼ノ犯
罪ノ證據トナルヘキ信書ナルヿヲ思料シタル𪜈是レナリ是レ
即チ公安ノ爲メニスルモノニシテ假令一己人ノ自由權利ヲ害
スルヿアルモ社會ノ公安ニハ代ヘ難ケレハ若シ其書信ニシテ

犯罪ノ隱謀アルヿヲ知ルノ端緒トナルカ如キ時ハ豫審判事立會ノ上開披スルヿアリ此レ等ハ則チ法律ニ定メタル場合ナリトス

第二十七條　日本臣民ハ其ノ所有權ヲ侵サルヽコトナシ
公益ノ爲必要ナル處分ハ法律ノ定ムル所ニ依ル

英大憲章第二九章凡ソ自主ノ人民ハ國法ニ依ルニアラサレハ其所有ノ土地ヲ奪却セラルヽコトナシ

佛第八條諸凡ノ財産ハ國有財産ト均シク侵カスヘカラサルモノトス

(説明)本條ハ財産所有權ノ安全ナルヿヲ定ムルモノナリ而メ所有權トハ其物件ヲ自由ニ處分シ隨意ニ使用シ勝手ニ收益スルヿヲ得テ以テ完全ナル所有權アリト云フヘキナリ此ノ所有權ヲ侵サルヽトハ獨リ其所有ヲ奪ハルヽノミナラス處分使用收益ノ一部ニテモ之レカ妨ゲヲ得タルトキハ即チ之レ所有權ヲ侵サレタルモノト云フヲ得ヘシ然ルニ之レヲ侵サルヽヿナシト定メタル所以ノモノハ財産ハ吾人ノ依テ以テ生活ヲ營ムノ助ケト

爲スモノナレハ所有權ハ侵スヘカラストハ法理ノ一大原則ニシテ所有者自カラ他ニ權利ヲ移スノ意思アルニアラサレハ他ニ之レヲ移付スルヿヲ强ヒラルヽモノニアラス然レ圧若シ社會ノ公益カ其所有權ヲ獲得センヿヲ希望スル片ハ假令所有者ハ之レカ移附ヲ欲セサルヿアルモ尙ホ强テ所有權ヲ移付セシムルヿヲ得ルモノナリ是レ即チ本條第二項ノアル所以ニシテ亦已ムヲ得サルノ理由アレハナリ尤モ此ノ場合ニ於テ所有者ヨリ其物件ヲ剝奪スル社會公益ノ代表者タル政府ハ假令公益ノ爲メ剝奪スルモノナリト雖圧代價ヲ拂ハスシテ收取スルヿヲ得サルナリ何トナレハ此ノ物件ハ收取ノ上政府ノ所有ニ歸スルモノナレハ即チ無形人タル政府カ一己人ニ屬セシ財産ヲ獲得スルモノナレハ法律ノ原理ニ於テ他人ヲ害シテ己ヲ富マ

スヘカラサルハ萬古不易ノ大法ナレハナリ今左ニ公益上ヨリシテ一己人ノ所有權ヲ奪フヘキ必要アル場合ヲ示サン二彼ノ鐵道ヲ敷設スルカ爲メ人民ノ所有スル土地ヲ收取スルカ如キ又ハ道路ヲ開通スルカ爲メ人民ノ土地ヲ收取スルカ如キ皆之レ所有權ヲ侵スモノナリ然ルニ此レ等ハ全所有權ヲ取リ上クルモノナルカ又單ニ使用權ノミヲ一時妨クル場合アリ道路ヲ修繕スルカ爲メ路傍ノ土地ニ砂利ヲ積置クカ如キ其他此ノ類枚擧スルニ遑アラサルナリ此ノ如キ時ハ假令所有權ハ尊重スヘキモノナリト云ヘル一般公益ノ爲メニハ屈セサルヘカラサルノ義務アレハ之レヲ拒ムヿヲ得ス併シ前ニモ述ヘタルカ如キ所有權ヲ奪ハルヽニ於テハ必スヤ相當ノ代價ヲ受取ルヘキハ勿論ナリトス

佛路易十八世憲法第六條各人ハ平等ニ其所信ノ宗教ヲ唱フヲ得其保護ヲ受クルモ亦均ク平等タリ

米追加憲法向後國會ニ於テ國教ノ定置ニ關スル法令及宗教ノ自由ヲ拘束スルノ制度ヲ立ツヘカラス

普第十二條（前略）各人所奉ノ故ヲ以テ其民權政權ヲ左右セラルヽコ

右ノ外土地買上ケニ付テノ要件アリト雖モ本條ヲ設ケタルノ理由ハ十分明了ナルヘキヲ信スレハ茲ニ之レヲ略ス

第二十八條　日本臣民ハ安寧秩序ヲ妨ケス及臣民タルノ義務ニ背カサル限ニ於テ信教ノ自由ヲ有ス

（説明）安心ノ自由即チ信教ノ自由モ亦人生固有ノ權利ナリ夫レ人心ハ形而上ノモノナレハ形而下ノ政府固ヨリ之レニ干渉スヘキニアラス往古支那學者ノ云ヘル如ク祭政一致ナドトハ今日ノ社會ニ採用スヘキ議論ニアラス祭政ハ之レヲ分離シ即チ宗教ナルモノハ之レヲ各人ノ自由ニ任シ其信スル所ニ從ハシムルコ正當ナレ政府ヨリ國教ヲ一定シ何教ハ之レヲ信スヘカラス抔ト云フカ如キハ最モ背理ノ沙汰ト云フヘキナリ設令ヒ若シ之レニ干渉シ之レヲ命令禁止スルアルモ心ハ無形ナリ吾人素

トナシ

ヨリ自カラ主タリ政府ト雖𪜈何ソ能ク之レヲ奪フヿヲ得ンヤ然リト雖𪜈古來泰西ノ各土ニ在テハ信敎ノ如何ニヨリテ其身ヲ殺サレ其國ヲ追ハレ父子離散シ兄弟索居スルモノ頗ル多ク其信仰ヲ異ニスルノ故ヲ以テ各種ノ權利ヲ褫奪セラレ其榮譽ヲ全フセサルモノ甚タ多シ此レ皆人生本源ノ大道ニ背キ非理惡政ノ甚シキモノナリ本條ハ即チ此ノ原理ニ基キ以テ日本臣民ハ社會ノ安寧秩序ヲ妨ケス及臣民タルノ義務ニ背カサル限リニ於テ信敎ノ自由ヲ有スルヿヲ明定シタルモノナリ實ニ吾人ノ幸福ナリト云フヘシ凡ソ原則アレハ例外アルヿハ一般法理ノ常ニシテ本條ノ如キモ信敎ノ自由ナルヿハ原則ナリ然リト雖𪜈之レカ例外タルハ即チ安寧ヲ妨クルカ臣民タルノ義務ニ背クトキハ之レヲ許サヾルナリ是レ又大ニ然ルヘキ理由ノ存

普第二十七條凡ソ普魯西國民タル者ハ言論文章印刷繪畫ヲ用ヒテ自由ニ其意見ヲ表示スルノ權ヲ有ス○著書勘察ノ法ヲ設クルコトヲ得ス

普第二十九條凡ソ普魯西國民ハ豫メ官ノ許可

スルアレハナリ公益ハ私益ニ打勝ツヘキヿハ何人モ疑ハサル處ニシテ公益ト私益ト並立シ得サル場合ニ於テハ何レカ一方ハ屈セサルヲ得ス故ニ本條ニ於テ假令信敎ハ臣民ノ自由ナリトハ云ヘ公益タル安寧及ヒ臣民ノ義務ニ背キタルモノハ之レヲ許サヽルヿ自然ノ條規ナリトス

第二十九條　日本臣民ハ法律ノ範圍内ニ於テ言論著作印行集會及結社ノ自由ヲ有ス

（說明）吾人ハ自由ナル思想ヲ有スルモノナリ此ノ自由タルヤ何人モ之ヲ制スルヲ得ス又之レヲ制セントスルモ能ハサル處ナリ已ニ自由ナル思想アリ之レヲ口ニシ之レヲ筆ニシ以テ其思想ヲ公ケニスルモ吾人ノ自由ナリ又何ソ之レヲ箝制スヘキノ理アランヤ

ナシト雖𪜈戎器ヲ携フルコトナク平穏ニ圍閉ノ中ニ於テ集會スルノ權ヲ有ス

又吾人ハ社交動物ナリ相往來シ相集會シ及結社シテ民事ナリ商事ナリ又ハ政社ナリ互ニ利害ヲ同フシ主義ヲ均フスルモノ相依リ相助ケテ吾人ノ目的ヲ達スヘキハ最モ貴重ナル自由ナリ故ニ本條ハ言論著作印行集會及結社ノ自由アルヿヲ示シタルモノナリ豈一言ノ間然スル所アランヤ

夫レ然リ然リト雖𪜈此レ法律ノ範圍内ニ於テノミ之レヲ許スモノニシテ若シ法律ノ規定ヲ犯シ妄リニ暴言ヲ吐露シ世人ヲ煽動シ或ハ僞言ヲ説布シテ世人ヲ動搖セシムルカ如キハ社會ノ安寧上之レヲ默過スヘキニアラサルナリ是レ即チ法律ノアルアリ以テ其制ヲ立ツル所以ナリ

即チ言論ニ於テハ人ノ毀譽褒貶ニ渉ルヿヲ吐露スヘカラサルハ刑法ノ禁スル處ナリ又集會條例ニ於テモ成法ヲ誹毀スルヿ

普權利法典第一條第五　凡ソ人民ハ帝王ニ訴願スルノ權利アリ故ニ帝王ニ直訴シタルヲ以テ之ヲ禁錮スルハ違法ナリ

佛國民權利ノ表明第三十二條　官府ニ對シ請願ヲ爲スノ權

ヲ禁スルカ如キ皆社會ノ安寧ヲ維持シ公ケノ秩序ヲ保タンカ爲メナレハ又以テ必要ナル所ナリ其他著作印行集會及ヒ結社ノ如キ皆然ラサルハナシ故ニ著作印行ニ付テハ出版條例ノアルアリ集會結社ニ付テハ集會條例ノ設ケアリ各々妄ニ走リ濫ニ陷ラサルヲ防クノ法律アリ故ニ此等ハ宜ク尊奉セサルヘカラス此レ本條ニ於テ法律ノ範圍内云々トアル所以ナリ

第三十條　日本臣民ハ相當ノ敬禮ヲ守リ別ニ定ムル所ノ規程ニ從ヒ請願ヲ爲スコトヲ得

（說明）請願ノ自由ハ又人生至要ノ權利ニシテ原ト言語論議ノ自由ヨリ出ツルモノナリ蓋シ官民ノ間上意下ニ通セス下意上ニ達セサルモノアルカ爲メ往々ニシテ社會ノ實益ヲ沮害スルヿ鮮シトセサルハ古今ノ實驗ニ徴シテ甚タ明白ナルモノナレハ臣民

利ハ一切之ヲ禁止制限スルヲ得ス

此ノ自由ヲ得テ以テ其反正ヲ請求スルハ亦人生ノ已ムヲ得サル所ナリ然リト雖モ古今外國ノ史ニ付テ消長ヲ考フルニ古來動モスレハ官憲ノ妨クル所トナリ請願自由ノ權利存亡知ルヘカラサルモノ頗ル少ナカラズ特ニ官人ノ自身ニ不利ヲ來タスカ如キニ至テハ其厭フ所トナリ最モ之レカ妨碍ヲ受ケ其危額言フニ忍ヒサルモノ頗ル多シ故ニ之レヲ憲法ニ明定シ其人生必須ノ自由タルヲ表示スルハ勢ヒノ甚タ切ナルモノニシテ實ニ已ムヘカラサル所ナリリーバー氏曰ヘルアリ何等ノ請願ト雖モ腕力ヲ以テ之レヲ請願スルノ行爲アルヘカラス若シ之レアリトセンカ是レ已ニ請願ニアラサルナリ實ニ腕力ヲ以テ人ヲ强迫スルモノナリト信ナル哉言ヤ是レヲ以テ平穩ノ請願ニアラサレハ眞成ノ請願ニアラス眞成ノ請願ニアラサレハ勢ヒ

之レヲ自由ナラシムヘカラサルナリ是レ本條ニ於テ相當ノ敬禮ヲ守リ別ニ定ムル所ノ規程ニ從ヒ請願ヲ爲スコヲ得トアル所以ナリ

第三十一條　本章ニ掲ケタル條規ハ戰時又ハ國家事變ノ場合ニ於テ天皇大權ノ施行ヲ妨クルコトナシ

(說明)本章第十八條ヨリ第三十條ニ至ル諸條ニ於テ臣民ノ權利義務ヲ規定シ以テ其自由安固ヲ保ツコヲ得セシメタリト雖𪜈戰時又ハ國家事變ノ場合ニ於テハ平時ノ規則ヲ施行スル能ハサルコアリ何トナレハ戰時ト云ヒ國家事變ノ場合ト云ヒ非常ノ時ナレハ若シ平時ノ自由ヲ侵サストセハ大ヒナル不都合ヲ來タシ爲メニ一國ノ安寧ヲ保持スルコ能ハサルノ場合アレハナリ今之レヲ例セン二外國ト戰爭ヲ開クニ當リ若クハ內亂アルニ

際シ戰時ノ必要ナルカ爲メニハ民家ヲ燒キ拂フヿモアルヘク又森林ヲ伐採スルノ利益ナルヿモアルヘシ然ルニ此ハ臣民ノ財産ナリ所有權ナリ之レヲ侵スヘカラストセハ爲メニ戰爭ニ後レヲ取ルノ不利ナキニアラス故ニ凡テ非常ノ場合ニ際會スルニ於テハ本章ニ定メタル臣民ノ權利ト雖モ之レヲ侵スヿアルハ國家ノ爲メ緊急ナルモノナレハ又之レヲ行フハ天皇ノ大權ナリ是レ本條ニ於テ天皇大權ノ施行ヲ妨クルコトナシト定メタル所以ナリ

第三十二條　本章ニ揭ケタル條規ハ陸海軍ノ法令又ハ紀律ニ牴觸セサルモノニ限リ軍人ニ準行ス

(說明)軍人ト雖モ日本臣民タルノ分限ニ於テハ普通人民ト毫モ異ナル所アラサルナリ故ニ日本臣民タルノ權利義務ヲ有スヘキハ

當然ノ事ナリ然リト雖𪜈軍人タルノ資格ニ於テ別ニ軍律ヲ以テ支配サルヽモノナルカ故ニ特別ノ法律ニ從ハサルヲ得ス今一例ヲ以テセハ日本臣民ハ言論著作等ノ自由アリト雖𪜈軍人ニ於テハ公衆ニ對シテ政治上ノ事ヲ論談スルヲ得サルカ如キ又集會結社ヲ爲ス能ハサルカ如キ特別ノヿアリ故ニ此等ノモノヲ除クノ外一般ノ權利義務ニ於テハ普通臣民ト同一ナル勿論ナリトス是レ本條アル所以ナリ

第三章　帝國議會

(說明)本章ハ帝國議會ノ組織、權限、集散、及其議員ノ特權等ヲ規定セシモノナリ

帝國議會ハ主トシテ立法ノ職ニ從フモノニシテ我國ノ立法權ハ天皇ト帝國議會ナル二原素ヨリ成立スルモノタリ英國ノ如

キモ其立法權ハ此二原素ヨリ成立スルモノニシテ彼ノ所謂「パーリメント」ナルモノハ即此天皇ト上下兩院ヲ稱スルナリ
帝國議會ハ實ニ日本臣民カ其新ニ授與セラレタル政權ヲ執行シ帝國ノ法律ヲ議決スル處ニシテ本法ハ特ニ本章ノ爲メニ規定セラレタリト云フモ亦誣言ニ非ス何トナレハ天皇ノ特權ノ如キ臣民ノ權義ノ如キ固ヨリ一ノ大典ヲ得テ規定スヘキモノナリト雖モ天皇ノ特權ハ臣民ノ常ニ誠忠ヲ以テ恭順シ臣民ノ權義ハ天皇ノ常ニ至仁ヲ以テ保護セラルヽ處ニシテ本法ハ重モニ帝國議會ヲ創設スル爲メニ規定セラレタルヤ明カナレハナリ故ニ世人ハ深ク本章ヲ熟讀セサル可ラス吾人モ亦本章ニ於テ殊ニ説明ニ注意スヘナリ

第三十三條　帝國議會ハ貴族院衆議院ノ兩院ヲ以テ成立ス

（說明）本條ハ帝國議會成立ノ要素ヲ定メシモノニシテ我帝國議會ハ實ニ二局院制度ヲ採用セラレタリ故ニ本法及附屬諸法ニ於テ單ニ帝國議會ト稱スルモノハ皆貴族衆議ノ兩院ヲ併稱スルモノニシテ各種ノ法律殊ニ歳計豫算ノ如キ必ス兩院ノ議決ヲ經サル可ラサルモノトス

（參照）凡ソ地球上各國ニ於テ立憲代議政躰ヲ採ルモノニ於テ議會ハ或ハ單ニ一局ニ止マリ或ハ二局ヨリ成立ス而シテ其一局制度ヲ採ルモノハ僅々一二國ニ過キス何故ニ此ノ如ク比々皆二局制度ヲ採用スルヤ吾人ハ少シク之ヲ論セサルヘカラス

議會ハ一國人民ノ思想ヲ代表スルモノナリ而シテ一國人民ノ思想ハ只一箇ニ止マリ二樣アルヲ得ス然ラハ則何ヲ苦ンテ二局ヲ設ケ議事ノ澁滯費用ノ增加ヲ招クヤトハ一局論者ノ切論

スル處ナリ單純ノ理論ヨリスレハ此論ハ實ニ破ブルヘカラサルモノナリ彼ノベンザム、エモス、フランクリン諸氏ノ如キ大ニ之ヲ主張セリ然レ𪜈世ノ文明猶低ク實際ト理論トハ未タ畫一ニ併行スル能ハサル今日ニ於テハ二局制度ハ已ムヲ得サルノ必要アリテ存ス是レ各國カ皆二局ヲ設ケシ所以ニシテ我國ノ之ヲ採用セシモ蓋シ之ニ外ナラサルヘシカント、ミル、ウルシー、リーバー諸氏ハ皆二局議院ヲ可トセリ吾人ハ今ハミルトン氏カ米國憲法起草ノ際議院ニ於テ論述セシ二局院ノ得失論ヲ假リテ之ヲ說明セン

氏カ二局院ヲ要ストセシ所以ノ理由ハ左ノ諸項トス

第一何レノ國ニテモ政治ノ大權ヲ操攬シ獨リ自ラ專有スルトキハ常ニ其濫用妄用ニ陷ルノ憂ヲ免ル丶能ハス故ニ下院ノ外更

ニ上院ヲ置キテ立法權ヲ分チ以テ下院ヲ抑制セシメサルヘカラス(此理由ハ亦ミル氏カ二局院ヲ可トセシモノヽ首要ナルモノナリ)

第二下院ハ普ク一般人民ノ思想ヲ代表セシムルモノナレハ其議員ハ大率普通尋常ノ學識ヲ備フルニ過キス然ルニ富者貴族等ノ如キハ時間ト財力トニ餘裕アルヲ以テ政治法律等ノ學理ヲ脩メ治國經世ノ術ヲ研究セシモノ多キヲ以テ之ヲ以テ一議院ヲ組織シ下院ヲ補佐セシメサルヘカラス

第三政治ノ主義常ニ異動スルハ一國百政ノ大本ニ於テ深ク忌ムヘキ處ナリ然ルニ下院議員ハ任期限リアリテ常ニ變更スルヲ以テ其政治ノ主義亦人ト共ニ變更セサル能ハス此弊ヲ救フハ議員ノ容易ニ變更セサル上院ヲ設ケサルヘカラス

第四下院議員ハ常ニ新タナル人民ノ思想ヲ代表スヘキモノナレハ任期長久ナルヲ得ス然ルニ在職ノ期短ケレハ其施設ニ於ケル責任心自ラ薄ク從フテ事ヲ處スル苟且疎忽ニ流レ遂ニ私利ヲ營スルナキ能ハス而シテ人民モ亦永遠ニ渉ル事業ノ成敗ヲ以テ此議員ヲ責ムル能ハス在職ノ稍安定ナル議員ヲ以テ組織スル上院ヲ置キテ此任ニ當ラシムルハ豈國家ノ長策ナラスヤ

第五下院ハ人民ノ思想ヲ代表スルモノナリ而シテ人民ハ偶然ニ激昂シ或ハ營利釣名ノ政治家ニ誤ラレテ之ニ雷同スルヿ多シ故ニ經驗智識ニ富ミ浮薄ノ徒ニ動カサレサル處ノ上院ヲ置キテ此激昂ノ情ヲ制シ雷同ノ說ヲ抑ヘサレハ國家ノ安寧ヲ保チ福祉ヲ進ムル能ハス

此他猶二三ノ理由アリト雖モ今之ヲ略ス要スルニ以上ノ五項ハ議院ノ二局ナラサルヘカラサル強力ノ理由ニシテ民智民德ノ猶低度ナル今日ニ於テハ此制度ハ實ニ動カス能ハサルモノナリ殊ニ我國ニ於テハ制度上必ス二局ヲ要スル所以ノモノアリ貴族ナルモノアルヿ是ナリ我國已ニ貴族平民ノ二種族アルニ於テハ其種族ノ異ナルニ從ヒ自ラ特殊ノ利害ナキ能ハス故ニ若シ其一種族ヲ以テノミ議院ヲ組織スレハ其議定スル處ノ法律ハ自ラ其種族ノ利益ニ偏傾スルニ至ル於是乎其各種族ヨリ各々議院ヲ搆成シ互ニ相牽制セシメサルヘカラス是レ已ニミル氏カ英國ノ爲メニ論セシ所ニシテ氏カ論ハ直ニ移シテ我國ヲ論スヘキナリ

普第六十五條上院ハ國

第三十四條 貴族院ハ貴族院令ノ定ムル所ニ依リ皇族華族及敕

王ヨリ終身間任命シタル議員及世襲ノ議員ヲ以テ構成ス

伊第三十三條元老院ハ定員ナシ國王ヨリ修身間撰任シタル議員ヨリ成ル

仝第三十四條王族ハ元老院議員タルノ權ヲ有スル

任セラレタル議員ヲ以テ組織ス

（說明）本條ハ貴族院組織ノ大綱ヲ擧ケシモノニシテ其細目ハ貴族院令之ヲ定ム貴族院ハ衆議院ト相待チテ成立セル帝國議會ニ於テ執ル處ノ職務ノ外時ニ天皇ノ諮詢ニ應ヘ華族ノ特權ニ關スル條規ヲ議決シ（貴族院令第八條）其議員ノ資格及撰擧ニ關スル爭訟ヲ判決ス（同第九條）ル處トス今貴族院令ニヨリ其組織ヲ略述セン

皇族　男子ニシテ成年即廿一才ニ達シタル者ハ盡ク議席ニ列ス

華族　公侯爵ノ者ハ廿五歲ニ達スレハ盡ク當然議員タルモノトス而シテ伯子男爵ノ者ハ廿五歲以上ノ者其同爵ノ互撰ニヨリ七ケ年ノ任期ヲ以テ議員トナルモノトス

勅任セラレタル議員　國家ニ勳勞アリ又ハ學識アル滿三十歲以上ノ男子ニシテ勅任セラレタル者ハ終身各府縣ニ於テ滿三十歲以上ノ男子ニシテ土地或ハ工商業ニ付多額ノ直接國稅ヲ納ムル者十五人ノ中ヨリ一人ヲ互選シ當選勅任セラレタル者ハ七ケ年ノ任期ヲ以テ議員タルモノトス

此勅任議員ハ或ハ廣ク法律經濟等ノ學理ニ通シ或ハ深ク經世治國ノ經驗ニ富ミ着實ノ意見穩和ノ思想ヲ有スルヲ以テ特ニ貴族院ニ列セシメラルヽ者ニシテ能クハミルトン氏ノ理論即貴族院ヲ置ク所以ノ理由ニ的切ナリト云フヘシ蓋シ歐洲各國ニ於ケル立君政躰國上院ノ組織モ亦大抵本條ニ異ナルモノナキナリ

第三十五條　衆議院ハ選擧法ノ定ムル所ニ依リ公選セラレタル

議員ヲ以テ組織ス

(說明)衆議院ハ貴族院ト共ニ帝國議會ヲ構成シ法律ヲ議定スル處ニシテ帝國議會ノ首要ナル部分ハ此衆議院ナリトス何トナレハ帝國議會ノ設立セラレシ所以ハ廣ク人民ノ意見ヲ聽キ以テ我國法律ヲ制定セラレントスルニ在リテ而シテ其直接ニ人民一般ノ思想ヲ代表スルモノハ實ニ貴族院ニ非スシテ衆議院ナレハナリ其議員ハ人民各自ノ撰擧ニ成ルモノニシテ其詳ナルハ選擧法之ヲ定ムレハ茲ニ之ヲ述ヘス

墺第二篇第一條第二項何人ト雖モ上院下院ノ議員ヲ兼任スルヲ得ス

第三十六條　何人モ同時ニ兩議院ノ議員タルコトヲ得ス

(說明)本條ハ一人ニシテ同時ニ兩院ノ議員ヲ兼ヌルヿヲ禁セシモノニシテ已ニ當然若クハ敕任ニヨリ貴族院議員タルモノニシテ衆議院議員ニ當撰スルモ之ヲ兼ヌルヲ得ス已ニ衆議院議員タ

ルモノニシテ敕任セラルヽモ亦然リ即必スヤ其一ヲ辭セサルヘカラサルナリ

此理由タルヤ明了說明ヲ要セサル處ニシテ之ヲ許セハ帝國議會ヲ設クル所以ノ意ニ反スルニ至ルヘキニ因ル抑モ帝國議會ヲ設ケシハ可成的多數人ノ意見ヲ集ムルニ在リ然ルニ一人ニシテ兩院議員ヲ兼子ン歟一个ノ意見二个ノ投票ニヨリテ發セラルヽコトナリ名ハ多數ナリト雖モ其實少數タルニ至レハナリ

（問）一院議員タルモノニシテ又他ノ一院議員ニ敕任サレ若シクハ當撰シタル者ノ去就ハ其隨意ナルヤ否ヤ

（答）然リ其一ヲ辭シ其他ノ一ニ就クハ其人ノ撰フ處ニシテ法律之ヲ禁スル條文ナキハ之ヲ許スモノナルヲ證スルニ足ル之ヲ許スハ事ニ於テ害ナキノミナラス人民ノ權利ニ於テ此ノ如クナ

ラサルヘカラサルナリ

英權利法典第一條第一國會ノ許可ヲ經スシテ國法ヲ廢弛シ又ハ之ヲ施行スル等ノ所爲ハ皆違法ナリトス

普第六十二條立法權ハ王ト兩院ト與同シテ之ヲ行フ王ト兩院ノ同意ハ新法ヲ發スル毎ニ欠クヘカラサルモノトス

第三十七條　凡テ法律ハ帝國議會ノ協贊ヲ經ルヲ要ス

(說明)本條ハ法律ヲシテ法律タル効力ヲ有セシムルニ必要ナル順序ノ一ヲ規定セシモノニシテ實ヲ云ヘハ帝國議會職務ノ本質ヲ示セシモノナリ

本法ヲ通讀スルニ我國ノ立法權ハ天皇ト帝國議會ト相仍リテ之ヲ有スルヲ知ルヘシ即或ル法律ヲ制定スルニ帝國議會之ヲ議決スルモ天皇ノ裁可ヲ仰カサレハ法律タル能ハス天皇之ヲ發布セントスルモ帝國議會ノ協贊ヲ經サレハ法律タル能ハス故ニ帝國議會ハ獨リ自ラ法律ヲ制定スル能ハスト雖モ法律タルニハ亦必ス帝國議會ノ手ヲ經サルヘカラス我天皇陛下ノ重キヲ帝國議會ニ置キ其權利ヲ分與シ賜フニ吝カナラセラレサ

ル此ノ如シ吾人臣民タル者豈深ク泣謝セサルヘケンヤ由是觀之帝國議會ノ議決ヲ經サルモノハ法律タルノ効力ナク吾人人民ハ之ニ服從スルノ義務ナキモノナリ

(問)然ラハ天皇ハ自ラ隨意ニハ何等ノ事ヲモ敕命スル能ハサルヤ否ナ是ニ就テハ法律ノ外命令ナルモノアルヲ知ラサルヘカラス

(答)オースチン氏ハ法律ヲ以テ命令ノ一種トセリ蓋シ法律トハ廣汎ニ永久ニ向テ下ス處ノ命令ニシテ命令トハ一時ニ一部ニ向テ下ス處ノ命令ナリ是レ學問上ノ區別ニシテ實際上ヨリ之ヲ言ヘハ其立法權ヨリ出ル者ハ法律ニシテ命令トハ立法權ノ制定セシ法律ノ範圍內ニ於テ執行權ノ出タス處ノモノナリ故ニ第九條ニ規定セシ處ノ天皇ノ出タシ若クハ出タサシムル命令ハ固ヨリ帝國議會ノ協賛ヲ經ルヲ要セスシテ有効ナリトス

普第六十四條國王幷ニ各院ハ法律ヲ發案スルノ權ヲ有ス

墺第六篇第十三條法律議案ハ政府ヨリ帝國議會ニ送付ス然レトモ帝國議會モ亦其權內事務ノ法律ヲ發議スルノ力ヲ有ス

我國ニ於テハ從來法律敕令ノ區別明瞭ナラス往々吾人ノ惑フテ解スル能ハサル處アリシト雖モ爾後ハ當サニ畫然一定スヘキナリ

第三十八條　兩議院ハ政府ノ提出スル法律案ヲ議決シ及各々法律案ヲ提出スルコトヲ得

(說明)本條ハ因テ以テ前條ノ實ヲ擧クル所以ニシテ前條ハ本條ヲ待テ始メテ其用ヲ爲スモノトス即兩議院ハ政府ノ提出セシ法律案ヲ議シ之ヲ可決否決ス又議院法ニヨリテ見ルニ兩議院共修正ヲナスヲ得各國憲法ニ於テハ往々修正權ヲ上院ニ與ヘサルモノアリ我國ハ今之ヲ許セシナリ此點ニ付キテハ學者各議論アリト雖モ議院法ニ讓リ茲ニ述ヘス

本條後段ハ法律發案權ヲ兩議院ニ與ヘシモノニシテ兩議院ノ

一ハ新ニ或ル法律ヲ制定スルノ必要アリト思惟スル𪜈ハ之ヲ起草シテ自ラ提出シ議決スルヲ得

（參照）執行權ト立法權トハ互ニ獨立シテ相干渉セサルハ政躰組織ノ大綱ナリトス然レ𪜈亦箇々分離シテ互ニ相睥睨セシムルカ如キハ國家ノ長策ニ非ス故ニ能ク其間ニ處シテ之ヲ調和セサルヘカラス天皇ノ停會解散ヲ命スル權及此議院ノ發案權ノ如キハ二大權ヲシテ互ニ相干預セシムルモノニシテ蓋シ此調和ノ策ナラン各國ノ憲法ヲ見ルニ發案權ハ或ハ政府ニノミ屬シ或ハ議院若クハ下院ノミニ屬スル者アリト雖𪜈本法ノ如ク政府ト兩議院トニ並屬スルハ學者政治家ノ最モ多ク稱贊スル處ナリ政府ハ國家當時ノ事情ニ明カニ且爲政ノ經驗ニ富メリ是レ發案權ヲ政府ヨリ奪フノ不利ナル所以ナリ議院ハ立法ノ職ニ

従フモノナルニ發案ノ權ナクンハ其必要ニシテ制定スヘシト思惟スル法律モ政府頑然之ヲ發案セサレハ議院ハ之ヲ如何トモスル了能ハサルヘシ然ラハ則議院ハ立法院ノ名アリテ其實ナキト全シカルベシ是レ發案權ヲ議院ヨリ奪フノ背理タル所以ナリ本條ハ此旨趣ヨリ規定セラレタリト云フモ吾人ハ其大ニ誤ラサルヲ信スルナリ

第三十九條　兩議院ノ一ニ於テ否決シタル法律案ハ同會期中ニ於テ再ヒ提出スルコトヲ得ス

普第六十四條（前略）兩院ノ一若ハ國王ヨリ斥ケタル法律草案ハ其同一ノ會期ニ於テ再ヒ進スルコトヲ得

（説明）貴族院若クハ衆議院ニ於テ一タヒ否決シタル法律案ハ其會期中ニハ再ヒ提出スルヲ得ス翌年ニ至レハ議員其人ヲ變更セストモ亦之ヲ提出スルヲ得ルナリ

（問）本條ハ何故ニ此禁制ヲ設ケシヤ

（答）本條ハ別ニ深理アルニ非ス唯其否決シタルハ社會ノ事情ニヨルトセン歟僅ニ三ヶ月ノ會期間ニ於テ社會ノ形勢俄ニ變更スルモノニ非ス又其否決ハ單ニ議院ノ意見如何ニヨルトセン歟其意見ハ一旦夕ヲ以テ變更スルモノニ非ス万一ニモ變更セン歟却テ議院ノ定見ナキヲ示シ世ノ信用ヲ失ハシムルニ至ランノミ是レ本條ノ禁制アル所以ナリ

第四十條　兩議院ハ法律又ハ其他ノ事件ニ付キ各々其意見ヲ政府ニ建議スルコトヲ得但シ其採納ヲ得サルモノハ同會期中ニ於テ再ヒ建議スルコヲ得ス

（說明）本條ハ議院ニ建議ノ權ヲ與ヘシモノニシテ議院ハ之ニヨリ法律又ハ其他ノ事件即執行權ニ關スルコニ喙ヲ挿ムヲ得ルナリ是レ蓋シ前キニ述ヘシ立法執行二大權力ヲ調和スル手段ノ一

ニシテ立法權ヲシテ執行權ニ干預セシムルモノナリ本條但書ハ前條ノ規定ト同一ノ理由ニ出テシモノニシテ只其主客ヲ異ニセルノミ

(問) 兩議院ハ已ニ法律案ヲ提出スルノ權ヲ有ス然ルニ本條ニ於テ更ニ之ヲ與フルニ法律ニ付キ建議スルノ權ヲ以テシタルハ何ソヤ

(答) 新法律ノ發案若シクハ現存法律ノ改正ノ如キハ議院ハ其發案權ニヨリテ之ヲ行フヲ得又本條アルヲ要セス然ルニ本條ニ此法文アル所以ハ蓋シ法律ノ執行上ニ關シテ建議セシムルノ意ナラン歟本條ハ立法權ヲシテ執行權ニ干預セシムル爲メニ規定セルモノヽ如キハ已ニ述ヘシ如シ果シテ然ラハ是亦法律ノ執行上ニ就キ政府ノ所爲ニ異見アリ若シクハ新ニ或ル方法ニ

白、兩院ヲシテ王命ヲ俟タス毎年十一月第二火曜日ニ於テ自カラ集同セシム

ヨレル執行ヲ希フヿアルトキニ建議スルヲ許セル意ナルヘシ何トナレハ此事タル實ニ必要ノ事項タレハナリ抑立法權ニ於テ或法律ヲ制定スルハ之ヲ其ノ如ク執行セント欲メナリブービヤ氏曰ク法律ノ効力ハ執行ニ在リト然ルニ今議院ニ於テ或法律ヲ制定スルモ政府ノ之ヲ執行スル或ハ其私意ニヨリ或ハ其誤解ニヨリ執行其宜シキヲ得サルトキハ議院カ之ヲ制定セシノ益果シテ那處ニ存セン是レ法律ノ執行ニ付キテハ建議ノ必要ナル所以ニシテ本條ノ精神實ニ此ニ存スルナラン

第四十一條　帝國議會ハ毎年之レヲ召集ス

(説明)本條ハ帝國議會ノ年々必ス開設サレサルベカラサルヿヲ定メシモノナリ

(參照)本條ハ一見格別ノ價値ナキ法條ノ如シト雖モ然レトモ少シク實

際上ヨリ反顧スレハ本條ノ効用ノ實ニ至大ナルヲ知ルヘシ請フ試ニ本條ナシト假定セヨ而シテ不幸ニシテ政府專横暴戻ナリト假定セヨ政府數年ノ久シキ帝國議會ヲ召集セス擅ニ政務ヲ處理セハ人民ハ之ヲ如何スヘキ是レ只吾人カ一片ノ推想ニ止マラスシテ泰西立憲國カ既往ノ歴史ノ明カニ警戒ヲ垂ル、處ナリ我國ニ於テハ勿論此ノ如キノ憂ナカルヘシト雖氏已ニ本法ヲ定メラルレハ更ニ本條ヲ置キテ之ヲ確定セサルヘカラス吾人カ本條ノ効用ヲ至大ナリト云フ所以ノ者豈偶然ナランヤ

第四十二條　帝國議會ハ三ケ月ヲ以テ會期トス必要アル場合ニ於テハ敕命ヲ以テ之レヲ延長スルコトアルヘシ

白、四十日間以上ノ開會ヲ要ス
普、每年十一月ノ始メニ於テ國王之ヲ徵集シ

（説明）本條ハ帝國議會開會ノ時間ヲ定メシモノニシテ三ケ月ヲ以テ

翌年一月ノ半ニ至テ之ヲ閉ツ

丁、開會ニケ月ヲ超フルヲ許サス

其最長期トス若シ議事ノ件數多ク或ハ重要ノ議事未タ決了セス或ハ議會ノ末期ニ於テ必要ノ議事生セシ等特別ナル必要アルトキハ之ヲ延長ス然レトモ是レ例外ノ事タルヲ以テ當然延長サルヽニ非ス必ス天皇ノ勅命ニ依ルモノトス

（參照）學者間ニ於テ議院ハ常時ニ繼續シテ開設ス可キヤ將タ毎年時期ヲ定メテ開設スヘキヤノ論アリウルシイハ常ニ開設ス可キヲ主張シテ曰ク議員ハ猶醫師ノ如シ醫師ハ人ヲ醫シ議員ハ國ヲ醫ス三十六旬未タ醫師ノ休息ス可キ時アルヲ聞カスト且曰ク議員ヲシテ執職ノ時限アラシメハ其弊二个アリ曰ク政事之カ爲メニ澁滯シ社會其害ヲ蒙ムル一ナリ曰ク議員逸居ノ時ニ乘シ執政官私利ヲ營ムノ恐レアル二ナリト然レトモ一利一弊常ニ相伴フハ數ノ免レ難キ處ニシテ定期ニ開設スルモ亦之カ理

由アリモンテスキユー曰ク議員ハ常時其會集ヲ要セス若シ常ニ之ヲ會セシメン乎議員ハ徒ラニ其煩擾ヲ受ケ執政官ハ內顧ノ憂アリ勢ヒ其職ヲ盡スヲ得ス加之議會ヲシテ常時其會集ヲ爲サシメント欲セハ勢ヒ其全躰ヲ維新シ其面目ヲ一新スルヲ得ス只彼レ去レハ此レヲ以テ代ハラシメ其一局部ヲ更ムルニ過キサルノミ然ラハ則議員ノ腐敗スルニ及ンテ如何カ之ヲ救フ是又恐レサルヘケンヤト吾人ハ其說ノ孰レカ是ナルヲ知ラス否ナ之ヲ今日ニ論スルヲ要セス獨リ其定期開設ノ法ヲ用ヒラレシハ右ノ論旨ニ出テシヲ想像スルノミ

開會ノ時間ハ各國其規定ヲ異ニシ或ハ其時間ヲ豫定セス或ハ其最短期ヲノミ定メ其最長期ヲ定メシハ甚稀ナリトス是等ノ點ハ各其說アリト雖𪜈深ク硏究スルヲ要セサルヘシ

第四十三條　臨時緊急ノ必要アル場合ニ於テ常會ノ外臨時會ヲ召集スヘシ

臨時會ノ會期ヲ定ムルハ敕命ニ依ル

(説明)臨時ノ必要ハ臨時ノ處置ヲ以テ之ニ應セサルヘカラス是レ豫メ臨時會ナルモノヲ規定セシ所以ナリ議會ハ常ニ翌年度一歳間ノ事ヲ豫メ議定スルモノニシテ一歳間施設ノ大綱ハ早ク已ニ議定サレ居ルモノナリト雖𪜈社會ハ常ニ變遷活動シテ一日モ止マサルモノナレハ事ノ意外ニ起ルモノ少シトセス而シテ一議會ヨリ翌年度議會マテハ通例九ケ月ヲ隔ツレハ徒ラニ常經ニ拘シ等閑ニ次回ノ議會ヲ待ツトキハ或ハ人民ノ將ニ陷ラントスル災厄ヲ救フ能ハス或ハ國家ノ將ニ得ントスル福祉ヲ獲ル能ハサルニ至ル本條ハ之ヲ救治スル所以ニシテ其必要如何

ハ天皇ノ認定ニヨル

(問)本條第二項ハ敕命ヲ以テ會期ヲ定ムルコトセリ其常會ノ如ク豫メ之ヲ定メサルハ何ソヤ

(答)第二項ハ當然ノ規定ニシテ已ニ臨時緊急ノ必要ニ因テ召集セシ議會ナレハ其會期ノ長短ノ如キ豫メ之ヲ一定スル能ハサルヤ言ヲ待タス是レヲ以テ之ヲ勅命ニヨリテ隨時ニ定ムルコトセシナリ

普第七十七條兩院ノ召開延閉ハ皆同時ニ於テス若唯タ其一院ヲ解散シタルトキハ他ノ一院ハ固ヨリ存立シテ定期ニ至ルコトヲ得

第四十四條　帝國議會ノ開會閉會會期ノ延長及停會ハ兩院同時ニ之レヲ行フヘシ衆議院解散ヲ命セラレタルトキハ貴族院ハ同時ニ停會セラルヘシ

(說明)本條ハ別ニ說明スヘキモノナシ唯其兩院常ニ開閉等ヲ共ニスルハ各議案ノ必ス兩院ノ議決ヲ經ルヲ要スルヲ以テ其一ノミ

獨リ早ク終結シ若シクハ延長スルノ理ナキニ由ルナラン各議案ハ或ハ先ツ衆議院ニ提出サレ或ハ先ツ貴族院ニ提出サルヘキモ共ニ各之ヲ議スル以上ハ其日數ハ大概大差アルナカルヘキナリ而シテ吾人ハ竊ニ想フ斯ク兩院共開閉等ヲ共ニスルカ如キ殊ニ第二項ノ規定ノ如キハ兩院ヲシテ常ニ其休戚喜憂ヲ共ニセシメ相親和シテ猜疑軋轢スルコトナカラシムル微意ニ非サルナキヲ得ンヤ

第四十五條　衆議院解散ヲ命セラレタルトキハ勅命ヲ以テ新ニ議員ヲ撰擧セシメ解散ノ日ヨリ五箇月以内ニ之ヲ召集スヘシ

（說明）衆議院一タヒ解散セラルレハ其議院ハ已ニ生存ヲ終リシモノニシテ議員ハ一人モ存在セス而シテ國家ノ爲政上議院ナキ能ハサレハ新ニ勅命ヲ以テ議員ヲ撰擧セシメ更ニ議院ヲ組織シ

五ヶ月以内ニ之ヲ召集シテ議會ヲ開クヘキナリ

（問）本條後段ノ期限ハ何故ニ之ヲ定メシヤ

（答）是亦最モ必要ナル規定ナリ抑モ天皇カ解散權ヲ行ハセラル丶ハ議院ノ天皇ノ聖慮ニ背戻セシ時ニ在ルモノナレハ後世或ハ更ニ議員ヲ召集セスシテ之ヲ斷行セラル丶コトナキニシモ非ルヲ慮カラセラレ必ス五ヶ月以内ニ召集スヘシト規定セラレシナリ現ニ英國ノ如キ往時ハ議院解散後數年間召集セサリシコト常ニ多シ今日ハ或實際ノ必要ト皇帝ノ德義トニヨリ年々開設セリト雖ヒ其成文法ニ於テハ只三年以內ニ召集スヘシトアルノミ之ヲ其德義ニ委センヨリハ我國ノ如ク確然明記セシノ優レル幾何ソヤ

第四十六條　兩議院ハ各々其ノ總議員三分ノ一以上出席スルニ

非サレハ議事ヲ開キ議決ヲ爲スコトヲ得ス

(說明)本條以下三條ハ兩議院ノ議事ニ關スル大綱ヲ示セシモノニシテ其詳ナルハ議院法ニ之ヲ定ム

兩議院ハ其總員三分ノ一以上ノ出席アルニ非レハ事ヲ議スル能ハス故ニ衆議院ノ如キハ議員ノ總數三百名ナレハ百名以上ノ出席ナケレハ事ヲ議スルヲ得サルナリ此理由ハ他ナシ議院ヲ置キテ事ヲ決スルハ多數ノ意見ニ從フニ在リ然ルニ議員ノ出席非常ニ少ク僅ニ十分ノ一二ニ過キサルニ議事ヲ開キ議決ヲナストセン歟多數決事ノ實果シテ何レニ在ルヤ然ラハ則全數盡ク至ルニ非レハ議事ヲ得ストセン歟人、疾病事故ヲ免レサレハ全數盡ク至ルハ殆ント得ヘカラス隨テ三ケ月ノ開期ハ徒然トシテ消費スルニ至ラン是レ其中ヲ執リ本條ノ規定アル所

以ナリ

（參照）此出席員數ノ最少數ヲ定ムルハ立法者ノ隨意ニシテ深ク學理ノ顯ルヘキアルニ非ス然レトモ亦其宜ニ少數ニ失シ多數決事ノ精神ニ反背セサルヲ要ス英國ハ四十八以上普、白、米合衆國、西、瑞諸國ハ總員過半數ノ出席ヲ要ストセリ

第四十七條　兩議院ノ議事ハ過半數ヲ以テ決ス可否同數ナルトキハ議長ノ決スル所ニ依ル

普第六十條各院ハ過半數ヲ以テ議決ヲ擧ク

白第三十八條凡ソ議決ハ贊成ノ全勝ヲ以テス但云々
○議論二派均分スルトキニハ其議案ヲ斥ク

（說明）本條ハ議事ノ大則ヲ定メシモノニシテ元來議院法ニ規定スヘキモノナレトモ其極メテ重要ノ事タルヲ以テ之ヲ本法ニ載セシナリ普、白、二國モ亦之ヲ憲法ニ明記シタリ

一議事ヲ決スルニ就キテハ必ス出席員過半數以上ノ同意ヲ得サルヘカラス凡ソ事ヲ議決スルニ全院一致ヲ得ルハ會議法ノ

精神ヨリ最モ希望スル處ナレ𪜈是レ容易ニ得ヘカラサルノヿナレハ其過半數ノ人之ヲ可トシ若シクハ否トスレハ最早之ニ滿足セサルヘカラス而シテ過半數トハ半數ニ一ヲ加ヘシモノ以上例ヘハ百八ノ議員トスレハ五十一人以上ヲ云フ

（問）此法ニ從ヘハ說三个以上ニ分レ共ニ過半數ヲ得サル𪜊ハ之ヲ如何ニスヘキヤ

（答）此場合ハ皆之ヲ廢棄セサル可カラス是已ムヲ得サルナリ

（參照）議決ノ法ニ二アリ一ハ比較多數ニ從ヒ他ハ過半數ヲ要ス比較多數トハ例ハ三說アリテ各多少アリト雖𪜈一ノ過半數ニ達スル者ナキニ其最モ多數ナルモノニ決スルヲ云フ此法ハ議案ヲ廢棄スルノ憂ナシト雖𪜈亦少數ヲ以テ多數ヲ壓スルノ結果ヲ免レス例ハ二十八ノ會議ニ於テ甲說ハ五八乙說ハ七八丙說ハ

八八ナル𪜈ハ此法ニテハ丙說ニ從フモノナレハ八八八ヲ以テ他ノ十二八ヲ壓スルナリ過半數議決法ハ此弊ナキモ議案ノ屢廢棄サルヽヿナキ能ハス其レ然リ然リト雖𪜈此弊ハ以テ彼利ヲ蔽フニ足ラス故ニ各國大抵此法ニ從ヘリ

（問）可否同數ノ場合ニ於テ議長ノ決スル處ニヨルハ議長ニ與フルニ可否ヲ擅ニスルノ權ヲ以テシタルモノナリヤ

（答）否ナ只一个ノ意見ヲ得ルモノ多數タルニヨリ之レニ決スルノミ何トナレハ議長モ亦一ノ議員ナレハナリ議長ヲシテ之ヲ決セシムルハ異論ヲナス學者ナキニ非スト雖𪜈其正當タルヿハ疑ヲ容レサルナリ

普第七十九條同院ノ議會ハ公行トス○議長若

第四十八條　兩議院ノ會議ハ公開トス但シ政府ノ要求又ハ其ノ院ノ決議ニ依リ秘密會ト爲スコトヲ得

ハ議員十八以上ノ請求ニ依ルトキハ各院ニ於テ秘密會議ヲ行フヲ得ル

瑞第八十二條各議會ノ會議ハ常ニ公行トス

（說明）公開トハ廣ク人民ニ傍聽ヲ許スヲ云フモノニシテ歐米諸國ノ國會ニ於テモ大抵之ヲ公開セサルモノナシ抑モ政治ノ事タル公事ナレハ之ヲ打開シテ普ク天下人民ノ前ニ暴露シ彼等ヲシテ政治ノ方針ヲ熟知セシムルハ實ニ立憲代議政躰ノ本義ニシテ縱ヒ國會アルモ之ヲ閉鎖シテ人民ノ傍聽ヲ許サヽレハ立憲代議ノ政モ其効ナシト云フ亦過大ノ言ニ非ルナリ乞フ左ニ議事公開ノ利ヲ示サン

（參照）議事ノ公開ハ學者或ハ之ヲ可トシ或ハ之ヲ非トスルモノアリト雖モ其公開スヘシトスルハ殆ト一般ノ定說タルカ如シ然リ而シテ學者ノ常ニ唱フル議事公開ノ利益五个アリ

第一議員ヲ監臨シテ其職ヲ盡サシムルヲ得ヘシ　大凡ソ權力ヲ有スルモノハ動モスレハ之ヲ妄用シ其職ヲ誤マルニ至ルハ

歴史ノ明カニ戒ムル處ナリ然ラハ則議員ハ今立法ノ大權ヲ有ス人アリ之ヲ監臨スルニ非サレハ亦此通弊ニ免レサルヘシ誰カ之ヲ監臨スル議院其レ自身モ亦自ラ監スルナキニ非ルヘシ然レ𪜈廣ク公衆ニ示シ社會ノ輿論ヲシテ之ヲ監セシムルノ勝レルニ孰與ソヤ

第二人民ヲシテ議員ヲ信セシメ及ヒ其議決ヲ允諾セシムルノ便ヲ得ヘシ　凡ソ一國ノ政治ニ貴フ所ハ治者被治者ヲシテ互ニ相親和シ猜忌セシメサルニ在リ今議事ヲ公開シテ人民ニ傍聽ノ便ヲ與ヘハ人民ハ某議員ノ說ハ此ノ如シト知ルヲ得且其討論駁議ヲ聞キ政治ノ容易ナラサルヲ知リ妄リニ難キヲ治者ニ責ムルヿナキニ至リ為政ノ圓滑ヲ得ル是ニ過クルハ莫シ嗚呼隱蔽ハ猜忌ヲ來タシ猜忌ハ怨毒トナル怨毒ノ害ヲ為ス實ニ

恐ルヘキモノアルナリ
第三主治者ヲシテ人民ノ意向ヲ知ルノ便ヲ得セシム　立憲政躰ノ要ハ施政ヲシテ人民ノ意向ニ伴ハシムルニ在ルノミ今議事ヲ開キ人民ヲシテ參リ聽カシメハ恰モ其意向ヲ知ルノ機會ヲ得ルモノナリ主治者ノ爲メニ謀ルニ其便宜亦大ナリト云フヘシ
第四撰擧人ヲシテ議員ノ所行ヲ明知セシメ選擧ノ當否ヲ知ルノ便ヲ得セシム
第五議員ヲシテ社會ノ成説ヲ聞キ其意見ヲ悛改スルヲ得セシム　野ニ遺賢アリ長策良説ヲ持センニ今議院ヲ開キテ議事ヲ公示セハ恰モ彼等ヲシテ其持説ヲ吐露セシムルノ機會ヲ與フルモノニシテ議員ノ幸ノミナラス抑亦國家ノ幸ナリ

（問）公衆ノ多數ハ無才無識妄ニ感情ニ支配サルヽモノナレハ議事ヲ公開スルモ徒ラニ釣名營利ノ浮薄政治家ニ籠絡サレ其得失ヲ斷スル能ハサルノミナラス非常ノ誤謬ヲ來タスヿナキヤ

（答）問者ノ言實ニ一理アルカ如シ然レ圧此事タル前人已ニ之ニ答ヘリ曰ク抑モ一國人民ハ之ヲ三種ニ分ツヘシ曰ク無學無識未タ政治思想ヲ有セサル者曰ク稍政治思想ヲ抱キ他人ノ意見ヲ聽キ自說ヲ定メ得ル者曰ク自家ノ意見以テ其得失ヲ斷シ得ル者是ナリ今議事ヲ公開セハ此三種ノ人民中妨害ヲ得ルアル歟否ナ何ソ之レアラン試ニ見ヨ第一種人民ハ公開ト否トニ於テ共ニ何等ノ關係ナシ第二種人民ハ之ニ由リテ適正ノ說ニ從フノ便益ヲ得ンノミ反之隱蔽ニ從ハン歟事實ノ不明ハ第三種人民ノ誤斷ヲ來タシ隨フテ第二種人民モ亦其誤リヲ傳ヘ不利不

益實ニ大ナリト論シ得テ周到ナリト云フヘシ

(問) 議事ヲ公開セハ名望ヲ得ルニ熱中スル議員ノ如キ妄ニ大聲壯語詭激ノ辨ヲナシ遂ニ社會ヲ誤ルニ至ルヿナキヤ

(答) 是亦愁フルニ足ラス縱ヒ議事ヲ公開スルモ社會公衆ノ廣ク傳播聞知スルハ甚タ遲シ然ラハ則其間有識ノ士ノ批評ヲ受ケ其說ハ全ク勢力ヲ失フヘシ然ラハ則彼等ノ論不正ナルアルモ將タ何カ有ランヤ

(問) 議事公開ノ利アリテ害ナキハ已ニ命ヲ聞ケリ然ルニ本條後段ハ秘密會トナスヲ得トセシハ何ソヤ

(答) 是レ實ニ已ムヲ得サルモノアルナリ夫ノ人心激昂內訌將ニ起ラントスル時ノ如キ外交ノ機宜ヲ議スル時ノ如キ必スヤ其籌策ヲ秘セサル可カラス又人ノ名譽ニ關スル時ノ如キ徒ラニ之

ヲ公開シテ其人ヲ傷クルモ社會ニ益ナクンハ之ヲ秘スルニ如カス秘密會ハ蓋シ是等ノ場合ニ行ハルヽモノニシテ所謂變ニ處スルノ權道ノミ以テ自由制度ノ汚點トナスヘカラス要ハ此條文ヲ濫用セサルニ在ルノミ

（參照）ベンザム曰議會ニシテ秘密會ヲ開クヿヲナサハ其記事中必ス之ヲ執行セシ原因及其討議年月日並ニ之ヲ是非セシ議員ノ姓名ヲ明記シ便宜ノ時ヲ計テ之ヲ公示スヘシト嗚呼當路者ノ措置此ニ出テハ豈自由制度ノ本義ニ合スル美事ナラスヤ

第四十九條　兩議院ハ各天皇ニ上奏スルコトヲ得

（說明）貴族衆議兩院ハ共ニ各天皇ニ上奏ヲナスヲ得是レ立法權ニ就テモ上奏スルヿアルヘシト雖モ重モニ執行權ニ關シテ上奏ヲナスナルヘシ然レモ此ニ注意スヘキハ議院全軆ヲ以テ上奏ヲ

爲スヲ得ルモノニシテ一議員ヲ以テ上奏スルヲ得サルナリ
本條モ亦立法權ニ與フルニ執行權ヲ輔佐シ抑制スルノ權ヲ以テセシモノニシテ二大權力ノ分立睥睨ニ至ルヲ防ク至要ノ法條ナリトス
（參照）英國ニ於テハ下院ハ彈劾權ナルモノヲ有シ上院ニ向テ之ヲ訴ヘリ元來彈劾權トハ通常法律ヲ以テ處分スルコトヲ得サル犯罪ヲ處分スルカ爲メニ特ニ下院ノ有スル處ノ權力ニシテ此犯罪アリシ片ハ下院之ヲ訴ヘ上院之レカ裁判ヲナス者ナリ然レ𪜈此權ハ大抵政權ヲ有スル宰相ノ政治上ノ罪科ヲ問フヿニ用ヒラレ通常人ニ付テハ此權ヲ使用セシヿ殆ト無シ故ニ今日ニ於テハ彈劾權トハ宰相カ政治上ノ罪科ヲ彈劾スル權トノミ思惟スルニ至レリ英國制度ノ今日ノ如ク完全至美ナル地位ニ達

セシハ實ニ此彈劾權ノ効用ナリト云フ然ラハ則チ此權ハ憲法上實ニ欠クヘカラサルモノト云フヘシ然レトモ英國ハ近世會テ此權ヲ用ヒタルヿナシ是レ英國ニ於テ政治上ノ德義大ニ發達シ宰相一タヒ輿論ノ信用ヲ失ヘハ常ニ自ラ辭職スルニヨリ此權ハ告朔ノ餼羊トナリシノミ通常立憲國ニ於テハ之レナカルヘカラス今本法ヲ見ルニ此條アルナシト雖トモ余ハ竊ニ信ス本條ヲ以テ議院ニ與フルニ上奏ノ權ヲ以テセラレタルハ彈劾ノ名ナシト雖トモ彈劾ノ實ヲ得ヘキモノナリト何トナレハ內閣宰相ニシテ政治上ノ過失若シクハ不正ノ所爲アランカ議院ハ之ヲ天皇ニ上奏シ天皇ノ聖斷ヲ乞フヲ得レハナリ

第五十條　兩議院ハ臣民ヨリ呈出スル請願書ヲ受クルコトヲ得

（說明）兩議院ハ請願書ヲ受理スルヲ得ルヲ以テ隨テ之ヲ議シ相當ノ

處置ヲナスヲ得ヘシ而シテ請願書ニハ制限ノ文ナキヲ以テ啻立法權ニ關スルヿノミナラス執行權ニ關スル請願ヲモ受クルヲ得ルナリ

第五十一條　兩議院ハ此憲法及議院法ニ掲クルモノヽ外内部ノ整理ニ必要ナル諸規則ヲ定ムルコトヲ得

(説明)本條ハ議院ニ與フルニ内部ノ規則ヲ自定スルノ權ヲ以テセルモノニシテ敢テ他ヲシテ干渉セシメサルハ實ニ議院ノ獨立ヲ保護スル所以ニシテ又其議事及整理ノ便宜ヲ得セシムル所以ナリ是ヲ以テ英米諸國ノ如キ大抵此ノ權ヲ擧ケテ議院ニ與ヘサルモノナシ然レトモ亦議院ハ本法及議院法ノ定メシ範圍ヲ超脱スル能ハス故ニ平常會議ヲ秘密ニセント(本法第四十八條ニ反ス)自定シ若シクハ平常二讀會ヲ以テ議決ヲナサン(議院法

第廿七條ニ反ス）ト自定スルカ如キヿヲ得ス是亦然ラサルヲ得サルナリ

（問）然ラハ則何等ノ事ヲ自定スヘキヤ乞フ之ヲ示セ

（答）是勿論吾人ノ枚擧シ得ル所ニ非スト雖ｍ其一二ヲ擧クレハ開會ノ時刻ヲ一定シ會議ノ時間ヲ豫定スルカ如キ議員日々ノ出席ヲ嚴督スルカ如キ是ナリ

（參照）我國ニ於テハ多數集會シテ事ヲ決スルノ習慣ナク僅ニ十數年來之ヲ行フモノナレハ議事不熟錬ニシテ議場不整頓ナルヲ免レス故ニ之カ規則ヲ定ムルハ殊ニ注意セサルヘカラス是泰西人ト雖ｍ亦免レサル處ニシテ會議ニ於ケル弊ハ曾テ之ナキ能ハス今其所謂通弊十箇ヲ左ニ擧ケ以テ讀者ノ參考ニ供セン一ニ曰ク活潑ノ氣象ヲ欠ク二ニ曰ク無用ノ決定ヲナス三ニ曰

ク決定ナキニ了ハル四ニ曰ク決議遲緩ニ失ス五ニ曰ク決議忙速ニ失ス是亦二種ノ弊アリ曰ク奸詐ノ議員ヲシテ反對論者ノ不在ニ乘シソノ意見ヲ行フヲ得セシム曰ク議會ヲシテ事躰ノ曲直是非ヲ明知スルニ遑ナカラシム是ナリ六ニ曰ク決案ノ不定ニシテ變動極ル處ナシ七ニ曰ク爭論相罵ル八ニ曰ク詐僞シテ眞實ヲ欠ク九ニ曰ク決議其形ヲ失ス（討議前其文案ヲ作ラス決議後之ガ文書ヲ記シ字句ノ用捨ノ爲メ決議ノ精神ヲ失フニ至ルカ如キヲ云フ）十ニ曰ク決議其實ニ失ス（決議其當ヲ得サルヲ云フ）是ナリ

若シ夫レ此諸弊ノ原因及之レカ救治ノ方法ノ如キハ本條ニ於テ論スベキ處ニ非レハ他日好機ヲ得テ之ヲ論述セン

第五十二條　兩議院ノ議員ハ議院ニ於テ發言シタル意見及表決

米第一條第六節第一項議院ニ於テ爲シタル演說或ハ討論ノ爲メニ議院外ノ場所ニ於テ詰問セラルヽコトナシ

蘭第九十二條兩院ノ議員ハ會議ニ於テ發言スル所ノ論議ノ爲メニ司法上ノ手續ヲ以テ糺治スルコトヲ得ス

ニ付院外ニ於テ責ヲ負フコトナシ但シ議員自ラ其ノ言論ヲ演說刊行筆記又ハ其ノ方法ヲ以テ公布シタルトキハ一般ノ法律ニ依リ處分セラルヘシ

（說明）本條以下二條ハ議員ノ特權ヲ規定セシモノニシテ本條ハ以テ議員ノ演說ノ自由ヲ保護シ次條ハ以テ身躰ノ自由ヲ保護スルモノナリ

本條ニヨリ議員ハ議院內ニ於テハ其演說ハ實ニ縱橫自由ニシテ通常ニテハ誹議譏謗其他刑法ニ問ハルヽ事ニテモ決シテ法律ノ爲メニ罰セラルヽヿナク帝室ト雖𪜈亦之ヲ責ムルヿナキナリ然レ𪜈議院外ニ於テ演說出版スルカ如キヿヲ爲サハ固ヨリ相當ノ罪ヲ免ルヽヿ能ハサルナリ然レ𪜈公布ノ文字ニ注意セサルヘカラス即チ單ニ之ヲ筆記シテ友人ニ示ス如キヿハ之

ヲ罰スルナキハ一ニ通常法律ノ如キナリ
然ルニ議院ニ於テハ相當ノ規則ヲ設クルニ付議員ニシテ議院ヘ對シ甚シキ言論ヲナセシトキハ議院ハ之ヲ譴責スルヲ得ヘキナリ表決トハ可若シクハ否ノ投票ヲナセシヲ云フ

（問）議員議院ノ命令若シクハ許可ヲ受ケテ印刷公布シタル場合ハ如何ナルモノナルヤ

（答）是レ英國ニ於テハ已ニ其典例ニ具ハリ有リタルコトナレトモ尚千八百四十年ノ條令ニテ之ヲ確カメラレタリ即此場合ニ於テハ其議員他ヨリ民事又ハ刑事ノ訴ヲ受ケタルトキハ其議院ノ命令書ヲ提出シテ其責ヲ免ルヽヲ得可キナリ此特權ハ又權利法典及「マグナカータ」等ニモ明記セラレ議院自ラ處斷スルノ外何等ノ官衙ト雖トモ之ヲ詰問スヘカラス然レトモ其妄ニ議院外ニ公布

セシトキハ固ヨリ相當ノ處罰ヲ受クルナリ

（參照）此自由ノ保護タル其理固ヨリ明了ニシテ議員ヲシテ充分ニ其職ヲ盡クサシメント欲セハ勢ヒ此ヲシテ反顧ノ患ナク充分ニ其意見ヲ發揮シ自在ニ辨論セシムヘキニ因ルナリ然ルニ其議院外ニ於テハ議員ト雖トモ通常人民ナレハ亦通常法律ノ支配ヲ受ケサルヘカラス又特ニ特權ヲ以テ之ヲ保護スルノ必要ナケレハナリ

普第八十四條凡ソ議員ハ開會間刑事ニ觸レタル犯罪アリト雖トモ本院ノ許可ナクシテ之ヲ糺治拘捕スルコトヲ得ス但シ即日或ハ翌日發見サレタル現行犯ハ此ノ

第五十三條　兩議院ノ議員ハ現行犯罪又ハ内亂外患ニ關スル罪ヲ除ク外會期中其院ノ許諾ナクシテ逮捕セラルヽコトナシ

（說明）是亦前條ニ於テ述ヘシ如ク議員ノ特權ニシテ通常人ノ如ク嫌疑或ハ訴訟等ノ爲メ法廷ニ拘留セラレサルノ特權ナリ是レ蓋シ議院ノ獨立ヲ保チ議員ヲシテ其職務ヲ盡サシメンカ爲メナ

限ニアラス其負債ノ爲メニ拘留スルニモ亦同シク本院ノ許可ヲ要ス

米第一條第六節第一項議員ハ反逆重罪若クハ國安妨害ノ罪ヲ犯シタルニ非サルヨリハ凡ソ何等ノ場合ニ於ケルモ各其議院ノ會議ニ出席中幷ニ議院ヘ往復ノ途上ニ於テハ逮捕セラレサルノ特許ヲ有ス

リ然レ圧司法官警察官等ニシテ議院ノ許諾ヲ得レハ之ヲ逮捕スルヲ得議院ハ其犯罪ノ甚タ重大ナルカ或ハ之ヲ逮捕スルヲ許サヽレハ其危害ヲ生スル等ノ場合ニ於テハ盖シ之ヲ許諾ス可キナリ

（參照）ウルシー曰ク此逮捕ニシテ之ヲ禁スルヿナカラシメハ議員タルモノ政敵ノ爲メニ其參決ノ權ヲ奪却シ去ラルヽノ虞ナキヲ保シ難ケレハナリト亞兒傳曰ク此禁ヲ要スル所以ハ選擧人ヲシテ其意思ノ代表ヲ失フヿナカラシメント欲スルニ在リ故ニ逮捕ヲ受ケサルノ權ハ議員ノ身上ニ屬スト雖圧其實選擧人ノ權利ヲ保護スルモノナリト此二氏ノ說ハ本條ノ因テ生スル處ナリ實ニ議員ノ身ハ通常一个人ニ非スシテ無數人民ノ代表者ナレハ其一身ノ細故ヲ以テ無數人民ヨリ其代表者ヲ奪フヘカ

ラサルナリ此二氏ノ說ヲ見レハ本條ハ頗ル明瞭ナルモノニシテ此特權ヲ與フル一ノ理由ハウルシーノ說ノ如ク事其實ナク只政敵ノ奸策ノ爲メニ逮捕サレ以テ參決ヲ得サルニ至ルヲ恐ルヽモノナレハ現行犯ノ場合ハ已ニ此虞ナク且其現ニ犯罪ヲ行フヲ傍觀シテ之ヲ其自由ニ任スルノ理ナケレハ無論逮捕セサルヘカラス又內亂外患ニ關スル罪ニ就テハ其罪重大ニシテ寧ロ多數人ノ代表者ヲ奪フモ其危害ヲ避ケサルヘカラス且此ノ如キ徒ハ最早議員トナスヘキモノニ非レハナリ

第五十四條　國務大臣及政府委員ハ何時タリトモ各議院ニ出席シ及發言スルコトヲ得

普第六十條　諸大臣幷ニ大臣ノ代理諸官ハ兩院ニ陪席スルノ權ヲ有ス而ソ發議ヲ願フコトアル毎ニ議院

(說明)本條ハ國務大臣及ヒ政府委員ノ議院ニ對スル權利ヲ規定セシモノニシテ何時ニテモ議院ニ出席シ及發言ヲナスヲ得別ニ議

必ス之ヲ聽クヘシ

長ノ許諾ヲ得ルヲ要セサルナリ然レ圧其發言ハ議員ノ演説ヲ中止セシメテ之ヲ爲スヲ得ス又此等ノ者ハ議員ノ資格ヲ有スルニ非サレハ表決ノ數ニ加ハルヲ得ス是レ議院法ノ定ムル處ナリ

國務大臣及ヒ政府委員ハ常ニ實務ニ當リ社會ノ實情ニ通達スルノミナラス議院ノ議案ハ大抵政府ノ提出スル處ナレハ之ヲ説明シ其利害ノ係ル處ヲ論シ議院ヲシテ適正ノ議決ヲ爲サシムルハ國家ノ爲メ必要ニシテ且ツ議院ノ希望スル處ナリ故ニ此權ヲ與ヘタルナリ

國務大臣トハ次章ニ於テ之レヲ詳説スヘシ

第四章　國務大臣及樞密顧問

（説明）本章ハ執行權ノ一部ナル行政權ノ義務及責任ヲ規定セシモノ

ニシテ國務大臣及樞密顧問ハ即チ行政權ノ主要ナルモノナリ

（參照）抑モ國家ノ義務ハ立法執行ノ二大權ニヨリテ措置セラルヽモノニシテ立法權ハ法律ヲ制定シ執行權ハ其法律ヲ執行スルモノナリ而シテ執行權ハ行政司法ノ二權ニヨリ成立スルモノニシテ此二權ハ共ニ法律執行ノ任ニ當ルナリ然ルニ其異ナル處ハ學者各之レカ說明ヲ試ムルモ多クハ明瞭ニ其性質ヲ言ヒ見ハス能ハス余以爲ラク行政權ハ進爲的執行ヲナシ司法權ハ坐守的執行ヲ爲スモノナリト故ニ行政權ハ自ラ進ンテ法律ヲ執行シ司法權ハ只坐シテ爭訟ノ至ルヲ待チ爭訟アルニ及ンテ之レヲ裁判シ法律ヲ執行スルモノナリ

執行權ノ首長ハ各國其君主若クハ大頭領之レニ任スルモノニシテ殊ニ我國ノ如キ天皇ハ統治權ヲ總攬セラレ勿論執行權ノ

普第四十四條國王ノ諸大臣ハ其責ニ任スヘキモノトス〇國王ノ政府ヨリ出ツル一切ノ文書ハ必ス其事ノ責任ニ當ル所ノ一ノ大臣之ニ副署シタル後始メテ施行スヘキ効力アリ

伊第六十七

主長タラル、モノニシテ而シテ其實務ニ當ルハ則チ國務大臣ナリトス

大臣ハ或ハ大藏大臣ト云ヒ或ハ内務大臣外務大臣ト云ヒ各其名稱アリト雖モ今單ニ國務大臣ト總稱スルヲ以テ各大臣ヲ連合シテ一躰トナセルモノナリ

第五十五條　國務各大臣ハ天皇ヲ輔弼シ其責ニ任ス

凡テ法律勅令其ノ他國務ニ關スル詔勅ハ國務大臣ノ副署ヲ要ス

(説明)天皇ハ行政權ノ首長ニシテ一切政務ヲ執行シ賜フ所ナリト雖モ立憲代議政躰國ニ於テハ天皇ハ統治シテ支配セスノ格言ニ從ヒ實際ノ政務ハ天皇ヲ補弼シテ國務各大臣即チ内閣諸大臣之ニ任スルモノトス故ニ其責モ亦各大臣自ラ之レニ當リ天皇ヲシテ之レカ責ヲ受ケサセ參ラセザルベキナリ

條諸大臣ハ職務ニ付テノ責ニ任ス法律及一切ノ文書大臣一人ノ捺印アラサレハ其力ヲ有セス

（問）何故ニ國務大臣ハ法律詔勅等ニ副署スヘキヤ

（答）國務大臣已ニ天皇ノ統治ニヨリテ政務ヲ執リ其責ニ當ルトセハ其副署ヲナスヘキヤ亦言ヲ俟タス是レ實ニ一片ノ虚禮ノ如シト雖𪜈因テ以テ其責任ノ在ル處ヲ明カニスルモノニシテ輕々ニ附シ去ルヘカラサルモノナリ

（參照）自ラ行政ノ衝ニ當ル者ハ責ノ歸スル處ナリ責ノ歸スル處ハ怨ノ集マル處ナリ怨府ハ危險物ノ比スヘキナシ天皇ヲシテ此地位ニ立タセ參ラスルハ豈臣民タル者ノ忍フ所ナランヤ一タヒ此ノ如クナラハ神聖ニシテ犯スヘカラストスル法條アリト雖𪜈將タ何ノ用ヲカ爲サン是レ國務大臣ヲ置キテ其任ニ當リ其責ヲ負ハシムル所以ニシテ國務大臣ハ自ラ進ンテ其責ヲ負ヒ其責ヲ受ケサルヘカラス英國ニ於テハ内閣一タヒ世ノ信用ヲ

失ヒ輿論ノ反對ヲ受ケシ𪜈ハ直チニ自ラ其職ヲ辭シ天皇ハ更ニ輿論ノ贊仰スル處ノ者ヲ召シテ之レヲ國務大臣トナスナリ此ノ辭職ノ事ハ其法規アルニ非スト雖モ英國政治家ノ德義ニ富メル數十百年ノ久シキ皆此習慣ヲ守リ曾テ其職ヲ去ルニ吝ナルモノナシ本法ニ於テモ亦其責ニ任スルヲ命スト雖モ如何ニシテ其責ヲ受クルヤヲ定メス只政治家タルモノ其德義ニ於テ一タヒ帝國議會ノ信用ヲ失ヒタル𪜈ハ自ラ其職ヲ辭シ以テ其責ヲ完フシ以テ他ノ輿望ヲ負ヘル者ノ進路ヲ開クヘキナリ故ニ本條ハ政治家タル者ノ深ク留意遵奉スヘキ處ニシテ臣民タルモノモ亦能ク之レニ從ヒ畏レ恐クモ怨ヲ天皇陛下ニ歸シ奉ルカ如キヿアルヘカラサルナリ

(問) 責ニ任スル者國務大臣ナリトセハ其行政ノ實務ヲ執行スル者

亦國務大臣ナラサルヘカラス然ラハ則チ天皇陛下ヲシテ徒ラニ虚器ヲ擁セシメ參ラスル者ニ非スヤ

（答）嗚呼淺イ哉問者ノ見ヤ天皇ノ尊榮ナルハ行政ノ實務ニ當ラセラルヽヲ待チテ存セサルナリ夫レ天皇ハ高ク是等諸權ノ上ニ立チ支配ノ事務ヲ躬ラシ賜ハス單ニ統治シ賜フ者ニシテ永ク神聖高貴ノ地ニ立タセ賜フ天皇ノ尊榮何者カ之レニ加ヘン行政ノ實務ヲ躬ラシ賜フヲ希フハ其情愛スヘシ然レトモ惜ヒ哉小忠ノミ此區々タル事務ヲ躬ラセラルヽヲ希ヒ以テ怨府ニ陷レ參ラスルハ豈臣民タル者ノ忍フ處ナランヤ天皇ハ惡事ヲ爲シ賜ハス惡事ハ國務大臣ノ罪ナリトナスハ豈臣民タルモノヽ眞誠至忠ニ非スヤ英國人民白耳義人民ノ如キ彼等已ニ能ク此事ヲ希ヘリ國躰歷史我ノ如キ國ノ臣民ニシテ誰レカ其本條ノ斯

クナルヲ希ハサランヤ

（參照）國務大臣ノ責ヲ負フハ二法アリ一ヲ分頭責任ト云ヒ一ヲ聯帶責任ト云フ分頭責任ハ獨逸ノ規定スル所ニシテ例ハ內務ノ事項ニ就キ過失等アルトキハ內務大臣獨リ其責ニ任シ其職ヲ辭ス而メ外務文部等ノ大臣依然トシテ動クヿナシ聯帶責任ハ全ク之ニ反シ內務ニマレ外務ニマレ一事ニ付過失等アルトキハ內閣大臣ハ皆其責ニ任シ袂ヲ連子テ其職ヲ去ル是レ英國其他諸國ノ執ル所ナリ我國ニ於テハ果メ如何余竊カニ以爲ラク內閣各大臣ハ或ハ內務大臣ト云ヒ陸軍大臣ト云ヒ各其名稱アルニ拘ハラス一併ニ國務大臣ト記セシハ即チ各大臣ヲ合シテ一團トナシ各大臣連合シテ一國ノ政務ニ當ルヿヲ示セシモノニメ皆聯帶シテ責ニ任ス可キナリト

第五十六條　樞密顧問ハ樞密院官制ノ定ムル所ニ依リ天皇ノ諮詢ニ應ヘ重要ノ國務ヲ審議ス

（說明）樞密院ハ天皇ノ最高等顧問府ニシテ其諮詢ニ奉對シ國務ノ重要ナルモノヲ審議スルモノナリ此院ハ帝國議會ノ如ク多數相會ソ事ヲ議スルモノナリト雖圧彼ハ立法權上ノ會議ニシテ此ハ執行權上ノ會議ナル差アリトス

又此院ハ執行權タルハ內閣ト同一ナリト雖圧內閣ハ自ラ國務ヲ處理シ且外部ニ向テ運動スルモノナルニ此院ハ內部ニ在リテ天皇ニ屬スルモノニシテ其顧問ニ供シ自ラ事ヲ執ル能ハサルモノナリ

（參照）英國ハ今日猶樞密院ナルモノアリト雖圧徒ラニ畫餠ナルノミ其實用ヲナスヿナシ該國ニ於テハ之ヲ不要トスルノ論者多シ

ト雖モ歷史上ノ專由ヨリシテ尙今日ニ存ス該國内閣ハ實ニ樞密院ヨリ生セシモノニシテ樞密院ハ内閣ノ母ニシテ而メ之ヲ產スルト共ニ死亡セリト云フモ誣言ニ非ルナリ

第五章 司法

（說明）司法トハ立法權所定ノ標準ヲ司持シテ社會ノ曲直ヲ斷シ次テ衆庶ノ權利ヲ保護シ以テ天下ノ公義ヲ維持スル所ナリ平易ニ之ヲ云ヘハ司法權トハ即チ裁判ノ權ニシテ立法權即チ帝國議會ト天皇トヨリ組織セラレタル立法權ノ制定セシ所ノ法律ノ執行ヲ云フナリ

前章ニ於テ已ニ說明セシ如ク司法權ハ行政權ト共ニ執行權ヲ形造クルモノニシテ而メ執行權中ニ於テハ特ニ行政權ト相獨立シ互ニ相干涉セサルヘキナリ

司法權ハ之ヲ一見スレハ其形極メテ小ニシテ其働キ極メテ狹キモノヽ如シ然レ䒑其實甚ダ必要ノモノニソ行政權ト優劣アルコナシ凡ソ人類アレハ必ス社會アリ社會アレハ必ス曲直相爭ヒ强弱相凌ク相爭ヒ相凌ケハ必ス賢者酋長ニ就テ之ヲ質スハ勢ノ然ラシムル所ナリ此故ニ司法權ノ設置ハ如何ナル社會ニ於テモ之ヲ行政及ヒ立法諸權ニ比スレハ最モ古ルキモノトス亦以テ其必要ナルヲ知ルニ足ルヘシ

普第八十六條司法權ハ不覊ノ諸法衙ニ依リ國王ノ名ヲ以テ之ヲ施行ス諸法衙ハ法律ヲ除クノ外他ノ權威ニ從フコトナシ

伊第六十八

第五十七條　司法權ハ天皇ノ名ニ於テ法律ニ依リ裁判所之ヲ行フ裁判所ノ構成ハ法律ヲ以テ之ヲ定ム

(說明)司法權　此何物タルコハ前已ニ說キタレハ茲ニ贅セス

天皇ノ名ニ於テ　天皇ハ統治ノ權ヲ有シ從フテ司法權ニ於テモ之ヲ總攬セラルヽヲ以テ其事ヲ統御シ公義ノ泉源トナラル

條凡ソ裁判ハ國王ノ任シタル裁判官ニ由リ王名ヲ以テ宣告ス

ヽ者ナリ然レ𪜈天皇ハ司法ノ權力ヲ私シ躬親ラ裁判ノ事ヲ執ラルヽニ非ラス獨立ノ司法官アリテ專ラ其事ニ當ルモノニ〆今日實際ノ諸裁判所ノ裁判ノ如キ皆天皇ノ委任ニヨリ全權ヲ以テ之ヲ行フモノナリ是レ天皇ノ名ニ於テ行フト云フ所以ナリ

法律ニ依リ　此一句ハ實ニ貴重ニ〆人民自由ノ鐵壁タルヘキモノナリ即裁判官タルモノヽ或事件ヲ裁判スルハ立法權ニヨリテ制定セラレタル一定不變ノ法律ニ依據スヘキモノニシテ法律ノ命スル所ハ天皇ト雖𪜈之ヲ枉ケシムルヿ能ハス實ニ裁判官ナルモノハ頂天立地天皇ノ尊嚴モ以テ加フル所ナク大臣ノ威力モ以テ侵ス所ナシ何ソ況ンヤ區々タル情實愛憎ヲヤ其眼光ノ晃ル所ハ只法律ナルモノアルノミ此ノ如クシテ人民始

メテ其自由名譽生命財産ヲ侵犯セラルヽノ虞ナキナリ

裁判所之ヲ行フ　司法ノ事ハ唯裁判所ノミ之ヲ行フ者ニシテ其他ノ官吏ハ何者ト雖ヒ之ヲ爲スヲ得ス是レ實ニ行政權司法權ノ區分ヲ明了ニセシモノニシテ行政官ハ司法ノ事ニ關シ少シモ干渉スル所アルヲ得スリートバー曰ク何者ヲ問ハス司法官以外ノ者ニシテ裁判ノ事ヲ辨理スルアラハ是レ法律ノ獨立ヲ蔑ニシ隨テ人民ノ自由ヲ亂ルモノナリ又裁判所以外ニシテ裁判ノ管理ニ係ル案件ヲ裁決スルアラハ是レ法律ノ獨立ヲ蔑ニシ隨テ人民ノ自由ヲ亂ルモノナリト以テ此句ノ理由及其貴重ナル所以ヲ知ルニ至ル

本項ハ字句極メテ簡ニシテ意義極メテ廣ク効用極メテ大ナルモノニシテ而メ法意周到精美ヲ盡クシ世人ノ深ク講究スヘキ

所ナリ
第二項ナル裁判所ノ搆成ハ是亦一要事ニシテ其段階少キニ失スレハ訴訟者其枉屈ヲ伸ハス能ハス段階多キニ過クレハ裁判ノ終結遷延シ奸曲ノ徒ヲシテ其奸ヲ爲スノ機ヲ得セシムルモノニシテ最モ愼重セサルヘカラサル所ナリ故ニ法律ヲ以テ之ヲ定ムトシ妄ニ措置變更スルナカラシメタリ方今ハ治罪法ヲ以テ刑事裁判所ノ搆成ヲ定メアリト雖圧是レ特ニ一時ノ便宜ニ出テシモノニメ別ニ一法ヲ要スルモノナレハ裁判所搆成法ナルモノ早晩ニ制定サルヘキナリ

第五十八條　裁判官ハ法律ニ定メタル資格ヲ具フル者ヲ以テ之ニ任ス

甲第六十九條郡裁判所ヲ除クノ外國王ノ任シタル裁判官

裁判官ハ刑法ノ宣告又ハ懲戒ノ處分ニ由ルノ外其ノ職ヲ免セラ

ノ三年間在職シタル者ハ又轉免スヘカラス

普第九十條 定法ノ能力アル者ニ非サレハ法官ニ任スルコトヲ得ス同第八十七條 諸法官ハ法律ニ定メタル事故ノ為メニ審判ヲ受クルノ外其官ヲ免シ又ハ非職ト為スコトヲ得ス

ル丶コトナシ

懲戒ノ條規ハ法律ヲ以テ之ヲ定ム

第一項

(説明)本項ハ裁判官撰任ノ方法ヲ定メシモノニシテ一定ノ法律ニヨリ定メラレタル資格ヲ具フル者ヲ以テ之ニ任シ妄リニ情縁任用スルヲ得ス抑モ裁判官ナルモノ丶其法律ニ對スル解釋意見ハ人民ノ生命自由榮譽財産等ニ非常ノ影響ヲ與フルモノニシテ裁判官其人ヲ得サレハ良制美法モ其用ヲナサスシテ人民ハ一日モ安堵ノ念ヲ為スヲ得ス法律ノ可否ハ實ニ其運用ノ如何ニ在リト云フモ亦誣言ニ非ス於是乎裁判官ノ任用深ク愼重セサルヘカラス是レ本項ノ規定アル所以ナリ法律ニ定ムル資格トハ例ハ法律學科ヲ卒業シ何年以上代言人ヲ為シ若シクハ何

年以上裁判所ノ書記タルヲ要スル等ナリ而ソ今日ニ於テハ本項ノ所謂法律ナルモノハ彼文官試驗規則ニシテ其改正若シクハ廢棄ニ逢フ迄ハ該法ニヨリ試驗ニ及第セシ者ハ所謂法律ニ定ムル資格ヲ具フル者ニシテ是レニ由ルニ非レハ裁判官タルヲ得サルナリ

（參照）裁判官任用ノ法ハ各國之ヲ異ニシ瑞西聯邦ハ議會ヲシテ之ヲ撰擧セシム其意裁判官ヲシテ聯邦ニ忠實ナラシメント欲スルニアリ然レ𪜈此制ハ學者之ヲ駁スル者多シカント曰ク議會ヲシテ裁判官ヲ撰擧セシムルハ甚タ不可ナリ夫ノ議會ハ黨派ノ私心地方ノ私利ニ偏シ易ク爲メニ公衆ノ利益ヲ後ニシ撰擧其宜シキヲ失スルヿアレハナリト而ソ米國三四ノ洲ニ於テハ人民ヲシテ之ヲ公選セシメタリ其意蓋シ裁判官モ亦他ノ諸官吏

ト同シク民ノ爲メニ事ヲ執ルモノナレハ人民宜シク自ラ信スル所ノ者ヲ撰任スヘシト云フニ在リ此法ハ學者深ク之ヲ駁シ裁判官任用ノ諸法中最モ不可ナルモノトセリ何ントナレハ一般人民ハ裁判官ニ必要ナル特質學識ノ如何ヲ判斷スル能ハス又之ヲ能クスルモ或人ニ就テ其特質學識アルヤ否ヤヲ知ルノ時ヲ得ス且政事家ノ爲メ其所撰ヲ誤ラルヽノ恐アレハナリ

次ニ米國聯邦ニ於テハ現今一人ヲメ之ヲ指名セシメ某ノ議會ヲメ其可否ヲ決セシムルノ制ヲ取レリ又英國其他歐洲大陸諸國ニ行ハルヽ所ハ一人ヲシテ專ラ之ヲ撰任セシム蓋シ裁判官タルモノヽ特質學識ヲ判斷スルハ一人ヲシテ之ニ當ラシムルハ裁判官モ人ヲ得ルノ最良手段ナリトス故ニ學者大抵是等ノ諸法ヲ賛成セサルナシ只此等ノ諸法殊ニ最後ノ法ニ恐ルヽ所

ハ撰任者其權ヲ濫用シ妄リニ情實ニヨリ不適當ノ人ヲ以テ之ニ任スルニ在リ然レ𪜈此等諸國モ亦皆法律ニ於テ一定ノ資格ヲ設ケ之ヲ具フル者ニ限ルヲ以テ其弊ヲ救ヘリ本項モ亦此法ヲ採リシモノニシテ間然スル所ナキナリ

（說明）裁判官ハ刑法ノ宣告即剝奪公權停止公權ヲ受ケ若シクハ懲戒ノ處分即チ職務上ノ過失等ノ爲メ責罰サルヽニ非サレハ其職ヲ免セラルヽヿナキナリ故ニ行政官若シクハ其上長官ノ意見愛憎等ニヨリ之ヲ貶陟スルヲ得ス換言スレハ裁判官ハ終身其職ニ在ルモノニシテ刑法若クハ懲戒ノ法律ニ觸レサル𪜈ハ死ニ至ルマテ其職ニ在ルヲ得ルモノナリ是レ司法權ノ獨立ヲ保チ其良心ト法律トニ依リ一意其信スル所ニヨリ裁判ヲ下シ行政官ノ威權若シクハ上長官ノ愛憎ニヨリ隱然抑制セラルヽヿナ

カラシムルモノナリ若シ裁判官ニシテ其職ニ安ンスルヲ得セシメサレハ賄賂ヲ私シ不正ノ所業ヲ爲スコトナキニアラサレハナリ

(參照)司法官ヲ終身官トナシ以テ其獨立ヲ謀ルノ制ハ其源ヲ英國憲法ニ發シ各國ノ憲法大抵之ヲ明記セサルナシ余ハ今其必要ニシテ至美ノ制ナルヲ示スニハミルトンノ言ヲ以テセントス氏ノ言ハ實ニ言ヒ得テ周到ナレハナリ

氏曰ク擧止方正ヲ以テ永ク法官ノ職ヲ守ラシムルノ一案ハ近時政府ノ事務ヲ改良セシ最善良圖ノ一ニ居レリ而メ立君ノ王國ニ在テハ國王ノ壓抑ヲ防止スルノ障壁トナリ共和ノ國土ニ在テハ議會ノ暴戾ヲ控扼スルノ堤防タリ夫ノ安穩ニ正實ニ無偏ニ法律ノ執行ヲ得セシムルノ法蓋シ是ヨリ善キハナシ(中略)

司法官ハ自家ノ勢力ナク又自家ノ意見ナク唯曲直當否ヲ判斷スルアル耳故ニ其能力ヲ行フニ當テ躬自ラ之ヲ能クセス間々遂ニ行政官ノ補助ヲ假ルヿナシトセサルナリ唯夫レ此ノ如シ故ニ司法權ハ三大政權中最モ弱キモノニメ其他ノ二權ヲ侵凌スルノ力ナキハ事明白ニシテ疑ヲ容ルヘカラス却テ各種ノ手段ヲ設ケ此權ノ他權ニ侵凌セラレサルヲ之レ謀ルヘキモノナルヲ知ル(中略)嗚呼司法權ニシテ獨リ在ラハ彼レ決メ人民ノ自由ヲ亂ラス然レ𪜈一旦他ノ權職ニ合スルアラン乎其事絕無ヲ期スヘカラス而メ司法權ノ他ノ權職ニ合スルハ之レニ隷屬スルニ因ルモノナレハ其勢力ノ軟弱ナル常ニ他ノ權職ニ侵サレ以テ其弊ヲ起スニ至ル故ニ司法權ノ獨立ヲ鞏クスルノ手段ハ吾人ノ熱心シテ講スヘキモノニシテ夫ノ法官ヲシテ永久其職

ヲ守ラシムルカ如キハ其手段ノ最モ要ナルモノナリ是ヲ以テ舉止方正ノ間永ク其職ヲ守ラシムルノ一條ハ國憲中欠クヘカラサルノ事ニシテ天下ノ公義ヲ維持シ社會ノ安全ヲ保護スルノ城廓ト謂フモ余其言ノ虚ナラサルヲ知ルナリト

第三項

〔説明〕懲戒ノ條規トハ懲戒スヘキ所爲過失ノ種類懲戒ノ手段及ヒ懲戒ヲ爲ス人等ニシテ是等ノ者ハ法律ヲ以テ之レヲ一定シ妄リニ行フヘカラサルナリ此項ハ學理上ニ於テハ格別ノ價値ナキカ如キモ實際ハ甚タ必要ニシテ縱令裁判官ヲ終身官ト定ムルモ若シ妄リニ懲戒ト稱シ之ヲ責罰シテ其職ヲ免セハ裁判官獨立ノ實何クニ在ルヤ然ラハ即チ本項ハ實ニ必要ノ項目ニシテ其法律モ亦輕々ニ定ムヘカラサルモノナリ

普第九十三條民事刑事トナク法衙ノ論廷ハ公行トス但シ風俗ヲ紊ルヘキ内行事件ノ為メニハ公行ヲ停ムルコトヲ得

墺第五篇第十條民事刑事ノ別ナク裁判ヲ任セラレタル判事ノ前ニ於ヲスル訴訟ハ言語ヲ以テシ及公行トス〇何レノ場合ニ於テモ右ノハ規ニ拘ハラス特例ヲ用ユルヲ得ヘキハ法律ニ於テ之ヲ定ム

第五十九條　裁判ノ對審判決ハ之ヲ公開ス但シ安寧秩序又ハ風俗ヲ害スルノ虞アルトキハ法律ニ依リ又ハ裁判所ノ決議ヲ以テ對審ノ公開ヲ停ムルコトヲ得

(說明)裁判ノ對審トハ民事ノ對審刑事ニ於テハ詰問辯論ヲ稱シ判決トハ裁判言渡ヲ稱ス

之ヲ公開スルトハ廣ク人民ノ傍聽ヲ許スノ謂ニシテ其理由タル數多アリト雖モ其重要ナルモノハ裁判ノ公平ヲ維持シ且人民ノ裁判ニ對スル信用ヲ厚クスルニ在リ今裁判ヲナスニ之ヲ公開シテ公衆ノ前ニ於テ明白ニ處分スルトキハ人民安シテ之ヲ信シ尊信ノ情自ラ厚キニ至ル又若シ之ヲ公開セスシテ密行スルトキハ衆人ノ之ヲ監視スルモノナキヲ以テ裁判官自ラ偏私情實ノ處分ヲ為シ易キニ至リ人民ノ自由ヲ害スル大ナリ是レ之

ヲ公開スル所以ナリ殊ニ刑事ノ如キハ人民ヲシテ親シク之ヲ見セシムレハ罪必ス罰セラレ罰必ラス罪ニ當ルヲ知リ慄然トシテ警戒スル所アラシムルヲ得大ニ犯者ヲ防キ刑ノ一目的ヲ達スルヲ得ヘシ是ヲ以テ刑事ニ就テハ治罪法已ニ之ヲ規定セシモ尚ホ本法ニ之ヲ明記シ後來曾テ之ヲ破フルヲ得サラシムルナリ裁判ノ公開セサルヘカラサル此ノ如シト雖𪜈若シ之レカ爲メ國家ノ安寧秩序ヲ害シ若シクハ社會ノ風俗ヲ亂ス如キアラハ其利其害ノ大ナルニ及ハス是レ第二項アル所以ナリ然レ𪜈妄リニ口ヲ之レニ藉リテ裁判ヲ密行スルアラハ其弊亦甚シキヲ以テ之レヲ密行スルニハ必ス法律又ハ裁判所ノ決議ヲ要スルヿトセシナリ然ルニ密行ノ場合ト雖𪜈其判決ハ必ス公開セサルヘカラス

（問）裁判ノ公開ハ如何ナル場合ニ安寧秩序ヲ害シ如何ナル場合ニ風俗ヲ害スルヤ

（答）被告事件政治ニ關スル罪ニシテ其訊問及ヒ辨論ヲ公行スル𪜈ハ人心ヲ煽動スルノ恐レアル𪜈ノ如キハ則チ所謂秩序安寧ヲ害スルノ虞アルモノニ〆被告事件强姦有夫姦等ニシテ事猥褻ニ渉ル𪜈ノ如キハ則所謂風俗ヲ害スルノ虞アルモノナリ而〆其豫想シ得ヘキ場合ハ法律ヲ以テ之レヲ定ムヘシト雖𪜈社會ノ事千狀萬態人智ノ得テ豫定シ能ハサルモノアレハ之ヲ救フニ裁判所ノ決議アレハ密行ヲ得ルノ法ヲ以テセルナリ

（問）判決即チ裁判言渡ハ必ス公開スヘシトアリ此裁判言渡トハ本案ノ裁判ノミナリ將タ訴訟中ノ裁判言渡シヲモ指シタルヤ

（答）是レ蓋シ總テノ裁判言渡ヲ稱スルモノナラン何トナレハ法文

普第九十五條反逆及國ノ內外安寧ヲ害スル重罪ニ付テハ兩院ノ許可ヲ以テ特置法院ヲ命スルコトヲ得

伊第七十一條特別ナル裁判所及ヒ專務ノ裁判官ヲ設クルコトヲ得ス

墺第五篇第二條法律ニ定メタル場合ヲ除クノ外ハ審判ヲ行フカ爲メニ非常法衙ヲ設クルヲ得ス

別ニ限定スル所ナケレハナリ

第六十條　特別裁判所ノ管轄ニ屬スヘキモノハ別ニ法律ヲ以テ之ヲ定ム

(說明)特別裁判所トハ何ソヤ訴訟法ニ於テ學者多ク商事裁判所行政裁判所等ヲ指シテ特別裁判所ト稱スト雖氏本條ノ所謂ハ是レニ非ス彼ノ戒嚴令第十一條ノ軍衙ニ於テ開ク裁判ノ如キ通常設置セル司法官アル、裁判所ニ非スシテ行政官立法官或ハ軍人等ヲ以テ開ク裁判所ヲ云フナリ此特別裁判所ハ別ニ法律ヲ以テ之ヲ定メ其規定アルニ非レハ之ヲ設クルヲ得サルナリ

凡ソ裁判ハ其案件ノ何種ノ事タルヲ問ハス之ヲ爲スニハ特殊ノ智識アルヲ要シ其手續モ亦繁簡宜シキヲ得シ一定ノ方法ナカル可ラス然ラスンハ則チ裁判ヲナス人其心實ニ公平ナルモ

曲直ヲ見ル明ナラス爲メニ正邪其所ヲ異ニスルニ至ルナキヲ得ス是レ妥リニ特別裁判所ヲ開クヲ許サヽル所以ニシテ人民自由ノ消長ニ關スル亦大ナリトス殊ニ一權力他ノ權力ヲ悪ミシキノ如キ妄リニ自ラ其權ヲ主張シ特別ナル裁判所ヲ開キ之ヲ裁判セハ則チ國家ノ綱維地ニ墜チン本條ハ實ニ是等ヲ豫防スル所以ニシテ必ラスヤ方今ノ軍術ニ於テ許多ノ常事犯罪等ヲ裁判スルハ戒嚴令アルヲ待ツカ如クスヘキナリ

第六十一條　行政官廳ノ違法處分ニ由リ權利ヲ傷害セラレタリトスルノ訴訟ニシテ別ニ法律ヲ以テ定メタル行政裁判所ノ裁判ニ屬スヘキモノハ司法裁判所ニ於テ受理スルノ限ニアラス

（說明）行政官廳即チ中央諸省廳若シクハ各地方廳等ノ處分ニシテ其法ヲ得ス人民ノ權利ヲ傷害セシキハ人民ハ之ヲ恢復スルニ行

政裁判所ナルモノアリ必ス是ニ於テセサルヘカラス行政裁判所ハ司法裁判所ト其執ル所ノ案件常ニ異ナリ隨テ裁判官其人ノ裁判上ノ智識モ亦自ラ異ナラサルヲ得ス故ニ人民ニシテ出訴其處ヲ得サレハ其權利ノ消長ニ於テ差異アルノミナラス若シ之ヲ許サハ行政司法二權ノ混同是レヨリ生シ司法權ハ自然ニ行政權ニ干渉スルニ至ラン是レ事ノ甚タ重大ナルモノニシテ豫メ防止セサルヘカラサル所ナリトス本條ハ蓋シ是カ爲メノミ

第六章 會計

(説明)本章ハ會計ノコト即チ租税、國債、歳出歳入ノ豫算及ヒ決算等ノコトヲ規定セシモノニメ國家ノ政務上最重最大ノ事項ナリトス凡ソ世ニ政治ナケレハ則チ止ム苟モ政治ナルモノアレハ財政ノ事先ツ其最大問題タラサルヘカラス司法ト云ヒ行政ト云ヒ抑亦立法ト云フモ若シ財貨ナカランカ誰レカ得テ之ヲ行ハンヤ天下ノ諸政實ニ盡ク財政ノ制御ヲ受クルモノナリ嗚呼政府ハ國家浮沈ノ生スル所人民休戚ノ係ル所豈一日モ忽カセニスヘケンヤ是レ本章ニ於テ特ニ之ヲ詳言スル所以ナリ

英權利法典第一條第四國會ニ於テ許可シタルノ外帝王ノ特權ト稱シ妄リニ租稅ヲ徴收スルハ違法ナリ

普第百條豫算表ニ記載シ若クハ別法ニ定メタルニ非サルヨリハ租稅及貢賦ヲ課スルヲ得ス

第六十二條　新ニ租稅ヲ課シ及稅率ヲ變更スルハ法律ヲ以テ之レヲ定ムヘシ

但シ報償ニ屬スル行政上ノ手數料及其他ノ收納金ハ前項ノ限リニ非ス國債ヲ起シ及ヒ豫算ニ定メタルモノヲ除ク外國庫ノ負擔トナルヘキ契約ヲ爲スハ帝國議會ノ協贊ヲ經ヘシ

第一項

（說明）新ニ租稅ヲ課セントハ例ハ各人ノ所得ニ付テハ曾テ納稅ノヿ

全第百三條 法ニ由ラスシテ國債ヲ募ルコトヲ得ス

ナカリシ新タニ所得稅法ヲ定メテ之ヲ徵收スルカ如キヲ云フ其稅率ヲ變更スルハ例ハ地租ノ稅率ハ地價百分ノ三ナリシヲ新ニ其標準ヲ變シ百分ノ二ケ半トナシ若シクハ百分ノ四トナスカ如キヲ云フ是等諸事ハ法律ヲ以テ之ヲ定メ行政官等ノ私ニ爲シ得ル所ニ非ラズ天皇ト雖モ亦隨意ニ之ヲ行ハセラレサルヘキナリ

本項ハ所謂人民自由ノ保障ノ最モ大ナルモノニシテ租稅ヲ人民ニ徵スハ必ス人民ノ承諾ヲ經ルヲ示スモノナリ何トナレハ法律ニ非レハ之ヲ行フコトヲ得スシテ而メ法律ハ必ス帝國議會ノ協贊ヲ經ヘキモノナレハナリ

(參照)此事タル國憲上常ニ特筆大書スヘキ重件ニシテ又實ニ政理ノ動カスヘカラサルモノナリ抑モ租稅ハ一國人民カ政府ノ保護

ヲ受クル以上ハ其費用トシテ之ヲ出タスヘキヤ其義務ナリト雖圧元來其辛苦ノ結果ニ出テシ貯蓄ヲ財嚢中ヨリ奪去ルモノニメ直接ニ其報酬ヲ與フル商品ノ賣買ノ如クナラサルモノナレハ深ク其徴收ヲ愼ミ其承諾ヲ經ルニ非レハ動モスレハ騷亂怨恨意外ノ大害ヲ惹キ起スニ至ル彼ノ米國カ其母國ニ反シテ獨立ノ大旗ヲ飜セシモ亦唯是レカ爲メノミ左レハ此一項ハ今日各國憲法ニ於テモ皆之ヲ載セサルナシ今特ニ英國人民權利ノ表明第四條ヲ茲ニ示サン

曰ク國王自ラ特權アリト稱シ國會ノ許諾ヲ經スシテ金錢ヲ人民ニ賦課シ若シクハ其承諾ヲ經タル徴收法ノ式ニ依ラスシテ之ヲ賦課シ若クハ其承諾ヲ經タル時期ヲ經過シテ猶之ヲ賦課スルハ犯法ノ事トストスト

第二項

（說明）報酬ニ屬スルトハ通常租税ニ非ラスシテ直接ニ或事件ノ爲メニ出タス報酬ニシテ即チ種々ノ手數料收納金ノ如キ是ナリ是等ハ法律ヲ待タスシテ行政官各其職權ニヨリ之ヲ定ムルヲ得是レ其性質上然ルヘキノヿニメ亦害ヲ爲スヿナキナリ

第三項

（說明）國債トハ內國債外國債ノ二アリテ內國債トハ現ニ我國ニ存スル諸公債ノ如ク內國人民ヨリ徵募スルモノニシテ外國債トハ或外國人民若ハ政府ヨリ徵募スルモノヲ云フ此國債及ヒ豫算ニ定メタル者ハ帝國議會ノ協贊即チ其議決ヲ經ルヲ要セス其他ノ國庫ノ負擔トナルヘキ契約ヲナストキハ之ヲ帝國議會ニ附シ其議決ヲ經サルヘカラス盖シ國庫ノ負擔トナルヘキ事ハ之

ヲ帝國議會ニ附スルハ原則ニシテ前二事ハ其例外タリトス而メ豫算ニ定メタルモノ、例外タルハ是已ニ豫算ナルモノ、帝國議會ノ議ヲ經タルモノナルニ依リ其大綱ニ於テ已ニ協賛ヲ得居レハ其細目ハ行政官ノ自由ニ在ルモノナリ

國庫ノ負擔トナルヘキ契約ヲ爲ストハ政府ナルモノハ元來一個ノ法人ナルヲ以テ內國人民若シクハ外國政府若シクハ外國人民ト何等ノ契約ヲモ爲スヲ得只其國庫ノ負擔タルヘキモノハ他日全國人民ノ租稅ヨリシテ償還スヘキモノナレハ間接ニ人民ノ租稅ヲ消費スルモノナリ是レ必ス議會ノ協賛ヲ經ヘキ所以ナリ

（問）國債ハ何故ニ議會ノ協賛ヲ經ルヲ要セサルヤ

（答）美哉問ヤ吾人不肖ニシテ之レニ答フル能ハス學者ノ說ニヨレ

レハ國債ナルモノハ其性質一事人民ノ負擔ヲ緩ニシ若シクハ一事緊急ニ起リ租税徴收ノ暇ナキトキニ於テ募集スルモノナリト雖モ之ヲ償還スルニハ他日人民ノ租税ニ依賴セサルヘカラス然ラハ則チ國債ハ間接ニ人民ノ租税ヲ徴收スルモノト云フヘシ直接ノ徴收已ニ議會ニ附スヘケレハ間接ノ徴收亦然ラサルヲ得ス況ンヤ國債ハ常ニ利息ヲ生シ人民ノ負擔ハ其實額ニ超ユルニ於テヲヤ然ルニ今本條ハ之ヲ例外トセリ是レ蓋シ其確然タル理由アルニ由ルナラン吾人ハ實ニ之ヲ發見スル能ハサルヲ耻ツト雖モ謬解ヲ爲スハ本法ヲ傷クルノ恐レアレハ之レヲ言ハス

第六十三條　現行ノ租税ハ更ニ法律ヲ以テ之ヲ改メサル限リハ舊ニ依リ之ヲ徴收ス

(説明)帝國議會茲ニ新設セラレ政躰其面目ヲ一新スト雖𪜈然レ𪜈俄カニ之ヲシテ万般ノヿヲ議セシメ百度更改スルニ至ラハ國家ノ害是ヨリ大ナルハナシ政治ハ實ニ急遽ノ變更ヲ忌ムモノナリ是レ本條アル所以ナリ

普第百四條實費額ニシテ豫算表ヲ超フルトキハ兩院ノ復認ヲ要ス

第六十四條　國家ノ歲出歲入ハ每年豫算ヲ以テ帝國議會ノ協贊ヲ經ヘシ

豫算ノ款項ニ超過シ又ハ豫算ノ外ニ生シタル支出アルトキハ後日帝國議會ノ承諾ヲ求ムルヲ要ス

第一項

(説明)本條ハ國家一年間ノ歲出歲入ハ必ラス豫算ヲ調製シ帝國議會ノ議ヲ經ヘキモノトセリ

豫算トハ一定ノ時期中即チ會計年度中ニ在リテ收支スヘキ金

額ヲ豫定スル所ノ計算ヲ謂ヒ其時期中ニ受納スヘキ收入ト其支出スヘキ經費ノ比較ヲ示スモノナリ

（問）豫算ハ誰カ之ヲ調製スルヤ又誰ノ調製スルヲ可ナリトスルヤ

（答）本法ニ於テハ政府自ラ之ヲ調製スルモノナルヤ文辭ノ外ニ瞭然タリ蓋シ是レ最モ其宜シキヲ得タルモノナリ政府ハ自ラ天下ノ庶政ヲ執ルヲ以テ最モ能ク天下ノ事情ニ通シ其起スヘキ事業ト執ルヘキ事務ニ通達シ之レカ所要ノ費額ヲ瞭知スルヲ以テナリ米國等ノ如キ其調製ヲ下院ノ權力ニ附セシモ吾人ハ之ヲ採ラサルナリ

毎年ノ二字亦重要ノ文字トス豫算ハ毎數年ニ議定スヘシトノ論ナキニ非スト雖ヒ其毎年議定スルヲ要スルハ今日殆ト定說ト云フヲ得ヘク各國亦殆ト皆此ノ如クセサルナシ抑モ社會ハ

活動ノ性質ヲ有シ日進月歩暫クモ静止セサルヲ以テ到底數年間ノ施設ヲ豫定スル能ハス社會已ニ變動スレハ政治モ亦之ニ從フテ更改セサルヘカラサレハナリ

（參照）歳計豫算ハ實ニ國家施設ノ大本ヲ作リ一歳ノ政務ヲ人民ノ意思ニ任スルモノニシテ代議政躰ハ是レニ由テ價ヲ生シ憲法ハ是カ爲メ規定セラルヽト云フモ亦甚タシキ過大ノ言ニ非ラサルヘシ左レハ余ハ少シク言ヲ爲スノ勞ヲ執ラサルヘカラス一年之計在於一月一月之計在於一日嗚呼國家ノ政務ニシテ豫メ定マリ支出ノ方法ニシテ豫メ算セラルヽニ非レハ一個人猶危シ況ンヤ褒然タル國家ヲヤ

歳計豫算ノ起リシ所以ハ人民カ租税ヲ議決スル權利ヲ掌握セシ結果ニ外ナラス何トナレハ人民已ニ此權利ヲ得レハ更ニ進

ソテ其租税使用ノ目的ヲ調査シ其當否ヲ議定シ常ニ之レヲ監督セサレハ此權利ハ有名無實ト爲リ了ルヘケレハナリ今左ニ豫算ハ各科目ニ就テ議定スヘキヤ否ヤノ問題ニ關スル一論ヲ示サン蓋シ豫算ニ關シテハ思ヒ半ニ過キン

曰ク凡ソ租税ノ起ル所以ハ經費ニ在リ而ソ經費ノ起ル所以ハ政務ニ在リ故ニ租税ノ根源ハ皆政務ニ在リ然ルニ政府カ經費ノ豫算ヲ國會ニ提出スルニ當リテ立法院ハ其經費ノ因テ起ル所以ヲ知ラス漠然トシテ其總額ヲ議定シテ可ナランヤ決シテ否ラサルナリ政府ハ必ス其施サントスル政務ヲ一々列擧シテ其必要ナルヲ細カニ説明シ以テ冗費ナキヲ證明セサルヘカラス而ソ議院ハ此説明ニ基キテ更ニ調査シ討論シテ其可否ヲ議決スルモノナリ故ニ政府豫算ヲ提出スルハ先ツ若干ノ金額ヲ

受クレハ必ス若干ノ事務ヲ履行スヘシト約スルニ異ナラス云々(此豫算ハ約束ナリト云フハ學者間異論ナキニ非ス)

第二項

(說明)豫算ハ事ノ大小ニヨリ欵ノ下ニ項ヲ置キ其下ニ節ヲ置キ目ヲ置ク等ノ方法ヲ以テ調製スルモノナリ我國ノ豫算法ニ於テハ如何ニ調製セラルヽヤ知ルヘカラスト雖𪜈亦應サニ此ノ如クナルヘシ然ル𪜈ハ欵若シクハ項ノ豫定支出額ヲ超過セシ𪜈及ヒ豫算ニ載セサル事件ニ付支出セシ𪜈等ハ次ノ議會ニ之レヲ示シ其承諾ヲ求メサルヘカラス是レ社會ノ變遷常ナキ豫定以外ノ費用或ハ新事件ヲ生スルハ數ノ免カレサル處ニシテ勢ヒ此事ナキ能ハス然レ𪜈已ニ議會ノ豫定ヲ犯セシモノナレハ亦更ニ其承諾ヲ乞フハ實ニ議會ヲ敬重スル所以ナリ

自第二十七條會計及徵兵ニ掛リタル諸法ハ必ス最モ先ニ代議士院ノ可決ヲ經ヘシ

第六十五條　豫算ハ前ニ衆議院ニ提出スヘシ

（説明）總ヘテ法律其他ノ議案ハ政府ノ意見ニ依リ或ハ先ツ衆議院ニ提出シ或ハ先ツ貴族院ニ提出スルヲ得ルモノニシテ先後ハ政府ノ自由ナリトス而シテ豫算ハ本條ニヨリ必ス先ツ衆議院ニ提出セサルヘカラス

（參照）英國ニ於テモ豫算ハ必ス先ツ下院ニ提出スルヿトナレリ而メ其上院ハ只之レヲ可否スルノミニシテ修正權ヲ有セス且ツ實際ニ於テハ殆ント拒否スルヿナク下院ハ豫算ニ付テハ全權ヲ有スルト云フヲ得ヘシ我國ニ於テ本條ヲ以テ衆議院ニ先ツ豫算案ヲ受クル特權ヲ與ヘシハ之レカ爲メ別ニ權力上ニ差異ヲ生セスト雖モ只重キヲ衆議院ニ歸セシナラン歟

第六十六條　皇室經費ハ現在ノ定額ニ依リ每年國庫ヨリ之ヲ支

伊第十九條
王家ノ經費
ハ前十年間
ノ平均ヲ以
テ其額ヲ定
ム

出シ將來增額ヲ要スル場合ヲ除ク外帝國議會ノ協贊ヲ要セス

(說明)財政學上ニ於テ固定基金ト稱スルモノアリ國家ノ歲入ハ每年豫算ヲ以テ之レヲ定ムヘキニ拘ハラス或ル數種ノ費用ニ至リテハ一定ノ收入ヲ以テ一定ノ支出ヲナス而ソ皇室經費モ亦其一ニ算入セリ本條ハ則チコレニ從ヒシモノニシテ皇室ノ經費ハ增加スヘキトキノ外議會ノ議定ヲ要セス年々一定ノ額ヲ國庫ヨリ奉スルモノトス

(問)何故ニ此ノ如クセシヤ

(答)是レ蓋シ左ノ二個ノ理由ニ出ツルモノナリ

第一每年議會ニ於テ皇室ノ經費ヲ議シ甲論乙駁ノ狀ヲ呈シ年々或ハ增シ或ハ減スル如キアラハ大ニ皇室ノ尊榮威嚴ヲ損シ奉ルノ恐レアルノミナラス苟クモ臣民タルモノヽ妄リニ增減

スルニ忍ヒサル所ナリ

第二皇室ノ經費ハ國家ノ政費ト異ナリ日月ニ變化スルモノニ非ス故ニ年々議定ノ必要ナシ

第六十七條　憲法上ノ大權ニ基ツケル既定ノ歳出及ヒ法律ノ結果ニ由リ又ハ法律上政府ノ義務ニ屬スル歳出ハ政府ノ同意ナクシテ帝國議會之ヲ廢除シ又ハ削減スルコトヲ得ス

（說明）憲法上ノ大權ニ基ケル既定ノ歳出トハ前條ノ皇室經費ノ如キモノヲ謂ヒ憲法ニ於テ確然一定セラレタル歳出ナリ

法律ノ結果ニ由ル歳出トハ總ヘテノ法律ニヨリ政府ノ必ラス支出セサルヘカラサルモノヲ云フ

法律上政府ノ義務ニ屬スル歳出トハ官吏ノ恩給ノ如キモノニシテ異常ノ事アルニ非サレハ變更スヘカラサルモノナリ

是等ハ其性質ニヨリ妄リニ廢除又ハ削減スヘカラサルモノナレハ帝國議會ニシテ之レヲ行ハント欲セハ必ラス政府ノ同意ヲ求メ政府之ヲ認諾スルニ非サレハ行フ能ハサルナリ

第六十八條　特別ノ須要ニ因リ政府ハ豫メ年限ヲ定メ繼續費トシテ帝國議會ノ協贊ヲ求ムルコトヲ得

(説明)繼續費トハ法文ニ示ス如ク三年間五年間ト或ル年限ヲ定メ其間ハ毎年同額ノ支出ヲ爲スモノヲ云フ是レ特別ノ須要ナルニ由ルヘキモノニシテ例ハ或ル土木事業ヲ起スヰノ如キ事數年ニ渉ルモノナルニ帝國議會ニシテ若シ今年ハ之レヲ可決シ明年ハ單ニ二三十万圓ノ支出ヲ諾スルカ如キアラハ政府ノ迷惑甚シク其事業ハ支離斷續遂ニ國家ヲシテ許多ノ費額ヲ泥上ニ委シ許多ノ官吏ノ勞力ヲシテ水泡ニ歸セシムルニ至ル國家八

民ノ不利亦大ナリト謂フベシ
繼續費ハ是等臨時ノ事業ニ於テ必要アルノミナラス陸海軍費ノ如キ亦往々此法ヲ要スルコトアリ國家ノ情勢ニ於テ陸軍ヲ擴張シ若シクハ數年間盛ニ之レヲ備フヘキカ如キアラハ政府ハ亦之レヲ繼續費トスルヲ請求スヘキナリ彼ノ獨逸大宰相ビスマーク公カ陸軍費ヲ七年間据置キニセント議會ニ請求セシカ如キ現ニ此ノ的例ナリトス

(問) 繼續費トハ第六十六條ノ說明ニ所謂固定基金ト同一物ナリヤ否ヤ

(答) 否ナ彼ハ其事物ノ性質上年々變更ナキモノニシテ此ハ當時特別ノ須要ヨリ變更スヘカラサルモノナリ且ツ彼ハ年數ニ制限ヲ設ケスト雖ドモ此レハ豫メ年數ヲ一定セサルヘカラサルナリ

第六十九條　避クヘカラサル豫算ノ不足ヲ補フ爲メニ又ハ豫算ノ外ニ生シタル必要ノ費用ニ充ツル爲メニ豫備費ヲ設クヘシ

(說明)本條ハ豫算中必ラス豫算費ノ一項ヲ置クヘキヲ定メシモノナリ豫算ナルモノハ確然一定シテ復タ動カス可ラス而メ政府ノ豫算案ヲ作ルヤ國家全途ノ形狀ヲ洞察シ施スヘキノ事務要スヘキノ費用ヲ擧クル周到精密遺ス所ナカルヘシト雖モ帝國議會ノ之レヲ議スル斟酌考慮妄リニ廢除減削スルナカルヘシト雖モ然レモ社會變動ノ常ナラサル看テ小事ト做セシモノヽ意外ニ大ナルカ如キ曾テ慮リ及ハサリシモノヽ突然トシテ起ルカ如キハ豫算案如何ニ完全ナリト雖モ亦免ル能ハサル所ナリ是レ豫備費ノ必ス設ケサルヘカラサル所以ナリ故ニ本條ヲ以テ之ヲ定ム

（問）豫備費ハ各國豫算案ニ於テ大抵之ヲ設ケサルナシ然ルニ本法ノ殊更ニ一條ヲ設ケ之レヲ命セシハ何故ソ

（答）普通ノ思想ヲ以テスレハ實ニ問者ノ言ノ如ク斯カル事項ハ特ニ憲法ノ明文ヲ要セザルナリ然ルニ今コレヲ載セラレシハ抑モ如何ナル理由ニ出ツルヤ余乞フ之ヲ揣摩セン

政府ハ可成的無名ノ費項（豫備費ノ如キ）ヲ設ケ其事務ニ便セント欲シ議會ハ可成的之レヲ去リテ冗費濫用ヲ防カント欲シ其極遂ニ一定ノ費目ノ外些少ノ緩和ヲ與ヘス爲メニ政府ノ事務ヲシテ澁滯擧行スヘカラサルニ至ラシムルナキ能ハス是レ必スシモ議會ノ執拗頑愚ナルニ非ラス兩者ノ地位ヨリ勢ヒ此ニ至ルナリ立法者豫メ之ヲ憂ヒ特ニ本條ヲ設ケ其弊ヲ防キシモノナラン

普第六十三條若シ治安ヲ保スル爲メニ或ハ不意ノ凶災ノ爲メニ緊急ノ所置ヲ爲スヲ要シ而メ兩院ノ會又解散シタル時ニ在テハ大臣總員ノ責任ヲ以テ下付シタル勅令其憲法ト相反カサルモノハ法律ノ効力ヲ有スルコトヲ得但シ兩院ノ次會ニ於テ其勅令ニ付キ必ス兩院ノ同意ヲ得サルヘカラス

第七十條 公共ノ安全ヲ保持スル爲メ緊急ノ需用アル場合ニ於テ内外ノ情形ニ因リ政府ハ帝國議會ヲ召集スルコト能ハサルトキハ勅令ニ依リ財政上必要ノ處分ヲ爲スコトヲ得

前項ノ場合ニ於テハ次ノ會期ニ於テ帝國議會ニ提出シ其ノ承諾ヲ求ムルヲ要ス

(説明)本條ハ臨機應變ノ處分ヲ定メシモノニシテ法文ノ場合ニ於テ内訌外患等ニヨリ國内騷擾道路壅塞シテ到底議員ヲ召集スル能ハス若シクハ事旦夕ニ迫リ緊急促迫議會ヲ開キテ悠々之ヲ議スルノ暇ナキトキハ已ムヲ得ス政府ヲシテ財政上必要ノ處分ヲ爲スヲ許セリ然レトモ此事タル元來人民ノ權利ヲ蔽フモノナレハ事甚タ重大ナルヲ以テ之レヲ行フニハ必ス勅令ヲ發シ之ニ依遵スルヿトセシナリ

前項ニ於テコレヲ許スト雖モ不得止若シクハ必要ナル語ハ其範圍漠然トシテ大抵ノ場合ニ於テ使用スルヲ得又使用セサルヲ得ルモノナレハ政府タルモノ妄リニ之ヲ行フナキヲ保シ難シ故ニ一タヒ之ヲ行ヘハ必ス次回ノ帝國議會ニ提出シ其承諾ヲ得ヘキヲ命セルナリ

(參照)租稅ノ徵收支出及ヒ其使用ノ方法等ハ必ス租稅ヲ納ムル者即チ人民ノ代表者タル帝國議會ノ協贊ヲ經サルヘカラス是レ我國會計上ノ大原則ナリ然リト雖モ本條ノ場合即チ內訌荐リニ起リ若シクハ外患幷ヒ至ル等ノ場合ニ於テハ若シ妄リニ常經ニ拘泥シ人民ノ此權ヲ尊敬セント欲セハ遂ニ人民彼等自身ノ生命財產ヲ擧ケテ危殆ニ附シ國家モ亦滅亡ヲ免カレサルモノ殆ント稀ナリ果シテ此ノ如クンハ所謂守株膠柱ノ所爲ニシテ

一國ノ政治ヲ得ル所以ニ非ラス於是乎本條ヲ以テ變通ノ道ヲ開キ臨機ノ處分ヲ許セルモノニシテ各國ノ法規大抵之ヲ認メサルナキナリ

普第九十九條豫算表ハ必ス毎年之ヲ制定スシ可シ

第七十一條　帝國議會ニ於テ豫算ヲ議定セス又ハ豫算成立ニ至ラサルトキハ政府ハ前年度ノ豫算ヲ施行スヘシ

（說明）本條亦或ル變時ニ應スル便道ヲ設ケシモノナリ帝國議會ニ於テ豫算ヲ議定セストハ例ハ帝國議會政府ニ對シテ不滿ノ情ヲ抱キ執拗遂ニ豫算ヲ議定セス或ハ或ル理由ノ存スルアリテ之ヲ議定セサリシ等ノトキヲ云フ

豫算成立ニ至ラストハ議會ノ議事ハ兩院トモ三讀會ヲ經サレハ議決ノ効ナク而シテ議事荏苒遲延シテ會期三ヶ月ニ至リ閉會セサルヘカラサルニ及ンテ其議案若シ三讀會ヲ了セサルトキハ

議會ノ常トシテ其議案ハ廢棄ニ歸スルモノニシテ成立ニ至ラストハ是ノ謂ナリ

是等ノ場合ニ於テハ之ヲ如何スヘキヤ其年度ノ豫算案ハ已ニ施行スヘカラサルモノト成リ了レリ而メ國家ノ政務ハ一日モ之ヲ廢スヘカラス之ヲ行ハントセハ其ノ規矩準繩ナカルヘカラス於是乎前年度ノ豫算ヲ其儘適用シテ以テ其年度ノ豫算案トシ是レニ由リテ政務ヲ處理スヘシ蓋シ社會ハ日月ニ變動スト云フト雖圧前年度ト今年度ノ間ニハ大ナル逕渭ヲ生スルモノニ非ス故ニ勿論不完全ヲ免カレサルモ猶充用ヲ得ヘキナリ

普第百四條
出納ノ統計ハ統計院之ヲ勘撿ス

第七十二條　國家ノ歲出歲入ノ決算ハ會計撿查院之ヲ撿查確定シ政府ハ其撿查報告ト俱ニ之ヲ帝國議會ニ提出スヘシ

會計撿查院ノ組織及職權ハ法律ヲ以テ之ヲ定ム

備 増補第十三條 政府ハ代議院開會ノ後一月以內ニ在テ前年度ノ決算表ヲ送付スヘシ

（說明）歲出歲入ノ決算ハ豫算ニ對スル一大重事ニシテ出納ノ總額ヲ詳悉シ出入ノ豫筭額ニ相當スルヤ否ヤヲ示シ國家經濟ノ盈縮豐耗ヲ明知セシムルモノヲ云フ而ソ其用タル前年施政ノ得失ヲ知リ更ニ後年施治ノ方向ヲ定ムルノ標準トナルモノナリ即チ政府施設ノ當否豫筭ニ對スル從否ヲ知ルノミナラス後來國用ヲ制定シ豫筭ヲ調製スルノ基礎トナルモノニシテ學者ノ之ヲ稱シテ經驗ヲ貯フル倉庫ナリト爲スハ是レヲ謂フナリ

決算ヲ爲ス者ハ各國之ヲ異ニスルモノアリ本條ハ會計撿査院ヲシテ此任ニ當ラシメリ蓋シ決筭ハ出納ノ實況ヲ詳ニシ事實ノ眞相ヲ知ルヘキモノニシテ秋毫モ粉飾ヲ其間ニ加フヘカラス然ラスンハ即チ前ニ述ヘシ決筭ノ二効用ハ地ヲ拂フテ在ルコナケン然ルニ若シ其當路者ヲシテ自ラ之ヲ爲サシメハ人情

ノ然ラシムル處其實ヲ蔽ヒ其非ヲ飾リ虛搆ノ報告ヲ作爲スルニ至ル是レ決算ノ獨立不羈ノ一官衙ニ任スヘキ所以ニシテ本條ノ會計檢査院ニ命セシモ亦是レカ爲メノミ

（問）本條ニヨレハ決算ハ會計檢査院之ヲ確定シテ政府ニ附與シ政府自ラ議會ニ提出ストセリ何故ニ斯ク繁雜ノ順序ヲ定メシヤ

（答）是レ決算ナルモノヽ本質上然ラサルヲ得サルナリ抑モ決算ナルモノハ出納ヲ爲セシ官吏自ラ其施設セシ所ノ結果ヲ報告シ其正當ナルヲ待テ始メテ其責メヲ全フスルモノニシテ單純ノ理論ヨリ云ヘハ各省其長官若シクハ會計局長國庫ニ就テハ總理大臣大藏大臣其決算ヲ爲シ自家ノ爲セシ所此ノ如シト天下ニ示スベキモノナリ然レ圧此ノ如クスレハ其眞實ヲ得サルノ恐レアルヲ以テ特ニ會計檢査院ヲ設ケ之レニ任スルモノナリ

此故ニ政府ハ全ク傍觀ニ附シ去ル能ハス會計檢査院ノ作爲セル決算ヲ受ケ自家ノ執リシ出納ハ此ノ如クナリシトテ之ヲ議會ニ報告シ其承諾ヲ乞ハサルヘカラス即チ決算ニ對スル責任ハ政府自ラ負フヘキモノナルヲ以テ本條ノ如ク順序ヲ定メシナリ

第二項ハ說明ヲ要スル所ナシ

第七章　補則

(說明)憲法ニ屬スル問題ハ以上數章數十條ニ於テ已ニ規定シ來リ今ヤ全ク餘ス所ナシ故ニ別ニ本章ヲ設ケ憲法及皇室典範改正變更ニ關スル法及ヒ憲法ト皇室典範其他諸法律規則トノ關係ヲ規定セシモノナリ

普第百七條
憲法ハ議院ノ通法ニ從

第七十三條　將來此憲法ノ條項ヲ改正スルノ必要アルトキハ勅

セ修正スルコトヲ得各院ノ議決ハ必ス過半數ノ同意ヲ要ス而メ再議ニ至ルモノハ少クトモ二十一日ノ空間アルヲ要ス

米原創國憲第五條上下兩議院ノ議官三分ノ二以上之ヲ必須ナリトセハ宜シク憲法ノ修正案ニ提出スヘシ

命ヲ以テ議按ヲ帝國議會ノ議ニ付スヘシ

此場合ニ於テ兩議院ハ各々其總員三分ノ二以上出席スルニ非サレハ改正ノ議決ヲ爲スコトヲ得ス

(説明)本條ハ憲法改正ノ法ヲ定メシモノニシテ最モ鄭重敬愼ヲ加ヘタリ

條項ヲ改正ストアルハ其修正ニ止リ變更ヲ得サルヲ示セルモノナリ即チ其一條一項ハ其必要アルニ逢ヘハ本條ニ定ムル法式ニ從ヒ之レヲ改正スルヲ得ルモ憲法全躰ハ之ヲ變更スヘカラス是レ此ノ一句ニヨリ自ラ明カナリ

之レヲ改正スルニハ其發案ノ權政府ニ存シ帝國議會ハ自ラ之ヲ提出スルヲ得ス是亦法文ノ暗ニ示ス所ナリ即チ政府之ヲ起草シ勅命ヲ以テ之ヲ帝國議會ニ下付シ議決セシム

然リ而シテ議院ノ議事ヲ開クハ通常三分ノ一以上ノ出席アレハ之レヲ得ルモ憲法改正會議ハ三分ノ二即通常會ノ倍數以上ノ出席アルニ非レハ議事ヲ開クヲ得ス其議決モ亦通常會ニ於テ出席員過半數ノ同意ニヨルモ此場合ハ三分ノ二以上ノ多數ヲ得サルヘカラス是等ハ唯其鄭重ヲ致シ少數者ノ意見ニヨリ輕々ニ議シ輕々ニ決スルナカランヿヲ欲シテナリ

（參照）凡ソ一ノ國家ニ於テハ皆歷史上ノ沿革ト國風民俗トノ一種特有ノ性格ナルモノアリ終始變スヘカラス而シテ其國憲法ハ之ニ據リ之ニ基キテ制定サレシモノニシテ其全部ヲ擧ケ之ヲ變更スルハ寧ロ一國社會ノ秩序ヲ紊亂スルアルニ過キス佛國ノ歷史ト英國ノ歷史ハ實ニ相對シテ之ヲ證明セリ即チ佛國人民ハ動モスレハ輙チ輕擧妄動非常ニ事物ニ激昂シ易キヲ以テ容易

ニ憲法ヲ破壞シ之ヲ改造シ其結果ハ常ニ彼等カ希望ノ外ニ出テ徒ラニ全國ヲ擧ケテ擾亂紛動ノ中ニ投スルノミ之ニ反シテ英國人民ノ憲法ニ對スルヤ其寧ロ固執頑守ニ失スルカ如キ性情ヲ以テシ常ニ固ク之ヲ守リ之ニ遵ヒ必要アル毎ニ之ヲ改造スルヲ以テ秩序整然トシテ亂レス制度文物燦然トシテ代議政諸國ノ表ニ輝キ自由主義ハ油然トシテ萬般ノ事ニ溢レリ亦以テ憲法ノ變更スヘカラサルヲ知ルニ足ラン

然リ而シテ社會ノ富人民ノ智ハ日々ニ進化シテ止マス隨ツテ人情風俗ノ如キモ亦曾テ常ニ同一地位ニ止マラス故ニ憲法ノ定ムル所ノ條項ハ今日ニ適スルモ數十年ノ後ニ適スル能ハズ今日ニ禁制スル所モ數十年ノ後ニ必要ナルヿナキ能ハス故ニ其條項ノ改正ハ必ス他日ニ之ヲ得ルノ途ヲ開カサルヘカラス故

ニ各國ノ憲法皆變更ヲ禁シ皆改正ヲ許セリ而メ其改正ノ法式ハ皆最モ之ヲ鄭重ニセリ英國ノ如キ其憲法整然タル成典ナキヲ以テ改正ノ法式ニ於ケル條文ナシト雖圧然レ圧其朝野ノ政治家及人民共皆深ク之ニ注意シ謹愼熱中シテ之レヲ討議シ新紙論客モ亦意ヲ盡クシテ之ヲ批評シ冥々ノ中頗ル其精練ヲ爲スヲ得ルト云フ

第七十四條 皇室典範ノ改正ハ帝國議會ノ議ヲ經ルヲ要セス皇室典範ヲ以テ此憲法ノ條規ヲ變更スルコトヲ得ス

（說明）本條ハ皇室典範ノ改正及其憲法トノ關係ヲ規定セシモノナリ皇室典範ハ皇位ノ繼承天皇ノ攝政其他皇室ニ關スル諸般ノ事項ヲ規定セラレシモノニシテ我國國躰上ヨリ之レヲ觀ルニ實ニ至貴至重ナル法典ノ一ナリト雖圧然レ圧事全ク皇室ニ關シ

皇室ノ大權ヲ以テ親ラ制定改正セラルヽモノニシテ吾人臣民ノ敢テ喙ヲ其間ニ容レ奉ルヘキモノニ非ラス是レ本條ヲ以テ其帝國議會ノ議ヲ經ルヲ要セストセシ所以ニシテ固ヨリ間然スヘキナキナリ

皇室典範ハ高ク神聖ノ地ニ居リ萬古無上ノ尊榮ヲ有セラルヽ天皇陛下及ヒ皇族ノ事ヲ規定シ爾カク至貴至重ノ法典ナリト雖𪜈憲法ナルモノハ國家構成ノ大本ヲ立テ政權組織ノ原法ヲ定メシモノニシテ天皇ノ臣民ニ對セラルヽ大權臣民ノ國家ニ於ケル權義ヲ記セルモノナレハ皇室典範ト上下優劣ノ關係ヲ有スヘキモノニアラス云ハヽ相離レタルモノナレハ彼レヲ以テ此レヲ改正スル能ハス即チ天皇陛下カ一タヒ人民ニ賜フニ許多ノ權利ヲ以テシ此ノ憲法ヲ欽定セラレタル以上ハ天皇陛

下御自身ト雖𪜈亦妄リニコレヲ改正セラルヽヿナシ故ニ皇室典範ノ如キモ亦以テ憲法ヲ改正スルヿヲ得スト確定セラレタルモノナリ

第七十五條　憲法及皇室典範ハ攝政ヲ置ク間之ヲ變更スルコトヲ得ス

（說明）吾人ハ未タ皇室典範ヲ拜讀セサレハ攝政ノ何者タルヿハ未タ詳知スルヿ能ハサルハ前ニ述ヘシカ如シト雖𪜈想フニ天皇陛下ノ幼冲ニ渡ラセラルヽカ如キ𪜈ニ設ケラレ假リニ天皇ノ御代理トシテ政務ヲ總攝セシメラルヽモノナラン果ソ然ラハ憲法ノ如キ皇室典範ノ如キ之レヲ改正スルハ重大ノ事項ニ屬シ天皇ノ勅命ニ依ルヘキモノナレハ一時政ヲ攝スルモノヲシテ之ヲ爲サシムヘカラス若シ其必要アラハ他日天皇政ヲ親ラシ

賜フトキヲ待チ奉ルヘキナリ其理由タル一ハ已ニ述ヘシ其事ノ重大ナルト一ハ其事ノ非常ノ緊急ナルヘキ推測アルヲ得ス是等一定不變ノ法典ノ條項ヲ改正スルハ一朝一夕ヲ必スルノ理ナケレハナリ

（問）本條ニハ變更ノ文字アリ是レヲ著者カ第七十三條ノ說明ニ用井シ文字ニヨリ全部ノ變更トセハ本條ノ文勢ニヨリ攝政ニ非ルﾄｷ天皇ハ全躰ノ變更ヲナサセラルヽコトアルヤ

（答）否ナ否ナ是レ文字ニ拘泥スルノ誤リノミ正條ニ於テ前ニ改正ノ字ヲ用井此處ニ變更ノ字ヲ用井シモ別ニ意義ヲ異ニシ全部ノ變更ヲ稱スルニ非ラス只文章ノ勢此字ヲ用井シノミニシテ其實一條一項ノ改正ヲ稱スルノミ

第七十六條　法律規則命令又ハ何等ノ名稱ヲ用井タルニ拘ラス

此ノ憲法ニ矛盾セサル現行ノ法令ハ總テ遵由ノ効力ヲ有ス
歳出上政府ノ義務ニ係ル現在ノ契約又ハ命令ハ總テ第六十七條ノ例ニ依ル

(説明)本條ハ憲法制定以前ニ發布セラレシ法令ニシテ現ニ効力アリ本法ノ規定ニ矛盾セサルモノハ猶爾後ト雖モ有効ナルヲ示セルモノナリ現行ノ法令ハ或ハ法律某號ト稱シ或ハ規則ト稱シ或ハ閣令省令ト稱シ發布セシアリテ其名稱各同シカラスト雖モ皆齊シク然ルナリ

本條ノ裏面ヨリスル解釋ニヨリ現行法令ニシテ其規定憲法ニ矛盾セルトキハ其法令ハ此憲法有効ノ日ヨリ同時ニ無効ニ歸シ別段ノ布達アルヲ待タス自然ニ消滅ニ歸スルモノナリ今其何種ノ法令ノ憲法ニ矛盾シ無効ニ歸スルヤヲ示スハ極メテ必要

ノ事業ナリト雖モ其事タル一朝夕ノ能クスル所ニ非レハ之ヲ他日ニ讓リ好機ノアルアラハ之ヲ擧示スヘシ

第二項ハ政府ノ內國人民若シクハ外國政府或ハ其人民ニ對スル契約又ハ內國人民若シクハ無形人即チ各會社等ニ對スル命令ニシテ政府ノ支出ノ義務ヲ負ヘルモノハ第六十七條ノ例ニヨリ帝國議會ハ政府ノ同意ヲ得ルニ非サレハ之レヲ廢除又ハ削減スルヲ得ス

本項ノ理由タル行政權ノ處置ニ付立法權ヲシテ妄リニ干涉抑制スルナカラシムルヲ欲シタルノミナラス若シ之ヲ許セハ其對手人即契約者又ハ命令ヲ受ケシ者ヲシテ突然其豫期ヲ誤ラシメ國家自身ノ不正タルニ至ルヘキヲ以テナリ

朕樞密顧問ノ諮詢ヲ經テ議院法ヲ裁可シ之ヲ公布セシメ併セテ貴族院及衆議院成立ノ日ヨリ各々本法ニ依リ施行スヘキコトヲ命ス

御名御璽

明治廿二年二月十一日

内閣總理大臣 伯爵黑田清隆
樞密院議長 伯爵伊藤博文
外務大臣 伯爵大隈重信
海軍大臣 伯爵西鄕從道
農商務大臣 伯爵井上馨
司法大臣 伯爵山田顯義
大藏大臣兼内務大臣 伯爵松方正義

陸軍大臣　伯爵大山　巖
文部大臣　子爵森　有禮
遞信大臣　子爵榎本武揚

法律第二號

議院法

第一章　帝國議會ノ召集成立及開會

（説明）本章ハ別ニ説明ヲ要セス各條ヲ見レハ自カラ本章ノ意ヲ知ルニ足ルヘシ

第一條　帝國議會召集ノ勅諭ハ集會ノ期日ヲ定メ少クトモ四十日前ニ之レヲ發布スヘシ

（説明）帝國議會議員ハ國民ノ代表ナリ國家ノ爲メニ公益ノ爲メニ身心ヲ抛テ國ノ爲メニ盡スヘキハ勿論ナリト雖モ何人モ一家ヲ

統治スルノ私事モアレハ集會ノ期日ト召集ヲ受クルノ日トハ其間多少ノ猶豫ナキヲ得ス此レ本條ニ於テ召集ノ勅諭ハ集會ノ期日ヲ定メ少クトモ四十日前ニ之ヲ發布スト規定セラレタル所以ナリ故ニ例ヘハ五月一日ニ集會スヘキ期日ナルトキハ少クトモ三月二十日以前ニ召集勅諭ノ發布アルヘキヲ云フナリ

（問）本條ニ帝國議會召集ノ勅諭ハ云々トアリ議員ヲ召集スルカ如キハ勅諭ヲ以テセストモ政府ヨリ通知シテ可ナルニアラスヤ

（答）憲法第七條ニ依レハ天皇ハ帝國議會ヲ召集シ其開會閉會停會及衆議院ノ解散ヲ命ストアリ又第五條ニ依レハ天皇ハ帝國議會ノ協贊ヲ以テ立法權ヲ行フトアリ故ニ此等ノ權力ハ獨リ天皇ノミ有セラルヽ所ニシテ政府ノ敢テ左右シ得ヘキ所ニアラス即チ其重大ナル事ニ係リ妄リニスヘキ者ニアラサレハ斯クハ

本條ニ於テ勅諭ヲ以テ召集スル旨ヲ發布セラルヽモノナリ

第二條　議員ハ召集勅諭ニ指定シタル期日ニ於テ各議院ノ會堂ニ集會スヘシ

(説明)本條ハ別ニ説明ヲ要セス即チ勅諭ヲ以テ定メラレタル期日ニ貴族院議員ハ貴族院ニ衆議院議員ハ衆議院ニ集會スヘシト云フニアリ

第三條　衆議院ノ議長副議長ハ其院ニ於テ各々三名ノ候補者ヲ選擧セシメ其中ヨリ之レヲ勅任スヘシ

議長副議長ノ勅任セラルヽ迄ハ書記官長議長ノ職務ヲ行フヘシ

(説明)衆議院ノ議長副議長ハ其院自カラニ於テ議長ノ候補者三名副議長ノ候補者三名ヲ選擧スルモノトス而シテ其三名候補者ノ

中ヨリ天皇之レヲ勅任セラルヽモノナリ

（問）議長ト副議長トヲ各別ニ候補者ヲ撰擧セシムルハ何故ゾ

（答）議長トナルヘキ人物ト副議長トナルヘキ人物トハ自ラ異ナル所ナキニアラス故ニ單ニ六名ノ候補者ヲ選擧シ其中ヨリ一人ハ議長トナリ一人ハ副議長トナルハ實際ニ於テ弊ナキヲ得ス殊ニ同シク候補者トナリタルモノニシテ一人ニ議長ノ地位ヲ占メラレタル片ハ他ノモノハ之レカ下位ニ立チ副議長トナルコトヲ甘ンセサルカ如キ情ナキニアラス故ニ始メヨリ議長ノ候補者タルモノト副議長ノ候補者タルモノトヲ各別ニ選擧セシムルモノナリ然ル片ハ各自黨ノ中ヨリ議長ヲ出サンコヲ競ヒ選擧ノ上ニ付テモ其考ヘヲ以テ爲スヘケレハナリ

（問）衆議院ノ議長副議長ハ衆議院自カラ選擧スルコト至當ニアラ

スヤ然ルニ本條ヲ見レハ豫メ候補者ヲ選擧シ以テ其中ヨリ勅任スヘシトアルハ如何ナル理由ノ存スルアリテ然ルヤ

（答）

衆議院ハ一般人民ノ代表者ナリ之レカ議長タリ副議長タルモノハ衆議院ノ意望ヲ屬スル人ヲ以テ之レニ任スヘキハ歐米諸國ノ議院制概ネ然ラサルハナシ之レ議長ト云ヒ副議長ト云フモ別ニ議員ニ超過シタル權力ヲ有スルモノニアラス只タ議場ヲ整理シ議員ノ意見ヲ取次クニ過キサレハ勅任ヲ以テ任スル程ノ必要アルヲ見ス且ツ勅任ト爲ストモハ議員ノ自カラ選擧シタルニアラサレハ議長ノ制御ニ服セサルカ如キ患ヒアリトハ一應ノ道理ニシテ間然スル所ナキカ如シト雖トモ本條ニ於テ斯ク候補者中ヨリ勅任スヘシト規定セラレタルニ付テハ他ニ理由ノ存スルアルヲ以テナリ抑モ議長及副議長ノ地位タルヤ一

般議員ニ超過シタル權力ヲ有スルニアラスト雖トモ自カラ上位ニアリ從テ其意見ニ於テハ一層ノ勢力ヲ有スルハ自然ニシテ其人物ノ如何主義ノ如何ニヨリテハ多少帝國議會タルノ躰面ニ影響ナキヲ得ス然ルニ全然勅任スルニアラスシテ已ニ候補者ハ議院ノ選擧スル所ニ係レハ此ノ中ニ付テハ皆其議長タルヲ承諾シタルモノト云ハサルヘカラス故ニ此中ヨリ勅任スルト爲ストキハ一方ハ議院ノ望ヲ失ハシメズ一方ニ於テハ帝國議會ノ議長タルニ背カザル者ヲ得ヘク双方相調和シテ其宜シキヲ得ルモノナルヘシ

(問) 第二項ニ於テ議長副議長ノ勅任セラルヽマテハ書記官長議長ノ職務ヲ行フトアルハ何故ソ

(答) 議會ニ議長アルヲ要スルハ恰モ人身ニ頭腦アルヲ要スルカ如

シ人ニシテ頭腦ナカランカ四肢ヲ指揮シテ之レカ働キヲ爲サシムル能ハス故ニ議會モ亦議長アラサレハ議會全躰ノ働キヲ爲ス能ハサルモノナリ故ニ議長及副議長勅任セラル、マテハ是非トモ之レニ代リテ其職務ヲ取ルモノナカルヘカラス即チ議長及副議長ノ候補者ヲ選擧スルニモ之レカ順席ヲ定メ手續キヲ爲ス等必要ノアルアレハナリ然ルニ假リニ議長ノ職務ヲ行ハシムル其人ハ政府ヨリ之ヲ出スヘキカ將タ議會自カラ假議長ヲ選擧シテ可ナルヤハ多少ノ論ナキニアラスト雖𪜈茲ニ之レヲ略ス何レニシテモ假リニ議長ノ職ヲ取ルモノアラサレハ假リ議長ヲ撰フマテモ猶差支ヲ生スルヿアリ是レ本條第二項ノ規定アル所ナリ

第四條　各議院ハ抽籤法ニ依リ總議員ヲ數部ニ分割シ毎部々長

一名ヲ部員中ニ於テ互選スヘシ

(說明)本條ハ一讀スレハ其如何ナルコヲ定タルヤハ明了ナルヘク說明ノ要ナシ然レ圧其何故ニ本條ヲ置キタルヤ如何ナル必要アリテ然ルヤハ甚タ其解ニ苦ム所ナリ蓋シ全國各地ヨリ撰出セラレタル議員ハ西ヨリ東ヨリ北ヨリ南ヨリ集合スルモノナレハ未タ曾テ相面識セサルモノ多カルヘシ故ニ各議員ハ互ニ同地方ノ者相集リ相親ミ爲メニ協和ノ性質ヲ失ヒ議事ノ上ニ付不都合ヲ生スルナキヲ知ラス故ニ總議員ヲ數部ニ分チテ相親和セシムルモノナラン然レ圧同部ニアルモノハ其意見ヲ同フスルト云フモノニアラス各員ノ意見ハ各員ノ自由ナレハ其主義ニヨリ意見ヲ吐露スヘキハ論ヲ俟タサル所ナリ

第五條 兩議院成立シタル後勅命ヲ以テ帝國議會開會ノ日ヲ定

メ兩院議員ヲ貴族院ニ會合セシメ開院式ヲ行フヘシ

(說明)本條ハ帝國議會開會ノ式ヲ定メタルモノナレハ說明スルヲ要セス然ルニ本條ニ兩議院成立シタル後云々トアリ其成立トハ衆議院及貴族院ヲ開會スルニ付議員ヲ召集スルノ勅諭ヲ發シ以テ兩院議員ノ兩院ノ堂ニ集會シタル時ヲ云フナリ故ニ成立ト云フ文字ヨリ見レハ初メテ兩議院ヲ召集シタル時ノ如クナレモ毎年若クハ毎會ニ此ノ式ヲ行フモノナリ

第六條　前條ノ場合ニ於テ貴族院議長ハ議長ノ職務ヲ行フヘシ

(說明)兩院各議長アリト雖モ本條ハ兩院ガ集合シタル場合ナレハ二人ノ議長アルヘカラス然ルニ貴族院ト云ヒ衆議院ト云モ權力上高下ノ差別アルニアラスト雖モ其院ヲ組織スル人ノ身分上ヨリ見タル片ハ即チ席順上ヨリ觀察スレハ貴族院ノ方上位ニ

アルヘキハ論ヲ俟タス故ニ貴族院ノ議長ヲ以テ此ノ議長ノ職務ヲ行ハシムルモノナリ

第二章　議長書記官及經費

第七條　各議院ノ議長副議長ハ各々一員トス

（說明）本條ハ一般普通ノ事ニシテ何人モ知ラサルモノアラサレハ說明スルノ要ナシ

第八條　衆議院ノ議長副議長ノ任期ハ議員ノ任期ニ依ル

（說明）議長タリ副議長タルモ其性質ヲ議員ト異ニスルモノニアラス即チ國民ノ代議士タルノ資格ニ於テハ更ニ異ナル所アラス故ニ其議長タリ副議長タルノ任期ト議員ノ任期トヲ同一ニスルハ當然ナリ若シ之レヲ異ニスルトセンカ之ヲ議員ノ任期ヨリ長クスルトキハ議員ヲ退キテ猶ホ議長タルカ如キコヲ生スヘシ

豈ニ議員ニアラスシテ議長タルヿヲ得ルノ理アランヤ又議長ノ任期ハ議員ノ任期ヨリ短カラシメンカ議院ノ秩序ヲ保持シ議事ヲ整理シ又ハ院外ニ對シ議院ヲ代表スルノ塲合ニ於テ時々其人ヲ代フルハ爲メニ事務上ノ錯雜ヲ來タスノ恐レアレハ斯クハ議員ノ任期ト同一ニシタルモノトス其任期ノ長短如何ハ議員ノ任期ヲ論スルニ當リ併セテ述ブル所アルヘシ

第九條　衆議院ノ議長副議長辭職又ハ其他ノ事故ニ由リ闕位トナリタルトキハ繼任者ノ任期ハ仍前任者ノ任期ニ依ル

(說明)本條ハ議長副議長ノ任期間ニ交任アルトキハ繼任者ノ任期ハ如何ト云フヿヲ定メタルモノナリ然ルニ最初勅任セラレタル議長副議長ニシテ任期ヲ全フセス闕位ヲ生スヘキ事故ハ一二ニシテ足ラスト雖トモ本人之ヲ辭職シ又ハ自然力ニヨリテ其職ニ

アルヿ能ハサルヿ即チ死去スルヿモアリ其他種々アルヘシ此ノ時ニ當リ其繼任者タルモノハ前任者ノ任期ヲ續クモノナリ例之甲四年ノ任期ニシテ議長タリシニ二年ヲ經テ辭職スル片ハ繼任者ノ任期ハ殘リ二ケ年ナリトス此レ前條ニ於テ説明シタル議員ノ任期ト同一ナルヲ要スルヲ以テナリ

第十條 各議院ノ議長ハ其ノ議院ノ秩序ヲ保持シ議事ヲ整理シ院外ニ對シ議院ヲ代表ス

（説明）本條ハ議長ノ任スヘキ重モナル職務ヲ定メタルモノナリ即チ議會開會中ハ議院ノ秩序ヲ保持スルヿニ注意シ以テ議院ノ躰面ヲ汚スカ如キヿナキヲ要ス又議場ニ在テハ議事ヲ整理シ紛擾錯雜ヲ來タシ爲メニ議事ヲ妨害スルヿナキ様之レカ整頓ニ任スルモノトス而シテ本條末項ニ於テ院外ニ對シ議院ヲ代表

ストアルハ如何ナル場合ヲ云フヤニ付テハ玆ニ一言セサルヘカラス議會ト相關係ヲ有スル者ハ天皇及政府ニアリ故ニ此他ニ於テハ議會全體カ關係ヲ有スヘキモノアルナシ即チ憲法第四十條ノ規則ニ依リ政府ニ建議シ又ハ同法第四十九條ニ依リ天皇ニ上奏スルカ如キニ在リテハ議會カ爲スモノナレハ議長之レカ代表者タリ是レ本條ニ院外ニ對シ云々トアル所以ナリ

第十一條　議長ハ議會閉會ノ間ニ於テ仍其議院ノ事務ヲ指揮ス

(說明)議長ハ議會ノ代表者タリ故ニ議事已ニ終リ閉會後ト雖モ第十七條ニ記載スルカ如キ事務アルヲ以テ之レヲ掌理スルモノトス議院ニハ書記官其他ノ職員アリテ常ニ議院ノ事務ヲ執ルト雖モ全ク之レニ放任スヘキニアラス故ニ議長ハ議院ニ代表シテ書記官長ニ指揮シテ統理スルノ必要アリ此レ本條アル所以

ナリ

第十二條　議長ハ常任委員會及特別委員會ニ臨席シ發言スルヿヲ得但シ表決ノ數ニ預カラス

(說明)本條委員會ニ議長ノ臨席シ以テ發言スルヿヲ得ル所以ノモノハ固ト委員會ナルモノハ議會ヨリ或ル事項ヲ調査スル爲メニ委任シタルモノナルニ議長ハ即議會ノ代表者ナレハ之ニ向テ其意見ヲ發言スルハ至當ニシテ且ツ實際ニ於テモ其意見ニシテ委員會ノ參考トナルヘキコトアルヘケレハ實際ノ上ヨリスルモ道理ノ上ヨリ考フルモ共ニ至當ナル所ナリ然レ𪜈之レカ表決ノ數ニ預カラスト但シ書キヲ加ヘタルハ又理由ノアル所ナリ委員會ハ固ト議會全躰ニテ調査スルハ紛亂ニ渉リ精密ナル調査ヲ遂クルハ却テ適當ノ人數ニ限ルノ勝レルニ若カサル

ヲ以テ之レカ委員ヲ撰擧シテ其調査ヲ任シタルモノナレハ其如何ナル調査ヲ遂ケ之レカ決定ヲ爲スヤハ委員會ノ已ニ得タル權内ナレハ議長ト雖𪜈妄リニ其權内ニ立チ入ルヲ得サルヿナリ此レ但シ書ヲ加ヘタル所以ナリ

常任委員會及特別委員會ノ何物タルヤノ説明ハ第四章ニ於テ詳説スル所アルヘシ

第十三條　各議院ニ於テ議長故障アルトキハ副議長之レヲ代理ス

（説明）議長ニシテ病氣其他ノ故障ニヨリ欠席スルコトアルカ若クハ假令議席ニアルモ自己ノ意見ヲ吐カントスルカ如キ場合ニ際シ議長ノ席ニ就テ其職ニ任スル能ハサルトキハ凡テ副議長之ヲ代理スルモノトス元ト副議長ヲ設クル所以ノモノハ此事アルカ爲メノミ

第十四條　各議院ニ於テ議長副議長倶ニ故障アルトキハ假議長ヲ撰擧シ議長ノ職ヲ行ハシム

（說明）本條ハ說明スルノ要ナシ議長副議長倶ニ故障アリテ其職ヲ執ル能ハサレハ爲メニ議會ノ働キヲ爲スヲ得ス故ニ其故障ノ止ムニ至ルマテハ假議長ヲ撰擧シテ議會ヲ繼續セシムヘキハ自然ノ然ラシムル所ナリ

第十五條　各議院ノ議長副議長ハ任期滿限ニ達スルモ後任者ノ勅任セラルヽマテハ仍其職務ヲ繼續スヘシ

（說明）議會ハ無形ナリ時ニ集合シ時ニ離散スルモノナリ即チ之ヲ換言スレハ議事アルニ方テ集合開會スルモ議事ヲ終レハ閉會離散スルモノナリ然レトモ之レカ事務ニ至リテハ決シテ斷續スルモノニアラス故ニ第十一條及第十七條ノ規定アル所以ナリ夫

レ然リ故ニ假令議會ヲ解散シタル場合ト雖モ議長ノ執ルヘキ事務ハ猶存スルヲ以テ任期滿限ニ至ルモ後任者ノ勅任セラルヽマテハ仍其職務ヲ繼續セサルヘカラサルモノトス

第十六條　各議院ニ書記官長一人書記官數人ヲ置ク
書記官長ハ勅任トシ書記官ハ奏任トス

（說明）本條ハ議院ノ事務ヲ執ラシメンカ爲メ事務官トシテ必要ナルモノナリ其如何ナル事務ヲ執ルヘキヤハ次條ノ說明スル所ナリ

第十七條　書記官長ハ議長ノ指揮ニ依リ書記官ノ事務ヲ提理シ公文ニ署名ス
書記官ハ議事錄及其他ノ文書案ヲ作リ事務ヲ掌理ス
書記官ノ外他ノ必要ナル職員ハ書記官長之レヲ任ス

（說明）本條ハ事務上ノコトニ係リ深ク說明ヲ要スル所ニアラス

第十八條　兩議院ノ經費ハ國庫ヨリ之レヲ支出ス

（說明）兩議院ノ代議士ハ元ト各地方ノ撰出ニ係リ地方ノ人民ヲ代表スルモノナリト雖氏撰擧人ノ意思ヲ代言スルモノニアラス自己一身ノ判斷ニ任シテ決シテ他人ノ爲メニ意見ヲ枉ケラルヽモノニ非ラス況ンヤ其討議スヘキ事項ニ至テハ全國ノ利害ニ係ルコトナラサルハナシ故ニ國庫ヨリ其經費ヲ支出スルモノトス

第三章　議長副議長及議員歲費

第十九條　各議院ノ議長ハ歲費トシテ四千圓副議長ハ二千圓貴族院ノ被撰及勅任議員及衆議院ノ議員ハ八百圓ヲ受ケ別ニ定ムル所ノ規則ニ從ヒ旅費ヲ受ク但シ召集ニ應セサルモノハ歲

費ヲ受クルコトヲ得ス
議長副議長及議員ハ歳費ヲ辭スルコトヲ得ス
官吏ニシテ議員タル者ハ歳費ヲ受クルコトヲ得ス
第二十五條ノ場合ニ於テハ第一項歳費ノ外議院ノ定ムル所ニ依リ一日五圓ヨリ多カラサル手當ヲ受ク

（說明）本條ハ議員議長等ニ歳費ヲ與フルヿ及ヒ其額ヲ定メタリ而シテ貴族院議員中選擧ヲ待タサル者即皇族及公侯二爵ノ者ハ歳費ヲ受クルヿナシ

歳費トハ何ソヤ學者議員ニ俸給ヲ與フルヲ可否スルニ三說アリ一ハ之ヲ可トシ一ハ之ヲ否トシ一ハ其衷ヲ執レリ曰ク俸給ハ與フヘカラス然レヒ其實費ハ補償セサルヘカラスト余以爲ラク本條ノ所謂歳費トハ其要スル所ノ實費額ヲ測定シ之ヲ補

償スルノ意ヲ以テ與フルモノナラント蓋シ其額ヨリ云ヘハ稍俸給即報酬ノ性質ヲ有スルカ如シト雖モ歳費ナル文字ヨリ見レハ其補償ノ精神ニ出ルヤ明カナリ

議長議員等ハ歳費ヲ辭スルヿヲ得ス是レ歳費ヲ給スルノ精神ヨリ出ツル自然ノ結果ナリ抑モ歳費ヲ與フルハ代議ノ事タル國家人民各自ノ義務ナリト雖モ亦他ノ多數人ヲ代表シ多數人ノ爲メニ許多ノ費用ヲ抛チ天下ノ公事ヲ議スルモノナレハ俸給ヲ與フルモ亦不可ナキ位ノモノナリ加之富者必スシモ才ナク才アルモノ必シモ富マザルヲ以テ歳費ヲ得テ其費用ヲ補償スルニ非レハ經綸ノ才ヲ抱テ而シテ資財餘裕ナキ者ノ如キ此公務ヲ盡クス能ハス於是歳費ヲ與フルノ法成リシナリ然ラハ則歳費ヲ受クルモ決シテ其廉ヲ傷クルナシト雖モ一二ノ人ア

リテ之ヲ辭セハ更ニ一層ノ廉ナルカ如キ狀アルヲ以テ彼此相追フテ之ヲ學ヒ遂ニ資財ニ乏シキ者モ亦此ノ如クセサルヲ得サルニ至ル而シテ其結果タルヤ歲費ヲ與ヘサルノ制ト全シク之ヨリ出ツル一切ノ弊ヲ受ケサルヲ得ス是レ本條第二項ノ豫メ防キシ所ナリ

第三項ハ別ニ說明ヲ要セス只官吏タル者ハ自ラ一定ノ俸給ノ在ルアレハ歲費ヲ給セサルモ一モ妨クル所アラサレハナリ

第二十五條ノ場合即議會閉會ノ間委員ニシテ議案ノ審査ニ繼續從事スル場合ハ歲費ノ外相當ノ手當ヲ受ク是レ臨時ノ事務ヲ執リ臨時ノ費用ヲ要スルヲ以テ別ニ之ヲ報酬補償スルノミ

（問）皇族及公侯爵議員ハ何故ニ歲費ヲ給セサルヤ資產餘裕アルニ因ルトセハ各府縣ノ工商等ニシテ多額ノ直接國稅ヲ納メ選擧

勅任セラルヽ者亦資財餘裕アルノ推測ハ當然成立スルニ非スヤ

（答）富裕ノ推測モ亦蓋シ歳費ヲ給セサルノ一原由ナラン然レ𪜈其彼レニ與ヘテ此ニ與ヘサルハ別ニ其理由アリテ存ス即工商等ノ勅任セラルヽ者ハ元ト選擧ニ出テシモノニシテ猶代表ノ任ヲ帶フルモノナリ伯子男爵亦同シ已ニ他人ヲ代表スルモノトセハ彼等ヲシテ費用ヲ耗費セシメ之ヲ補償セサルノ理ナシ是レ共ニ富裕ノ推測アルニ拘ハラス一ハ與ヘスシテ一ハ與フル所以ナラン

（參照）議員ニ俸給ヲ與ヘ若シクハ與ヘサルハ各其利アレ𪜈亦各其弊ナキ能ハス俸給ヲ與ヘスシテ實費ヲ補償スルハ豈其中ヲ執リ其宜シキヲ得シモノニ非スヤ白耳義ノ憲法實ニ此法ヲ採レリ

小ミル曰ク其國其土ニシテ人民餘裕ナク隨テ無給ノ官職ニ當ルヲ得サルニ際シ某々ノ金錢ヲ支給スルハ是レ其所費ノ時日ト金錢トヲ賠償スルモノニシテ俸祿ト云フヘカラス況ヤ若シ議員ノ職位ニ付スルニ餘リアルノ俸祿ヲ以テセハ議員ノ職自ラ生業ノ一ヲ爲シ人々俸祿ノ爲メニ其職ニ居ルヲ希ヒ小人射利ノ徒相率ヒテ其私ヲ營ムニ至ラント云々ト

第四章　委員

第二十條　各議院ノ委員ハ全院委員常任委員及特別委員ノ三類トス全院委員ハ議院ノ全員ヲ以テ委員トナスモノトス
常任委員ハ事務ノ必要ニ依リ之ヲ數科ニ分割シ負擔ノ事件ヲ審査スル爲ニ各部ニ於テ同數ノ委員ヲ總議員中ヨリ選擧シ一會期中其任ニ在ルモノトス

特別委員ハ一事件ヲ審査スル爲ニ議院ノ選擧ヲ以テ特ニ付託ヲ受クルモノトス

（說明）本條ハ委員ノ種類及ヒ其性質ヲ示シタルモノナリ先ツ全院委員ノ性質ヨリ述ヘシニ英國ニ於テ此ノ制アリ同國ノ制ニ依レハ全院委員トハ議員全躰ヲ以テ委員ト爲スモノナリ故ニ一見スルトキハ通常ノ議員ト異ル所ナキカ如クナレトモ決シテ然ラス今其通常議會ト異ナル點ヲ擧クレハ左ノ如シ

第一通常議會ナルトキハ議員ノ發言ハ一回ニ止マルモノナリ故ニ十分ニ其意見ヲ述ヘ盡サントスルニヨリ長時間ヲ費ス然ルニ全院委員會ナルトキハ一人ニシテ幾回發言スルモ可ナルナリ

第二通常議會ナルトキハ議長ハ發言スルノ權ナシ（議員ノ資格ヲ以テ議員席ニ就キ發言スルハ此限ニアラス）ト雖トモ全院委員會

ナル𬼀ハ議長モ猶發言スルヿヲ得ル即チ此時ニアリテハ議長ニアラス委員長ヲ設ケ會長トナスモノナリ

第三通常議會ナル𬼀ハ議員發言スルモ贊成者ナキトキハ議案トナラサルモノナレ𪜈全院委員會ナル𬼀ハ贊成者ナキモ議題トナルモノナリ

第四通常議會ナルトキハ大抵議員ハ出席スルモ全院委員會ナルトキハ政黨ノ勝敗ニ關スルカ如キ重大ノ事件ニアラサルヨリハ多數ノ議員ハ出席セス故ニ俊秀ノ者ノミニテ冗談ニ渉ラス短時日ニテ十分ナル調査ヲ遂クルヿヲ得ルモノナリ

右ノ全院委員會ヲ設クルハ重大ナル事件ヲ調査スル時ニアリトス

常任委員ハ臨時ニ出來シタル事件ヲ調査スル爲メニアラス即

チ議案ノ調査ヲ爲スノ必要ナルニヨリ數部ニ分割シ以テ各部ニ於テ各異リタル事ヲ審査スルモノナリ故ニ各部ニ於テ同數ノ委員ヲ總議員中ヨリ撰擧シ一會期中其任ニ在ルモノトス今一例ヲ以テセハ民法ヲ議定スルニ方リ之レカ審査ヲ要スルコトアリトセンニ大部ナル民法全部ヲ唯タ一ノ委員會ニテハ容易ニ審査シ終ルヘキニアラス故ニ甲部乙部丙部ト云フカ如ク數部ノ委員會ヲ設ケ甲部ニテハ契約篇ヲ審査シ乙部ニテハ財産編ヲ丙部ニテハ人事篇ヲ調査スト云フカ如クスルモノナリ特別委員トハ或ル一事件ヲ審査スル爲メニ設クルモノニシテ學理上專門上實際上ノ事ニ付或ル特別ノ事ヲ付託スルモノナリ

第二十一條　全院委員長ハ一會期コトニ開會ノ始メニ於テ之ヲ

選擧ス

常任委員長及特別委員長ハ各委員會ニ於テ之ヲ互撰ス

（說明）本條第一項ハ全院委員長ヲ一會期コトニ開會ノ始メニ於テ之ヲ撰擧スルヲ以テ見レハ全院委員其者ハ事件ノ有無ニ關ハラス常ニアルモノナルヲ知ルヘシ何トナレハ委員ナクシテ委員長ヲ開會ノ始メニ選フノ要ナケレハナリ而シテ之レヲ一會期コトニ開會ノ始メニ選擧スル理由ハ委員ハ全院ナルヲ以テ別ニ選擧スルノ必要ナク常ニアルモノナレハ只タ重大ナル事件アル毎ニ委員會ヲ開クモノナルヲ以テ其時ニ際シ委員長ヲ撰擧スルハ煩雜ニ渉ルカ故豫メ選擧スルモノナリ

第二項ノ常任委員長及特別委員長ハ各委員會ニ於テ互選スルハ何レノ時ニ爲スヘキヤ第一項ニハ一會期コトニ開會ノ始メ

ニ於テ選擧ストアルモ本項ニハ何レノ時ニ互選スヘキヤヲ云ハス故ニ委員會ヲ開ク時ニ際シ互選スルモノト解スルノ外ナシ

第二十二條　全院委員ハ議院三分ノ一以上常任委員會及特別委員會ハ其委員半數以上出席スルニ非サレハ議事ヲ開キ議決ヲ爲スコトヲ得ス

(說明)全院委員會ハ第二十條ニ規定シアル如ク議院ノ全員ヲ以テ委員トナスモノナレハ其數多シ故ニ三分ノ一以上出席スル𪜈ハ事ヲ議決スルニ差支ナク又調査モ粗漏ニ失スルノ愁アラサレハ斯ク定メシモノナリ而シテ常任委員會及ヒ特別委員會ハ議員ノ中數名若クハ數十名ヲ以テ委員トナスモノナレハ若シ三分ノ一以上ト爲ス𪜈ハ其人員少數ナルカ爲メ其決スル處僅カ

ニ兩三名ノ意見ヲ以テ議決スルニ至ルコトアルヘシ此レ本條ノ之レヲ區別シテ一ハ三分ノ一以上ノ出席アルヲ要シ一ハ半數以上ノ出席アルヲ要セシ所以ナリ

第二十三條　常任委員會及特別委員會ハ議員ノ外傍聽ヲ禁ス但シ委員會ノ決議ニ由リ議員ノ傍聽ヲ禁スルコトヲ得

(說明)本條ノ委員會ニシテ傍聽ヲ禁スルト否トハ其事件ニ依リ或ハ秘密ニ涉リ未タ決定セサル事ヲ廣ク知ラシムルノ不都合ナルヿナキニアラス故ニ議員ノ外ハ一般人民ノ傍聽ヲ禁スルモノナリ然ルニ議員ハ元ト同一ノ任ヲ帶フルモノナルモ只タ便宜上ヨリ更ラニ委員ヲ選ヒテ調査セシムルモノナレハ之ヲ傍聽スルハ敢ヲ不可ナシト雖𪜈最モ秘密ヲ要シ或ハ議員其人ノ身上ニ係ル事件ノ如キハ委員會ノ決議ニ由リテハ議員タリトモ

傍聽ヲ禁スルノ必要モアリ是レ本條アル所以ナリ然ルニ全院委員會ニ付テハ之レカ如何ハ更ラニ定ムル所ナキヲ見レハ傍聽ヲ禁スルコトナキモノヽ如シ蓋シ全院委員會ナルモノハ其實通常議會ト同シク異ナルナク唯タ事件ノ大小ナルカ爲メ調査決議ノ便ヲ謀リテ設ケタルニ過キザレハ密議ヲ要スルノ性質ニアラス其通常議會ト異ナル點ハ第二十條ニ於テ説明シタル四個ノ差異アルノミ故ニ此ノ委員會ハ傍聽ヲ禁スルノ必要アラサルモノトス

第二十四條　各委員長ハ委員會ノ經過及結果ヲ議院ニ報告スヘシ

（説明）本條ハ別ニ説明ノ要ナシ然レモ本條ニ設ケタル所以ノモノハ元ト議院ヨリ選擧セラレテ委員トナリ又ハ全院委員會ノ如キ

ハ別ニ選擧ハ要セサルモ通常議會ニアラス故ニ委員會ニ於テハ如何ナル調査ヲ爲シ如何ナル議決ヲ爲シタルヤハ議院ノ宜シク了知スルヲ要スルニヨリ委員長ヨリ之レヲ議院全躰ニ報告スルモノナリ

第二十五條　各議員ハ政府ノ要求ニ依リ又ハ其ノ同意ヲ經テ議會閉會ノ間委員ヲシテ議案ノ審査ヲ繼續セシムルコトヲ得

（說明）議案浩澣ニシテ開會中審査ヲ終ル能ハサル時ハ或ハ政府ヨリ各議院ニ要求シ又ハ各議院ヨリ審査繼續ノ必要ナルヿヲ述ヘ政府之レニ同意シタル片ハ委員ヲシテ猶閉會後モ繼續スルヲ得ル若シ本條ナカリセハ閉會ト共ニ委員會ヲ解キ更ラニ來期ヲ待ツニアラサレハ調査スルヲ得ス然ルトキハ緊急ノ間ニ合ハサルノ患モアリ且開會審査シタルコトモ來期ノ至ルヲ待ツ

間ニ遂ニ徒勞ニ歸スルコトナキヲ知ラス故ニ本條ニ於テ議會閉會ノ間云々トセシ所以ナリ

第五章　會議

第二十六條　各議院ノ議長ハ議事日程ヲ定テ之ヲ議院ニ報告ス議事日程ハ政府ヨリ提出シタル議案ヲ先ニスヘシ但シ他ノ議事緊急ノ場合ニ於テ政府ノ同意ヲ得タルトキハ此ノ限ニ在ラス

（說明）本條第一項ニアル議事日程トハ毎日逐次議定スル議案順序ノ事ヲ云フナリ而ソ之ヲ豫メ定メテ各議院ノ議長カ議院ニ報告スルヲ要スルハ議員考案ノ順序モアレハ突然今日ハ何々ノ議案ヲ議スルトシテハ意見ヲ十分ニ提出スルヿヲ得ス且ツ即席ノ考案ニ出ツレハ從テ粗漏ニ渉ルノ弊ナキヲ得ス故ニ何々ノ

議案ヲ議シ次ニ何々ニ移ルト云フ日程ヲ定メ置クモノナリ然ルニ第二項ニ於テ議事日程ハ政府ヨリ出シタル議案ヲ先ニスヘシトアル所以ノモノハ議院モ元ト發案ノ權アレハ色々ノ議案アルヘシ然レ𪜈政府ヨリ出シタル議案ハ大抵政府ノ順序モアリ余リ遷延スルニ於テハ政機ノ澁滯ヲ來タスノ恐レアレハ成ルヘク之レヲ先ニスヘシト云フニアリ然レ𪜈他ニ緊急ヲ要スル議事出來スルナキニアラサレハ若シ此ノ如キ場合ニ於テハ政府ノ同意ヲ得タルトキハ其順序ヲ變更スルヿハ又必要トスル所ナリ

（問）緊急ノ議事ナルトキハ其日程ヲ變更スルハ當然ナリ然ルヲ政府ノ同意ヲ得タルトキ云々トセシハ何故ソ

（答）事ノ緊急ナルト否トハ比較上ノ言葉ニシテ政府ヨリ出タル議

案モ亦緊急ナラサルニ非ス故ニ唯タ議院カ是ヲ以テ此事ハ緊急ナリト思惟スルモ政府ノ政務上又如何ナル緊急ナルヿアルヲ知ラサレハ議院ノ一存ニ放任スルハ不都合ナキニアラサルヘシ此レ政府ノ同意ヲ得タルトキ云々トセシ所以ナリ

第二十七條　法律ノ議案ハ三讀會ヲ經テ之ヲ議決スヘシ但シ政府ノ要求若クハ議員十人以上ノ要求ニ由リ議院ニ於テ出席議員三分ノ二以上ノ多數ヲ以テ可決シタルトキハ三讀會ノ順序ヲ省畧スルコトヲ得

（說明）本條ハ議決ノ方法ヲ定メタルモノナリ而メ其三讀會トハ第一讀會ニ於テハ議案全躰ニ付キ此ノ議案ハ果メ議事ニ付シテ可ナルヤ否ヲ決ス第二讀會ニ於テハ議案ノ逐條ヲ審議スルモノヲ云フ又第三讀會トハ已ニ逐條審理ヲ經タルモノニ付輕卒ニ

議了シタル所ナキヤ又ハ其議決シタル所ヲ更ラニ改ムルノ必要ナキヤ否ヲ問ヒ若シ意見アル丼ハ何レノ條タルヲ問ハス發議スルヿヲ得ルモノナリ

抑モ第一讀會ノ必要ナル所以ノモノハ最初ニ一議案全躰ニ付キ此ノ儘審議ニ取リ掛リテ差支ナキヤ若シ議案ニシテ粗漏ノ調査ナル丼ハ逐條ノ審議ニ及ヒ半途ニシテ不明ナルヿヲ見出シ更ラニ委員ヲ設ケテ調査セシムル等ノ不便ヲ來セハ初メニ於テ大躰ノ如何ヲ決スルコト要用ナリ

又第三讀會ノ必要ナルコトモ右ト同シク已ニ逐條ノ審議ハ終リタリトモ其輕忽ニ議了シ錯誤アルヲ發見セハ又之レヲ修正スルヿナキヲ得ス此レ本條第一項ニ於テ議案ハ三讀會ヲ經テ議決スヘシトアル所以ナリ

夫レ然リ然リト雖モ各議案悉ク然カセサルヲ得サルモノニアラス議案ニシテ單簡ナルモノハ之レヲ省畧シ或ハ第三讀會ヲ要セサルコトモアラン又逐條ヲ審議スルヲ俟タサルコトモアラン其議案ノ繁簡難易ニ依リ便宜ニ從フハ最モ實益ニ適シタルモノト云フヘシ若シ然ラスシテ凡テノ事件悉ク三讀會ノ式ヲ履ムトセハ爲メニ無用ノ時日ト費用ヲ費シ或ハ時機ヲ失スル患ヒアルナキヲ期セス即チ本條第二項ニ於テ政府ノ要求若クハ云々ト定メタル所以ナリ

然リト雖モ此ニ定メタル三讀會ノ方法タルヤ議事ノ輕忽ニ失セサルヿヲ望ミ鄭重ヲ加ヘタルモノナレハ妄リニ便宜ニ名ヲ借リテ此方法ヲ變更スルハ原則ヲ破ルノ恐レアル故ニ議員十人以上ノ要求ニ由リ議院ニ於テ出席議員三分ノ二以上ノ多數

ヲ以テ可決シタル時云々ト制限ヲ加ヘタルモノナリ

第二十八條　政府ヨリ提出シタル議案ハ委員ノ審査ヲ經スシテ之レヲ議決スルコトヲ得ス但シ緊急ノ場合ニ於テ政府ノ要求ニ由ルモノハ此ノ限ニ在ラス

（說明）政府ヨリ提出シタル議案ハ委員ノ審査ヲ經テ議決スルヲ要スル所以ハ議事ノ精密ナルヿヲ慮レハナリ若シ委員ノ審査ヲ經ス直チニ之ヲ議決スルトキハ粗漏ニ失スルノ恐レアレハナリ然レ𪜈緊要ノ場合ニシテ政府ノ要求ニ由ルモノハ事情急速ヲ要スルモノアレバ審査ヲ經ルノ限リニアラサルナリ

（問）議院ヨリ發シタル議案ニ付テハ委員ノ審査ヲ經ヘキヤ如何

（答）議院ヨリ發シタルモノハ委員ノ審査ヲ要セサルモノトス何トナレハ已ニ其發案スルノ際ニ方リ委員ヲ設ケテ之レヲ審査シ

以テ議案ト爲スベケレハナリ然ラハ政府ヨリ提出スル議案ニ於テモ政府十分ナル調査ヲ遂ケテ提出シアル者ナルベケレハ是レ亦審査ヲ經ルノ要ナキニアラスヤ夫レ然リ然リト雖モ政府ヨリ提出シタルモノハ所謂他人ヨリ出シタルモノト云フヘキモ議院ヨリ發案スルモノハ議會自カラノ提出ナレハ猶之レヲ審査スヘシトセハ已レノ意見ヲ再考セヨト云フニ異ナラス豈ニ此ノ如キノ理由アランヤ已ニ十分審査ヲ加ヘタルモノナレハ玆ニ之レヲ區別シ政府ヨリ提出シタル議案トノミ規定シタルモノナリ

(問)本條ニ委員ノ審査云々トアルハ何レノ委員ヲ云フモノナルヤ即チ全院委員ナルカ常任委員ナルカ將タ又特別委員ナルカ

(答)本條云フ所ノ委員トハ常任委員ナリ何トナレハ全院委員ナル

モノハ重大ナル事件ニ限リ委員會ヲ開クモノニシテ普通ノ議案ハ一々之レニ預カラサルモノナリ又特別委員ハ或ル專門上ノ事件若クハ實際上ノ事ニ限ルモノナレハ其性質ヨリシテ常ニ政府ヨリ發シタル議案ハ概テ關係ナキモノナリ(委員ノ三種類ニ付テハ第二十條ノ說明ヲ參看スヘシ)然レ𪜈事件ノ性質ニ依リ或ハ全院委員或ハ特別委員ノ審査ニ付スルヿ全クナキニアラスト雖モ多クノ塲合ハ常任委員ナリト知ルヘシ

第二十九條　凡ソ議案ヲ發議シ及議員ノ會議ニ於テ議案ニ對シ修正ノ動議ヲ發スルモノハ二十人以上ノ贊成アルニ非ラサレハ議題ト爲スコトヲ得ス

(說明)本條ハ發議ノ議題トナルニ付テハ何人ノ贊成アルヲ要スルヤヲ定メタルモノナリ即チ本條ニ依レハ二十人以上アリ抑モ新

タニ議案ヲ發シ及ヒ已ニ議案トナリタルモノヲ議スルニ方リ其議案ニ對シ修正ヲ加ヘントスル動議ノ如キハ妄リニ發言アル毎ニ之レヲ議題トシ又ハ僅カニ五七八ノ同意アリタルヲ以テ一々之レヲ議題トセハ議題多岐ニ亘リ過半數ヲ得ル能ハスシテ廢業トナルニ至ルヘシ然ルトキハ又更ラニ委員ニ付テ修正ヲ爲サシムルカ如キ不便アリ加之ナラス衆議院ノ總議員ハ三百八ナリ故ニ二十八以上ノ贊成アルニアラサレハ議題ト爲サストハ大ヒニ其宜シキヲ得タルモノト云フヘシ

（問）貴族院ニ於テモ猶ホ本條ノ規定ニ依ルモノヽ如シ然ルニ其全數ハ未タ之レヲ審ニセスト雖モ衆議院ノ議員數ヨリ少數ナルヿハ必然ナリ然ルニ猶ホ本條ノ定メニヨリ二十八以上ノ贊成者アルヲ以テ議題ト爲ストセハ容易ニ議題トナラス〆常ニ原

案ニ決スルノ傾向ナキヤ

（答）貴族院ト衆議院トハ其議員ノ數ニ多少アルニモ拘ハラス同シク二十人以上ノ贊成アリテ始メテ議題ト爲スハ其權衡ヲ得サルカ如キモ是レ大ヒニ理由ノ存スルアレハナリ元來貴族院ノ必要ナル所以ノモノハ衆議院ニ於テ輕卒ニ議了シタルモノヲ再議セシメ以テ其誤ナキヤ否ヲ審議スルモノナレハ發案動議ニ付テモ一層ノ愼重ヲ加ヘザルヘカラス於玆カ其人員ハ少數ナリト雖氏猶二十人以上ノ贊成アルニアラサレハ以テ議題ト爲スヲ許サヽルモノナリ

第三十條　政府ハ何時タリトモ既ニ提出シタル議案ヲ修正シ又ハ撤回スルコトヲ得

（說明）政府自カラ提出シタル議案ナレハ其誤リアルヿヲ發見スルヿ

モアルヘク又時勢ノ必要ニ依リ修正ヲ加フヘキコトアルカ又ハ其議案ニシテ不用ナルコヲ知ラハ之レヲ撤回スヘキハ當然ニシテ別ニ説明ヲ要セス若シ之レニ反シ其提出シタル議案ハ之レヲ修正シ若クハ撤回スルコトヲ得ストセンカ議會ハ無用ナルコヲ議シ無用ナル時日ヲ費シ徒勞ニ屬スルコトナシトセス依テ本條ヲ設ケタルモノナリ

第三十一條　凡ソ議案ハ最後ニ議決シタル議院ノ議長ヨリ國務大臣ヲ經由シテ之ヲ奏上スヘシ
但シ兩議院ノ一ニ於テ提出シタル議案ニシテ他ノ議院ニ於テ否決シタルトキハ第五十四條第二項ノ規定ニ依ル

（説明）本條第一項ノ意義ヲ解説スルトキハ例ヘハ先ツ衆議院ニ於テ議決シタル議案ヲ更ニ貴族院ノ議ニ付シタル時ハ其議決ヲ貴

族院ノ議長ヨリ國務大臣ヲ經由シテ奏上シ反之貴族院ニ於テ發案シタル事ヲ衆議院ノ議ニ付シタルトキハ衆議院ノ議長ヨリ國務大臣ヲ經由シテ奏上スルモノナリ

第二項ニ云フ處ハ兩議院ノ議決カ相反對シタル時ヲ云フ此ノ規定ハ第五十四條第二項ノ定メタル所ニ從フモノナレハ同條ノ說明ニ於テ詳述スヘシ

第三十二條　兩議院ノ議決ヲ經テ奏上シタル議案ニシテ裁可セラルヽモノハ次會期マテニ公布セラルヘシ

（說明）本條ハ兩議院ニ於テ議決シタル議案ハ兩院反對ノ議決ヲ爲スト否トヲ問ハス天皇ハ其何レノ議決ヲ裁可セラルヽヤハ天皇大權ノ中ニ存スル故ニ或ハ兩議院ノ同一意ニ議決シアル議案ト云ヘトモ若シ天皇ノ不可ナリト思惟セラルヽトキハ裁可ナキ

コトモアルヘシ而ソ其何レタルヲ問ハス之レヲ裁可セラレタルトキハ次ノ會期マテニ公布セラルヘキモノナリ

第三十三條　政府ハ何時タリトモ十五日以内ニ於テ議院ノ停會ヲ命スルコトヲ得

議院停會ノ後再ヒ開會シタルトキハ前會ノ議事ヲ繼續スヘシ

(説明)本條ニ政府ハ何時タリトモ議院ノ停會ヲ命スルコトヲ得ル所以ノモノハ議會ノ議事ニシテ勢ニ乘シ不知不識過激ニ渉リ安寧ヲ傷クルカ如キコトナキニアラス此ノ如キ場合ニ於テハ宜シク議院ヲ停會シ以テ其勢焔ヲ冷却セシメザルヘカラザルノ必要アリ是レ即チ本條ニ政府ハ何時タリトモ云々トアル所以ナリ

(問)憲法第七條ヲ見ルニ天皇ハ帝國議會ヲ召集シ其開會閉會停會

及衆議院ノ解散ヲ命スルトアリ已ニ天皇ニ於テ議院ヲ停會スルノ權ヲ持タセラル、以上ハ政府カ停會ヲ命スルノ權ヲ有スルハ重複ニ涉リ權力ノ過大ニ失スルカ如シ如何

（答）

天皇カ議會ノ停會ヲ命スル權力ヲ有セラル、ハ當然ニシテ敢テ疑義ナシト雖モ政府モ亦此ノ權ヲ有スルハ甚タ不相當ナルカ如シ何トナレハ政府ハ何物ソ國ノ元首ニシテ統治權ヲ總攬シ賜フ天皇ノ手足ノミ國勢ヲ執ルノミ苟モ立法ノ大權ニ與ル衆議院ノ停會ヲ命スルトハ議院ヲ凌駕スルノ權アルカ如ク加之ナラス命スルノ一字ニ至リテハ愈々議院ノ上位ニアルモノノ如ク然リ故ニ問者ノ疑義ヲ挾ム一應理ナキニアラサルナリ其レ然リ豈其レ然ランヤ假令ヒ立法ノ大權ニ與カル議院ト雖ヘ𪜈其議事專橫ニ涉リ言論過激ニ失スルカ如キアラハ爲メニ

人心ヲ動搖セシメ社會ノ安寧ヲ害スルノ恐レアレハ宜シク之レヲ停會シ以テ其勢ヲ挫カサルヘカラス是レ天皇ノ議會ヲ停會スルノ權力ヲ有セラルヽモノナリ然レ圧天皇ハ始終議會ニ臨マセラルヽモノニアラサレハ停會ノ機ヲ誤ルヿナキニシモアラス而ソ政府ハ議案ノ提出者ナレハ始終議會ニ出入スルノ權アリ故ニ若シ停會ヲ必要ナリトスル場合ニ天皇ヨリ停會ノ御命ナキトキ之レヲ看過スルハ社會ノ爲メ害アルヲ察セハ之レヲ停會スルノ權ヲ有シ天皇ニ代テ停會ヲ命スルモ何ノ妨ケカ之レアラン眞ニ事實ニ適當ナル處置ト云フヘシ其レ如此ナルヲ以テ政府モ亦停會ヲ命ズルノ權アルモノナリ玆ニ至テ問者ノ疑義モ氷解スルヲ得ン

(問) 十五日以內トアルハ何等ノ理由ソヤ

（答）凡ソ期日ニ付テハ一定ノ原理アルモノニアラス唯タ法ヲ制スルモノヽ適當ト見タル所ニ由ルノミ然ルニ本條ノ停會ヲ命スル所以ハ一時ノ勢ヲ挫カンカ爲メノミナリ故ニ十五日ヲ限トシ其以內ニ於テ適當ノ日數ヲ考ヘ停會ヲ命スルモノナリ

（問）本條ニハ單ニ議會ノ停會ヲ命スルコトヲ得トアリ然ラハ貴族院モ亦停會スルヿアルヘキヤ

（答）然リ貴族院ト雖𪜈若シ右ニ述ヘタル如キ場合アルニ於テハ何ソ會釋スルノ要アランヤ畢竟停會ヲ命スルハ社會公安ノ爲メナレハ敢テ停會ヲ命スルノ妨ケトナラサルナリ

（問）第二項ニ於テ停會後再ヒ開會シタルトキハ前會ノ議事ヲ繼續スヘシトアルハ何故ソ

（答）停會ハ一時ノ休會ナリ故ニ其時日モ十五日以內ト定メタルモ

ノニシテ長カラシメザル所以ナリ且ツ停會ノ性質ヨリスルモ已ニ議シタルコトヲ無効ト爲スモノニアラサレハ前會ノ議事ニ繼續スルモノナリ

第三十四條　衆議院ノ解散ニ依リ貴族院ニ停會ヲ命シタル場合ニ於テハ前條第二項ノ例ニ依ラス

（説明）本條ニ於テ説明スヘキハ衆議院ノ解散ハ如何ナル時ニ爲スヘキヤ及ヒ衆議院ノ解散ニ依リ何故ニ貴族院ニ停會ヲ命スヘキヤニアレﾄﾞ此ハ已ニ憲法第七條及第四十四條ニ於テ説明ヲ與ヘタレハ玆ニ復説セス同條ノ説明ニ就テ之ヲ見ルヘシ

而シテ本條末段ニ前條第二項ノ例ニ依ラストアルハ如何ト云フニ本條ノ場合ハ其停會十五日以内ニ限ルニアラサレハ長時日ヲ經過スルヿアルヘシ然ルトキハ前會ノ議事ヲ繼續セントス

ルモ事實不都合ナキヲ得ス加之ナラス衆議院更ラニ改撰セラルヽモノナレハ如何ナル議決ヲ爲スヤヲ知ラサレハ繼續セントスルモ繼續スヘキ議案ナキヲ如何セン是レ此ノ理由アルヲ以テナリ

第三十五條　帝國議會閉會ノ場合ニ於テ議案建議請願ノ議決ニ至ラサルモノハ後會ニ繼續セス但シ第二十五條ノ場合ニ於テハ此ノ限ニ在ラス

(說明)議會ハ其會期中ニ議決シタルモノニアラサレハ効力アラサルハ事理ノ當然ニシテ閉會ト共ニ其議案ハ消滅スルモノナリ故ニ何レノ議案ヲ建議請願セント發議スルアルモ未タ議決ニ至ラサルモノハ閉會ト共ニ消滅ニ歸ス是レ後會ニ繼續セサル所以ナリ然レトモ後會ニ於テ更ニ發議ヲ爲シ成規ノ贊成ヲ得テ議

題トナルハ格別ナリ而ソ第二十五條ノ場合ニ於テハ即チ後會ニ繼續セシムルノ必要アリテ委員ニ調査セシムルモノナレハ是レ本條ノ吸除ケト爲ス所以ナリ

第三十六條　閉會ハ勅命ニヨリ兩議院會合ニ於テ之ヲ擧行スヘシ

（説明）本條ハ閉會ノ式ヲ定メタルモノニシテ開會ノ式ト同一ナリ故ニ説明ヲ要セス開會ノ式ヲ定メラレタル本法第五條ノ説明ヲ看ル可シ

第七章　秘密會議

第三十七條　各議院ノ會議ハ左ノ場合ニ於テ公開ヲ停ムルヿヲ得

一　議長又ハ議員十人以上ノ發議ニ由リ議院コレヲ可決シタ

ル時

二　政府ヨリ要求ヲ受ケタル時

（說明）本條ハ議院ノ公開ヲ停ムルヲ得ル場合ヲ規定シタルモノナリ而ソ其如何ナル事件ニ在テ公開ヲ停ムヘキヤハ事件ノ性質ニ依ルモノニシテ之レカ判斷ハ議院ノ決定スル所ニアリ今歐米ノ例ニ於テ考フルニ或ル議員ノ身上ニ係ルカ如キ又ハ公衆ノ傍聽ヲ許ストキハ狡猾漢ノ詐術ヲ行フノ手段トナルカ如キコアリ即チ或ル租稅法ヲ行ハントスルニ當リテハ即時ニ施行スルヲ要スルモノアリ此レ等ニ付テハ秘密會議トセサルヘカラサルナリ

其秘密會議ト爲スヲ要シ公開ヲ停ムルヲ得ルハ本條第二三項ノ場合ニ限ルモノナリ

（問）第二項ニ依レハ議長ハ一人ノ發議ヲ以テ議題トナシ議員ハ十人以上ノ發議ニ非レハ議題トナラサルカ如シ議長ト議員トハ其レ如此懸隔ノアルヘキヤ

（答）議長ト議員トハ發議權ニ付テハ同等ナルヘク議長ノ意見ナリ故ニ議員十人以上ノ同意ニ價スト云フカ如キハ事理ニ反スルノ議リヲ免レサルカ如シ若シ議長ノ意見ハ議員十人以上ノ同意ナル發議ニ價ストセハ議長一人ノ議決投票ハ議員十人ノ投票ニ同シト云ハサルヲ得ス豈如此ノ理アランヤ然リト雖𪜈本條ノ斯ク規定シタル所以ノモノハ他ニ理由ノ存スルアレハナリ即チ議長ハ先ツ議員中經驗アリ學識アル諸事ニ熟達ノ士ト云ハサルヲ得ス且ツ議會ヲ整理スルノ任アルモノナレハ此レ等ノ事件ニ於テハ輕卒ニ失セス大ニ其當ヲ得ルモノト云ハサ

ルヲ得ス然レ𪜈議案ヲ決定スルノ投票權ニ至テ決シテ議員ノ十票ニ價スルト云フモノアラス反之議員ニ於テハ或ハ一時ノ情ニ制セラレ深ク注意セサル發議ナキヲ期セス故ニ十人以上ノ發議ニ依ルト爲シタルモノトス

第二項ノ政府ヨリ要求ヲ受ケタルトキト云フハ多クハ議案ノ性質ニヨルモノナレハ又以テ公開ヲ停ムルノ要アルヤ必セリ

第三十八條　議長又ハ議員十人以上ヨリ秘密會議ヲ發議シタルトキハ議長ハ直チニ傍聽人ヲ退去セシメ討論ヲ用井スシテ可否ノ決ヲ取ルヘシ

（説明）本條ハ前條ヨリ生スル結果ニシテ別ニ説明ヲ要セス只玆ニ一言ヲ加フヘキハ討論ヲ用井スシテ可否ノ決ヲ取ルトアル是レナリ凡テ議案ハ討論ヲ用井サレハ完全ノ決ニアラスト雖𪜈本

條ノ秘密會議トナスヤ否ニ付テハ之ヲ審議スルニ於テハ從テ如何ナル理由ニヨリ公開ヲ停ムルヲ要スルトカ如何ナル事情アリ公開ヲ停ムルノ要アリトカ自然其事實ヲ述ヘサルヲ得サルカ故ニ終ニハ秘密會ト爲ス前ニ一般ノ知ル所トナルノ恐レアリ故ニ發議アリタルトキハ直チニ傍聽人ヲ退去セシメ以テ討論ヲ用井ス議員内心ノ判斷ニ由リテ可否決ヲ取ルモノナリ

第三十九條　秘密會議ハ刊行スルヿヲ許サス

（説明）本條ハ文字上ヨリ見レハ其解ニ苦マサルヲ得スト雖ヒ其旨趣トスル處ハ明カナリ即チ秘密會議ニ於テ議シタル模樣及ヒ其事柄ハ刊行シテ世ニ公ニスルヲ許サストスフニアリ此レ自然ノ道理ニシテ前條ニ述フル如ク已ニ傍聽ヲ禁スルモノナレハ文書ヲ以テ公ケニ爲スモ亦禁スヘキハ勿論ナリ若シ之ヲ許ス

𪜈ハ傍聽ヲ許スモ亦妨ケアラサルヲ以テナリ

（參照）然リト雖𪜈秘密ニ爲スヲ要スルヿモ時機アルヿナレハ若シ其時機ヲ過キ公ケニ爲スモ妨ケナキニ至ラハ之レヲ刊行スルハ敢テ禁スヘキコトニアラサルコト歐洲學者ノ論說タリ

第八章　豫算案ノ議定

第四十條　政府ヨリ豫算ヲ衆議院ニ提出シタル𪜈ハ豫算委員ハ其院ニ於テ受取リタル日ヨリ十五日以內ニ審査ヲ終リ議院ニ報告スヘシ

（說明）豫算ノ議案タル其影響ヤ重大ニシテ其事ヤ細密ニ涉リ一見シテ其當否ヲ知リ得ヘキニアラサレハ審査ヲ要スルハ自然ナリ何トナレハ若シ輕々ニ議決スルヿアリトセンカ政府ノ提出シタル額ヲ増加スルモ減少スルモ其實際ニ適當ヲ得サレハ大ナ

ル不幸ヲ釀生スルニ至ラン何トナレハ妄リニ政府ノ豫算額ヲ減少スルニ於テハ政府ハ爲メニ政務ヲ執ル能ハサルニ至ラン是レ人民ノ不幸ト云ハサルヲ得ンヤ又反之妄リニ增額セントスルカ其財源ハ人民ノ租稅ニヨルノ外アラサルヘシ是亦人民ニシテ之レカ負擔ニ堪フルヤ否ヤハ最モ能ク考案ヲ費サヽルヘカラス是レ委員ノ審査ヲ要スル所以ナリ

第四十一條　豫算案ニ付キ議院會議ニ於テ修正ノ動議ヲ發スルモノハ三十人以上ノ贊成アルニ非サレハ議題ト爲スコヲ得ス

（說明）第二十九條ノ規定ニヨレハ凡テ議案ヲ發議シ及ヒ議院ノ會議ニ於テ議案ニ對シ修正ノ動議ヲ發スルモノハ二十人以上ノ贊成アルニ非レハ議題ト爲スコトヲ得ストアリ然ルニ本條ニハ三十人以上ノ贊成アルニ非サレハ云々トアリ夫レ此ノ兩條ノ

間此ノ如キ差異アルハ何等ノ理由アリテ然ルヤ少シク解釋ニ苦マサルヲ得ス第二十九條ヲ說明スルニ方リ二十八以上ノ贊成アルヲ要シ而メ後議題トナスヌラ其數多キヲ感シタル所ナリシカ其理由ニ至ッテハ大ヒニ存スルヿヲ信シタレトモ本條ハ猶十八ヲ加ヘテ三十八以上トセラレタリ思フニ豫算議案ノ如キハ他ノモノニ比スルニ一層重大ナルモノニシテ最モ愼重ヲ加フヘキモノナレハ輕忽ノ間ニ粗議速了ナキヲ要スル故ナリ

第九章　國務大臣及政府委員

第四十二條　國務大臣及政府委員ノ發言ハ何時タリトモ之ヲ許スヘシ但シ之カ爲メニ議員ノ演說ヲ中止セシムルコトヲ得ス

（說明）本條ニ於テ國務大臣及政府委員ノ發言ハ何時タリトモ之ヲ許

ス所以ハ議案ヲ提出シタルモノハ政府ナリ國務大臣ナリ故ニ其議案ノ主旨ヲ誤リテ議決スルヿナキヲ要スルニヨリ何時ニテモ發言ヲ許スノ要アルモノナリ然レ𪜈之カ爲メ議員ノ演說ヲ中止セシムルヿハ爲スヲ得ス何トナレハ國務大臣及政府委員ノ發言スルハ必竟スルニ議院ニ向ッテ議案ノ精神ヲ辨明シ其議案ノ調製ハ事實ニ適當ナルヿヲ告クルニ過キサルモノナレハナリ

政府委員トハ府縣會ニ於テ番外ト云フト同シク政府ノ代人トシテ議案ノ辨明ニ任スルモノナリ

第四十三條　議院ニ於テ議案ヲ委員ニ附シタルトキハ國務大臣及政府委員ハ何時タリトモ委員會ニ出席シ意見ヲ述フルヿヲ得

（說明）本條ハ前條ト同一ノ意ニ出テタルモノナリ只議會ト委員會ト

ノ差アルノミ故ニ別ニ説明ヲ要セス前條ノ説明ヲ參觀スヘシ

第四十四條　委員會ハ議長ヲ經由シテ政府委員ノ説明ヲ求ムルコトヲ得

（説明）委員會カ議案ニ付不明了ナルヿアルニ當リ政府委員ニ向ヒ説明ヲ求ムルヲ得ヘキハ勿論ナリ政府委員ノ職務トシテ説明スヘキモノナリ然ルニ議長ヲ經由シテトアルハ若シ委員會ヨリ直接ニ質議ヲ爲シ政府委員直接ニ答辨ヲ爲サシムルトキハ或ハ語勢ニヨリ論方ニ從ヒ過激ノ問答トナルノ患ヒナキニアラサレハ議長之レカ取次ヲ爲スモノナリ此ノ質問者ト答辨者ノ間ニ一場ノ紛爭ヲ起スコトハ往々アル處ニシテ爲メニ議會ト政府トノ間ニ軋轢ヲ生スルヿナキニアラス此レ本條アル所以ナリ

第四十五條　國務大臣及政府委員ハ議員タルモノヲ除ク外議院ノ會議ニ於テ表決ノ數ニ預カラス

（說明）本條ハ國務大臣及政府ノ委員ハ同時ニ議員タルノ資格ヲ兼攝スルニアラサレハ議院ノ議會ニ於テ表決ノ數ニ預カラストアルハ說明ノ勞ヲ取ルノ要ナシ即チ國務大臣及政府委員ノ發言ハ啻ニ辨明ヲ爲スニ過キサレハナリ然レ𪜈議員タルノ資格ヲ有スルモノハ其資格ニ於テ表決ノ數ニ預カルモノトス

國務大臣及政府委員タルモノニシテ議員タルノ職ヲ兼ヌルハ議院內閣ノ制ニ於テ最モ必要ナル制ナリ何トナレハ議院中ニハ各其主義トスル處ニヨリ政黨アルハ立憲政度ノ骨子ニシテ此ノ勝敗如何ハ一ニ人民ノ意望ニ依ルモノナレハ人民ノ意思ヲ得議院ニ於テ多數ノ同意ヲ占メタル者之カ勝トナリ以テ現

內閣ニ交代スルハ此レ一般人民ノ輿望ナレハナリ即チ其輿望ヲ得タル者代ツテ內閣ヲ組成スルモノナレハ其內閣ヤ議員タルノ資格ヲ有シ國民ノ輿望ニ副フヘキヲ要ス是レ國務大臣及ヒ政府委員ニシテ議員タル所以ナリ我邦本條ニ於テ始メテ此制アルヲ見ルニ至レルナリ

（參照）行政官ニシテ議員タルノ職ヲ兼攝スルノ制タル歐米諸國多少異ナル所アリ今之ヲ畧述スルハ裨益ナキニアラサルヘシ而メ行政ノ官吏ヲ稽留シテ議員ヲ兼ヌルヲ得セシメサルニ至ツテハ多少ノ辨論ナキヲ得ス行政ノ官吏ヲ稽留シテ議員ノ職ヲ兼ヌルヲ得セシメサルハ北米聯邦ノ憲法ヨリ嚴ナルハナシ聯邦ノ國憲第一條第六節ノ末文ニ曰ク凡ソ聯邦ノ行政官タルモノハ皆兩院ノ議官ヲ兼攝スルヲ得スト之ヲ釋スルモノ曰ク議官

ヲシテ其良徳ヲ養ハシメ随テ議政官ノ獨立ヲ維持セント欲シテナリト是レ果〆正當ノ理由アルカ甚タ疑ナキ能ハス英國ノ憲法ハ即チ然ラス毎ニ内閣ノ諸員若シクハ爾餘ノ行政官ヲシテ議官ヲ兼攝スルヲ得セシメ未タ曾テ之レヲ禁セサルノミナラス又或ハ之ヲ慫慂スルモノヽ如シ但タ議官ニシテ新タニ行政官職ノ任ヲ受クルモ一タヒ之レヲ受ケハ直チニ議官ノ職ヲ去リ再ヒ議官ニ撰擇セラルヽニアラサレハ之ヲ兼攝スルヲ得ストアリ此制誠ニ便宜ヲ得ルカ如シ蓋シ先ツ行政ノ官職ヲ帶ヒ後チニ議官ノ職ニ就クハ其屬望ヲ損スルノ虞ナキモ先ツ議官ノ職ヲ帶ヒ後ニ行政ノ官ニ就クハ少シク其良徳ヲ損スルノ嫌ナキニ非サレハナリ思フニ某々行政ノ官吏ヲシテ代議ノ官職ヲ兼攝スルヲ得セシムルハ議政行政ノ二官ヲシテ其併進共

行ノ途ヲ得セシメ政治ノ運行ヲ圓滑ナラシムル者ナルヲ知ル

第四十六條 常任委員會又ハ特別委員會ヲ開クトキハ每會委員長ヨリ其主任ノ國務大臣及ヒ政府委員ニ報知スヘシ

(説明)本條アル所以ノモノハ主任ノ國務大臣及政府委員ハ其委員會ニ臨席シ意見ヲ述フルヿヲ得ルモノナレハ議案ノ必要ニヨリテハ説明ヲモ要スヘク又委任會モ主任ノ國務大臣及政府ノ委員ニ辨明ヲ要ムルヿヲ得レハ共ニ必要アルヲ以テナリ

第四十七條 議事日程及議事ニ關ル報告ハ議員ニ配付スルト同時ニ之レヲ國務大臣及政府委員ニ送付スヘシ

(説明)議員ト國務大臣及政府委員トハ議事上ニ付相關係ヲ有スルヲ以テ一方ニ於テ知ルヲ要スルヿハ又一方ニ於テ之レヲ知ラサルヘカラス是レ本條アル所以ナリ

第十章　質問

第四十八條　兩議院ノ議員政府ニ對シ質問ヲ爲サムトスルトキハ三十人以上ノ贊成アルヲ要ス
質問ハ簡明ナル主意書ヲ作リ贊成者ト共ニ連署シテ之ヲ議長ニ提出スヘシ

（說明）本條ハ兩議院ノ議員政府ニ對シ質問ヲ爲シ得ル場合及ヒ其質問ヲ爲スノ方法ヲ示シタルモノナリ然ルニ本條ニ云フ質問トハ如何ナルヿヲ云フヤ議案ノ不明ナル廉ヲ質問スルモノナレハ何ソ三十人以上ノ贊成アルヲ要センヤ且ツ議案ニ付テノ質問即チ辨明ヲ求ムルニハ政府ノ委員モアリ又國務大臣モ議會ニ出席スルヿアレハ何ソ政府ニ向ツテ爲スヲ要センヤ然ラハ本條ノ質問ハ如何ナルヿヲ云フヤ曰ク政府施政ノ主義針路ニ

付キ質問スルヲ要スルヿアルトキ之レヲ爲スモノナリ故ニ各議員銘々一己ノ意見ニ由リ質問ヲ爲スヲ得セシムルトキハ政府一々之ニ答ヘサルヲ得ス豈其煩ニ堪ユヘケンヤ且各議員銘々ノ意見ニヨリ質問ヲ許ストキハ或ハ些末ノ事項ニ渉リ或ハ不用ノ問ヲ起スナキニアラス故ニ重要ナルヿニシテ議員ノ三十人以上ノ賛成アルカ如キハ以テ重要ナル質問ナルヿヲ知ルニ足ルヘケレハ本條ニ斯ク定メタルモノナリ

第四十九條　質問主意書ハ議長之ヲ政府ニ轉送シ國務大臣ハ直チニ答辨ヲ爲シ又ハ答辨スヘキ期日ヲ定メ若シ答辨ヲ爲サヽルトキハ其理由ヲ示明スヘシ

（說明）議長ハ議員ノ代表者ナリ故ニ之ヲ取次キテ政府ニ轉送スルノ手續ヲ爲スモノナリ而メ之レカ答辨ヲ爲スヘキ國務大臣ハ其

事ノ煩雜ナラサルトキハ直チニ答ヲ為シ若シ其事柄取調ヲ要スルヿアリテ直チニ答辨スルヲ得サルトキハ期日ヲ定メテ答辨ヲ為スヘク若シ又事秘密ニ係リ答辨スルヲ得サルトキハ之レヲ為サヽルヘシ然シナカラ唯タ理由ナク答辨ヲ拒ムヿヲ得サレハ必ス如何ナル理由ノアルアリテ答辨セサル旨ヲ明カニ示サヽルヘカラス例ヘハ事外交上ニ係ル所ニシテ妄リニ之ヲ公ケニセハ施政ノ障碍トナルコトアルカ如キハ之レカ答辨ヲ為サヽルコトモアルヘケレハナリ

第五十條　國務大臣ノ答辨ヲ為サヽルトキハ質問ノ事件ニ付議員ハ建議ノ動議ヲ為スヿヲ得

（説明）前條ニ於テ説明シタルカ如ク國務大臣ハ答辨シテ差支ナキヿハ答辨スヘク若シ答辨スヘカラサルモノト思惟スルトキハ答辨

ヲ爲サヽルヿアリ此ノ塲合ニ於テ議員ハ假令答辨ヲ得ルモ之ニ滿足セサルヿモアルヘク又其答辨ヲ爲サヽルハ不當ナリト思考スルコトモアラン然ルトキハ其質問ニシテ重要ナリトスルニ於テハ强テ答辨ヲ得ンカ爲メ建議センコトノ動議ヲ爲スヿヲ得之レ政府ノ專横ノ處分アルヲ防クモノニシテ議員ハ國務大臣ノ專恣ニ屈セサルノ權アレハナリ

第十一章　上奏及建議

第五十一條　各議院上奏セントスルトキハ文書ヲ奉呈シ又ハ議長ヲ以テ總代トシ謁見ヲ乞ヒコレヲ奉呈スルヿヲ得

各議員ノ建議ハ文書ヲ以テ政府ニ呈出ス可シ

（説明）本條ハ一讀シテ其意ヲ解スルヲ得ヘケレハ茲ニ説明ヲナスノ要ヲ見サルナリ

第五十二條　各議院ニ於テ上奏又ハ建議ノ動議ハ三十人以上ノ賛成アルニアラサレハ議題ト爲スコトヲ得ス

（說明）本條モ亦其事ノ重大ナルモノナレハ輕々ニ附スヘカラサルカ故ニ三十人以上ノ賛成アルヿヲ要スルナリ

第十二章　兩議院關係

第五十三條　豫算ヲ除クノ外政府ノ議案ヲ付スルハ兩議院ノ内何レヲ先キニスルモ便宜ニ依ル

（說明）本條ハ最モ注意ヲ加ヘテ研究セサルヘカラサルノ條ナリ何トナレハ貴族院ト衆議院トハ如何ナル關係アルヤ其權限ノ上ニ付テ差異ナキヤ又其差異アルヲ要セサルヤノ疑問アレハナリ先ツ本條ヲ見ルニ豫算ヲ除ク外政府ノ議案ヲ附スルハ兩議院ノ内何レヲ先キニスルモ便宜ニ依ルトアリ是レニ依テ之ヲ見

レハ貴族院ト衆議院トハ共ニ同等ノ權力ヲ有シ偏重偏輕ノ不權衡ナキヤ明カナリ即チ其性質ニ於テモ均シク立法ノ權ニ預カルモノナレハ同位同等ノ關係ナリトス故ニ議案ヲ政府ヨリ付スルニ付テモ何レヲ先キニシ何レヲ後チニスルノ定メナク便宜ニ依ルモノナリ

然レ𪜈只タ豫算ノ案ニ付テノミ衆議院ニ先キニ付スルモノナリ此レ何等ノ理由ニヨリ豫算案ノミヲ別ニシタルヤト云フニ豫算ハ政府ノ經費ニ付キ歳入歳出ヲ定ムルモノナレハ之レカ增減ハ一々人民ノ負擔ニ歸スルモノナリ故ニ最モ愼重ヲ加ヘサルヘカラス而ソ其議案ヲ付スルニ方リ先後スルカ爲メ如何ナル差異ヲ生スルヤヲ考フルニ始メニ甲議院ニ於テ决シタルヿハ隱然乙議院ノ議會ニ勢力ヲ有スルハ自然ノ有樣ナリ故ニ

之レカ先後ハ又多少ノ利害ナキニアラサルナリ故ニ本條ニ於テ豫算ノ議案ノミハ兩議院中何レヲ先キニスルモ便宜ニ依ルト云フノ取除トナシタルモノナリ

而ソ此豫算案ニ限リ衆議院ヲ先キニスルハ衆議院ハ一般國人ヲ代表スルモノナリ其議案ハ一般人民ノ負擔ニ歸スル最モ重大ナル直接ノ影響アルモノナレハナリ

豫算案ヲ除ク外ノ議案ハ一般人民ノミ直接ノ關係アルモノニアラス且ツ兩議院ハ開會閉會トモ同時ニ於テシ同等ノ權限ニヨリ議決スルモノナレハナリ若シ一方ノ議院ヨリ先キニ付スルモノトセハ一議案ヲ議決スルヲ俟タサレハ他ノ議院ハ之ヲ着手スルコトヲ得ス其間手ヲ空クシテ議決ヲ俟タサルヲ得サルノ不都合アリ又後チニ付セラルヽ議院ハ是非トモ議了スル

ノ日ニ於テ後レサルヲ得ス此ノ時ニハ初メニ議了シタル議院ハ又空シク其議了ヲ俟タサルヲ得ス然ラハ則チ開會閉會モ同時ニ爲サントスルモ能ハサルヘキナリ(同時ニ開會スルモ議論ノ多少ニヨリ多少ノ遲速ナキニアラス)故ニ一方ノ議院ニ於テ議スヘキ事件夥多ナルトキ又ハ其他ノ便宜ニヨリ何レヲ先キニスルモ可ナリトスル所以ナリトス

(參照)歐洲各國ノ制ヲ案スルニ概シテ凡テノ議案ハ下院ヲ先キニシ先ツ下院ニ於テ議決シタルモノヲ上院ニテ再議スルモノナリ此レ上院ハ下院ノ議決シタル所ニ誤リナキヤ輕卒ノ議決ニ出テ粗漏ノ事アラサルヤ等ニ付下院ヲ監査スルノ性質アルヲ以テナリ然ルニ日本ニ在テハ貴族院モ衆議院モ同性質ヲ有シ同等ノ權力ヲ持チテ議決スルモノナリ

第五十四條　甲議院ニ於テ政府ノ議案ヲ可決シ又ハ修正シテ議決シタルトキハ乙議院ニ之レヲ移スヘシ乙議院ニ於テ甲議院ノ議決ニ同意シ又ハ否決シタルトキハ之ヲ奏上スルト同時ニ甲議院ニ通知スヘシ

乙議院ニ於テ甲議院ノ提出シタル議案ヲ否決シタルトキハ之ヲ甲議院ニ通知スヘシ

（說明）本條第一項ハ政府ヨリ提出シタル議案ヲ議決ニ付テ其結果ヲ先キニ議決シタル議院ニ後ニ議決シタル議院ヨリ通知スルノ手續ヲ定メタルモノナリ

第二項ハ其院ニテ提出シタル　案ヲ後ニ議シタル議院ヨリ其議決ノ結果ヲ通知スルヿヲ云フナリ

右ハ皆一方ノ議院ハ他方ノ議院カ如何ナル議決ヲ爲シタルカ

ヲ互ニ知ルヿヲ要スレハナリ

第五十五條　乙議院ニ於テ甲議院ヨリ移シタル議案ニ對シ之ヲ修正シタルトキハ之ヲ甲議院ニ回付スヘシ甲議院ニ於テ乙議院ノ修正ニ同意シタルトキハ之ヲ上奏スルト同時ニ乙議院ニ通知スヘシ若シ之ニ同意セサルトキハ兩院協議會ヲ開クコトヲ求ムヘシ

甲議院ヨリ協議會ヲ開クコトヲ求ムルトキハ乙議院ハ之ヲ拒ムコトヲ得ス

(說明)本條ハ長文ナレ𪜈其意ハ一讀スレハ明カナリ唯タ手續キヲ定メタルニ過キサルナリ而ヽ第二項ニ云フ協議會ナルモノハ兩院ノ議決ニシテ全ク相反スルトキハ到底協議會モ其効ヲ奏セサルヘキモ僅カニ意見ヲ異ニシ或ハ一歩ヲ讓リテ其議決ヲ修

正スルトキハ完全ノモノトナルナキニアラズ故ニ如此トキハ兩議院ニテ議決シタル二樣ノコトヲ上奏センヨリ大ヒニ實際ニ適シ便宜ヲ得ルコトアレハナリ故ニ第二項ニ於テ此ノ事ヲ規定シタルナリ故ニ協議會ヲ開クコトヲ求メラレタル乙議院ハ之レヲ拒ムコトヲ得ス成ルヘク相調和シテ一定ノ議決ヲ得ンコトヲ希望スレバナリ

第五十六條　兩議院協議會ハ兩議院ヨリ各々十人以下同數ノ委員ヲ選擧シ會同セシム委員ノ協議案成立スルトキハ議案ヲ政府ヨリ受取リ又ハ提出シタル甲議院ニ於テ先ツ之レヲ議シ次ニ乙議院ニ移スヘシ

(説明)本條第一項ハ協議委員ノ員數及協議案議決ノ順序ヲ定メタルモノナリ而シテ兩議院ヨリ各々十人以下ノ同數ノ委員ヲ出サシ

ムルハ余リ委員ノ數多キトキハ協議多岐ニ亘リ協議ノ整ハズシテ徒ラニ時日ヲ費スノ患アレバナリ其同數ヲ選擧スルハ權力ヲ平等ナラシムルニアルノミ又先キニ政府ヨリ受取タル議院又ハ始メニ提出シタル甲議院ニ於テ先ツ議セシムルハ順序ノ自然ナレハナリ

第二項協議會ニ於テ成立シタル成果ニ對シテハ更ラニ修正ノ動議ヲ爲スヲ許サヽルハ若シ之レニ動議ヲ許ストキハ協議會ヲ開キテ成案シタルモ無効ニ歸シ徒勞ニ屬スルノ恐レアリ且ツ如此ナルトキハ最初ノ議案ヲ再議セシムルト同一ノ結果トナレハナリ故ニ唯タ其ノ可否決ヲ爲スニ止ムルモノトス即チ之ヲ換言スレハ協議會ニテ成立シタル成案ハ可ナルヤ否ヤヲ全躰ニ付テ議決スルモノナリ

第五十七條　國務大臣政府委員及各議院ノ議長ハ何時タリ𪜈兩院協議會ニ出席シテ意見ヲ述フルコトヲ得

（説明）本條ハ別ニ説明ヲ要セス其意見ノミヲ述フルヲ得ルコトハ以上已ニ述ヘタル處ナレハ茲ニ複説セス

第五十八條　兩議院協議會ハ傍聽ヲ許サス

（説明）協議會ハ即チ相談會ナリ議會ト其性質ヲ異ニスルモノナリ故ニ其議事ニ於テモ規律ノ嚴正ナルコト通常議會ノ如クナラサルヘシ且ツ公衆ノ傍聽ヲ許ストキハ熟談スルノ妨ケトナルナキニアラサレハナリ

第五十九條　兩議院協議會ニ於テ可否ノ決ヲ取ルハ無名投票ヲ用ヒ可否同數ナルトキハ議長ノ決スル所ニ依ル

（説明）凡ソ採決ノ方法ニ二種アリ投票ニ依ルト起立ニ問ト是レナリ

而シテ投票ニ亦二種アリ一ヲ記名投票ト云ヒ一ヲ無名投票ト云フ本條投票法ヲ以テ可否ヲ取ルモノト爲シタルハ其委員小數ナルカ故ニ起立ニ問フハ齊一ナラサルト他人ノ起立ニ雷同スルアルヲ以テナリ

又投票決ト爲シ以テ無名投票ト爲シタルハ是レ又人情ニ制セラルヽノ弊ヲ防キ獨立ノ意見ヲ執ラシメンカ爲メナリ何トナレハ若シ記名投票トナストキハ己レノ贊成スル議ニ自己ノ氏名ヲ記シテ投票スルモノナレハ何ノ誰ハ何レノ議ニ投票セリ彼レハ平民主義ヲ有スルモノナリトカ或ハ彼レハ貴族院ニ阿ヲルモノナリトカ自カラ誹評ヲ受ルコトナキニアラス故ニ無名投票トセハ自由ニ己レノ信スル說ニ投票シ聊カ拘束セラルヽ處ナキカ故ニ貴族院ヨリ出タル委員ニシテ衆議院ノ主張ス

ル說ニ同意ヲ表シ衆議院ヨリ出タル委員ニシテ貴族院ノ有スル說ニ投票スル等公平ノ意見ヲ保持スルヿヲ得ルノ利益アレハナリ

第六十條　兩議院協議會ノ議長ハ兩議院協議委員ニ於テ各々一名ヲ互撰シ每度更代シテ席ニ當ラシムヘシ其初會ニ於ケル議長ハ抽籤法ヲ以テ之ヲ定ム

(說明)本條ハ兩議院ノ同等ナルヲ要シ其勢力何レニ偏スルモ弊ナキニアラサレハ之レヲ防カン爲メナリ實ニ公平ノ規定トス

第六十一條　本章ニ定ムル所ノ外兩議院交涉事務ノ規定ハ其協議ニ依リ之ヲ定ムヘシ

(說明)本條ハ兩議院關係ノ事項ニ付大躰ヲ定メタルニ過キスシテ些末ノ事柄ニ至リテハ一々漏サス定メタルニアラサレハ本章ニ

規定シタル外兩議院交渉ノ事務ナキヲ知ラス故ニ本條ニ於テ此ノ事ヲ定メタルモノナリ

第十三章　請願

（說明）人民請願ノ權利ハ已ニ憲法第三十條ニ由リ認許サレシ處ニシテ人民ハ之ニ由リ自由ニ其請願ヲ爲スヲ得然レ𪜈請願ノコトタル古來動モスレハ官吏ノ不利トナルモノ多キヲ以テ其厭忌妨碍スル處トナリ請願ノ書其徃處存亡ヲ知ラサルニ至ル者往々之レナシトセス於是乎其受理ノ塲處受理審議ノ手續等最モ嚴肅ニセサルヘカラス是レ特ニ本章ノ設ケアル所以ナリ

第六十二條　各議院ニ呈出スル人民ノ請願書ハ議員ノ紹介ニヨリ議院之ヲ受取ルヘシ

（說明）人民ノ請願書ヲ出タスハ之ヲ貴族院ニ於テスルモ衆議院ニ於

テスルモ其隨意ニシテ而シテ之ヲ出タスニハ其孰レニ於テス
ルニ論ナク其院議員ノ紹介ヲ求メ之ニ因リ呈出セサルヘカラ
ス否レハ議院ハ之ヲ受理セサルモノトス

（問）何故ニ議員ニ由リテ之ヲ呈出セシムルモノトセシヤ

（答）是レ請願ノ妄出ヲ防ク手段ノ一ノミ已ニ人民ニ請願ヲ許セハ
何人ノ請願ト雖モ之ヲ受ケサルヘカラストセハ若シ何人ニテ
モ直接ニ議院ニ呈出スルヲ得ルニ於テハ或ハ妄ニ不要ノ請願
ヲ爲シ或ハ望ムヘカラサルノ請願ヲ爲シ濫請妄願百出シテ議
院ハ殆ト應接ニ遑アラサルニ至ラン是ヲ以テ一々議員ノ紹介
ヲ要ストセハ彼レ或ハ之ヲ論シ或ハ之ヲ抑ヘ眞ニ請願ノ理由
トシテ價直アルモノニ非レハ議院ノ門ニ入ラサルニ至ラン請
願ノ法式ヲ定ムル煩ニ失スレハ請願ノ自由ハ其實ナキニ至ル

ト雖モ此法ノ如キハ亦極メテ必要ノモノト謂フヘキナリ

第六十三條　請願書ハ各議院ニ於テ請願委員ニ付シ之ヲ審査セシム

請願委員請願書ヲ以テ規程ニ合ハスト認ムルトキハ議長ハ紹介ノ議員ヲ經テ之ヲ却下スヘシ

(說明)本條ハ請願書受理不受理ノ手續ヲ定メシモノナリ各議院ハ豫メ請願委員ナルモノヲ設ケ請願書ノ呈出アルニ遇ヘハ之ニ附シテ審査ヲ爲サシム而シテ此委員ハ第二項ニヨリ之ヲ見ルニ其職權タル請願ノ採擇ス可キヤ否ヤヲ審査スルヲ得ルニ非スシテ單ニ其請願ノ規程ニ合スルヤ否ヤ即チ其受理ス可ヤ否ヤヲ單ニ審査スルモノナリ

此故ニ請願委員或ハ請願書ヲ審査シテ其規程ニ合ハスト認定

セルトキハ之ヲ議長ニ出タシ議長ヨリ之ヲ紹介セシ議員ノ手ヲ經テ其請願者ニ却下スルモノトス

請願書ニ關スル規程ハ別ニ規定セラルヽモノナリ

第六十四條　請願委員ハ請願文書表ヲ作リ其要領ヲ錄シ每週一回議院ニ披告スヘシ

請願委員特別ノ披告ニ依レル要求又ハ議員三十人以上ノ要求アルトキハ各議院ハ其請願事件ヲ會議ニ付スヘシ

（說明）請願委員ハ前條ノ手續ニヨリ請願書ヲ受領シ每週一回其週間ニ受理セシ請願ノ要領ヲ請願文書表ニ記載シ之ヲ議院ニ報告スルモノトス

請願委員特別ノ披告ニヨレル要求トハ想フニ請願ノ事件重大理由明白ニシテ眞ニ必要ノ請願ナリト認メシトキハ第一項ノ

法ニ依ラス特別ニ之ヲ報告シテ議院ノ會議ヲ要求スルモノナラン

議員三十人以上ノ要求アリシトキハ其多數ノ議員ノ同意ニヨリ請願ノ重要ナルヲ推測ス可キモノナリ

右二个ノ場合ハ各議院ハ其會議ヲ開キテ之ヲ議事ニ附スヘシ其會議ヲ開クヲ右二个ノ場合ニ制限セシハ妄ニ非理無要ノ請願ノ爲メニ煩ハサル丶コナキヲ欲シテナリ

第六十五條　各議院ニ於テ請願ノ採擇ス可キコヲ議決シタルトキハ意見書ヲ附シ其請願書ヲ政府ニ送付シ事宜ニヨリ報告ヲ求ムルコヲ得

（説明）各議院ハ前條二個ノ場合ニ於テ之ヲ討議シ遂ニ可決ヲ得テ採擇スヘキモノト爲シタルトキハ之ヲ政府ニ送附シ併セテ其之

ニ同意セル所以ノ意見ヲ附シ以テ請願ノ力ヲ強クシ政府ノ判斷ヲ助クルナリ而シテ事宜ニヨリテハ政府ノ之ニ關スル報告ヲ求ムルヲ得

（問）如何ナル場合ニ如何ナル爲メニ報告ヲ請求スルヤ

（答）是レ固ヨリ豫メ其場合ヲ明示スル能ハスト雖𪜈然レ𪜈其請願ノ重大ニシテ甚タ必要ナル場合ノ如キ是ナリ元來請願ハ其取舍採擇一ニ政府ノ隨意ニシテ我ヨリ之ヲ如何トモスル能ハサルモノナリ故ニ政府ハ之ヲ採用シテ之カ相當ノ處置ヲ爲スモ議院ニ報告スルノ義務ナシ故ニ今特ニ本條ヲ設ケ議院ニ與フルニ報告ヲ請求スルノ權利ヲ以テセルモノニシテ是ニ由リ政府ハ此場合ハ必ス報告ヲ爲サヽル可カラサルヿトナレリ議院已ニ請願ヲ賛成シ其採用斷行ヲ請求スレハ其政府ノ之ニ對ス

ル處置ヲ聞知セント欲スルハ事情ノ然ラシムル處ナルノミナラス議院ハ常ニ國家万般ノ事ヲ議スルモノナレハ其職ヲ盡クス爲メニモ亦之レカ爲メニ政府ノ改悛若シクハ施設セシ處アリヤ否ヲ知ルノ必要アリ本條ハ蓋シ是カ爲メノミ

第六十六條　法律ニ依リ法人ト認メラレタル者ヲ除ク外總代ノ名義ヲ以テスル請願ハ各議院之ヲ受クルヿヲ得ス

(說明)法人トハ或ル一團躰ノ法律ヨリ無形ナル一人ト看做サレ恰モ通常人ノ如ク權利ヲ有シ義務ヲ負ヒ得ル者ニシテ府縣ノ如キ町村ノ如キ商事諸會社ノ如キ是ナリ是等法人ハ例ヘハ某府某縣或ハ某會社ノ名義ヲ以テ請願スルモ議院ハ之ヲ受クルヲ得ルモ通常人民多數ノ總代ノ名義ヲ以テセル請願ハ之ヲ受クルヲ得サルナリ

(問)何故ニ總代ノ名義ヲ以テスルモノハ受クルヲ許サヽルヤ

(答)是レ他ナシ多數ノ名ヲ假リ以テ世ヲ欺キ政府ノ情ヲ動カサントスル奸策ヲ斷ツモノナリ例ヘハ何某外何百人總代何某ト書スルモノヽ如キ果シテ何百人ノ人アリテ其請願ヲ爲セルモノナリヤ得テ知ルヘカラス故ニ奸曲ノ徒妄リニ之ヲ行ヒ其私ヲ成サントスルナキヲ保セス是レ此禁止アル所以ナリ由是觀之假令ヒ總代ニ由リテ呈出スルモ其人名ヲ盡ク連署シ便宜ノ爲メ一人ヲ總代トシ之ヲ呈出セル片ハ議院ハ之ヲ受クルヲ得ルナリ

第六十七條 各議院ハ憲法ヲ變更スルノ請願ヲ受クルコトヲ得ス

(說明)憲法ノ變更トハ啻ニ條項ノ改正ノミニ非ラスシテ全躰ノ變更

ヲモ云フ此事タル已ニ憲法第七十三條ノ暗ニ禁セシ處ナリ是レ憲法改正ハ天皇ノ勅令ニ依ルモノニシテ帝國議會ト雖モ之レカ發案權ナシ況ンヤ人民ヨリ請願スル權ニ於テヲヤ夫レ憲法變更其者ニシテ已ニ禁止セラレタリトセハ其變更ノ如何ナル法規ヲ執ルモ如何ナル理由ニ據ルモ其請願タル聽許サル可キモノニ非ス即チ其請願ハ已ニ法禁ヲ犯セルモノナリ議院ノ之ヲ受クルヲ得サルヤ喋々ヲ須ヒサルナリ

第六十八條　請願書ハ總テ哀願ノ躰式ヲ用ウヘシ若シ請願ノ名義ニ依ラス若ハ躰式ニ違フモノハ各議院之ヲ受クルヿヲ得ス

(説明)執行權其權力ニヨリ政務ヲ施設スルニ一人民其改易加除ヲ希望スルハ則チ不可ナシト雖モ其希望ヲ達セント欲セハ哀願歎請ノ途ニ由ルヘキハ地位性質ニ於テ然ラサルヲ得ス故ニ憲法

ニ於テ請願ノ自由ヲ認許サル丶モ同時ニ相當ノ敬禮ヲ守リ所定ノ成規ニ從フヘキヲ命セラレタリ本條ハ是ニ因テ請願ハ哀願ノ躰式ヲ用フヘキヲ定メ請願ノ名義ニ依ラス若シクハ其躰式ニ違フモノハ議院之ヲ受クルヲ得ストセリ是レ實ニ至當ノ規定ニシテ不敬不恭妄リニ執行權ノ施設ヲ改易セントスルハ已ニ請願ノ性質ヲ失ヘルモノニシテ議院ハ固ヨリ之ヲ受クヘカラス

（參照）リーパー曰ク何等ノ請願ト雖モ腕力ヲ以テ之ヲ要スルノ行爲アルヘカラス若シ之レアラン乎是レ已ニ請願ニ非ス實ニ腕力ヲ以テ人ヲ强迫スルモノナリト猶信ナリ

第六十九條　請願書ニシテ皇室ニ對シ不敬ノ語ヲ用ヒ政府又ハ議院ニ對シ侮辱ノ語ヲ用井ルモノハ各議院之ヲ受クルヿヲ得

ス

（說明）前條ハ其名義及躰式上ヨリ議院ノ受理スベカラサルモノヲ定メ本條ハ其言語上ヨリ受理スヘカラサルモノヲ定メタリ已ニ請願ト云ヒ而シテ皇室即天皇及ヒ各皇族ニ對シ不敬ノ語ヲ用ヒ又ハ政府議院ヲ侮辱スルモノハ名實相副ハサルモノナリ好シヤ其事ハ請願スル處アルニモセヨ此ノ如キ語ヲナスハ長上ニ向テ請願スル所以ニ非ス誰レカ之レヲ受理スルヲ甘ンセンヤ誰レカ受理スルヲ許サンヤ

（問）是等ハ固ヨリ刑法ノ制裁ヲ免レサルモノナラン

（答）余ハ未タ遽カニ此問ニ答フル能ハスト雖モ竊ニ想フニ已ニ請願ヲ許サレタレハ其言語ノ不敬ヲ咎メ之ヲ責罰スルヿナカルヘシ英國臣民權利ノ法章第五條ニ曰ク國王ニ對シ請願ヲ爲ス

ハ英國臣民ノ權利トス其請願ノ故ヲ以テ收監糺治スルハ違法ノ措置トストセハ豈美ナラスヤ我國ト雖モ豈俄ニ英國ニ劣ルヘケンヤ

第七十條　各議院ハ司法及行政裁判ニ干預スルノ請願ヲ受クルヿヲ得ス

（說明）司法裁判及行政裁判ニ關シテ何等ノ請願ト雖モ議院ハ之ヲ受クルヲ得ス何トナレハ是レ元來請願スルヲ要セス請願ノ理由ナキモノナレハナリ

行政裁判ニ就テハ我國未タ成法アラサレハ之ヲ詳述スル能ハスト雖モ司法裁判ノ如キ已ニ一定ノ法律アリ之ニ依遵シテ裁判スルモノニシテ而シテ司法權ハ何人ト雖モ之ヲ侵犯スルヲ得サレハ此裁判ニ關シテハ假令ヒ之ヲ請願スルモ執行權ハ之

ヲ如何トモスルヿナシ然ラハ則請願スルモ何ノ用アランヤ況ヤ司法裁判所ハ數階アリテ初審ノ裁判ニ不服ナレハ之レカ再審ヲ上級裁判所ニ求ムルヲ得猶法律ノ解釋ヲ誤レリトセハ之ヲ大審院ニ訴フルヲ得執行權ヲシテ之ヲ動カスノ力アラシムルモ何ソ必スシモ俄ニ奔リテ之ヲ訴ヘン本條ノ禁實ニ之ニ因ル

行政裁判所ノ制未タ定ラストト雖モ各國ノ制ヲ見ルニ各段階アリ司法ノ裁判所ト同シク其不服ヲ上級裁判所ニ訴フルヲ得且又他ノ行政官吏ハ之ヲ動カスヲ得ス我國ニテモ亦之ニ異ナルナカルヘキナリ

第七十一條　各議院ハ各別ニ請願ヲ受ケ互ニ相干預セス

（說明）貴族衆議二院ハ各獨立セル一議院ニシテ共ニ請願ヲ受クルヲ

得各自前數條ニ記載セル法式ニ從ヒ之ヲ取扱ヒ兩院相干涉スルヿナカルヘキナリ

第十四章　議院ト人民及官廳地方議會トノ關係

(説明)本章全躰ニ就テハ別ニ説明スヘキモノナケレハ敢テ贅セス

第七十二條　各議院ハ人民ニ向テ告示ヲ發スルヿヲ得ス

(説明)議院ナルモノハ立法ノ職ヲ執ルモノニシテ單ニ政府若クハ自家ノ提出セル議案ヲ議決スルノミ之ヲ裁可公布シテ實地ニ執行スルハ執行權即チ天皇及政府ノ責務ニシテ又其職權ナレハ議院得テ之ヲ犯スヘカラス然ラハ則議院ハ其職務上人民ニ向テ告示ヲ發スルノ必要ナキノミナラス之ヲ爲スハ實ニ其職權ヲ踰越シテ執行權ヲ侵スモノナリトス故ニ本條ヲ置キ以テ執行立法二權ノ限界ヲ定メシナリ殊ニ議院ナルモノヽ性質ヨリ

觀來レハ本條ハ其實ニ之レナクシテ當然此ノ如クナルヘキモノナルヲ知ルヘシ何トナレハ議會ハ人民ノ代表者ニシテ人民自身ニ外ナラサレハ人民自ラ人民自身ニ向テ告示スルノ理ナケレハナリ

第七十三條　各議院ハ審査ノ爲メニ人民ヲ召喚シ及議員ヲ派出スルヿヲ得ス

（説明）各議院ハ諸種ノ議案ヲ受ケ之ヲ審査議決スルモノナレハ各所ニ關係ヲ生シ人民ヲ召喚シ若シクハ議員ヲ派出シテ審査スルノ必要ヲ感スルヿ最モ多カルヘシ然リ而シテ今本條ハ全ク之ヲ爲スヲ禁セリ蓋シ議會ハ議法ノ職ニ從フモノナレハ縱ヒ議事ノ爲メ必要ナリト雖モ人民ニ命令シ若シクハ議員ヲ派出シ隨テ人民ニ或ル命令ヲ下スノ已ムヲ得サルカ如キヿアルモ其

職權上爲シ得サル所ナリトス

（問）然ラハ則議院ハ其院內ニ於テ爲シ得ル審查ノ外之ヲ爲スヲ得ス此ノ如クシテ天下ノ法律ヲ議シ諸般ノ政令ヲ議セシメントスルハ不可ナルニ非スヤ

（答）然リ然リト雖𪜈只議院自ラ直接ニ人民ニ命令スル等ノ審查ヲ爲スヲ得サルノミ其方法ニ從ヒ之カ審查ヲ得ル所以アリテ存ス是レ本條ノ不當ニ非ル理由ナリ其方法トハ何ソヤ次條是ナリ

第七十四條　各議院ヨリ審查ノ爲メニ政府ニ向テ必要ナル報告又ハ文書ヲ求ムルトキハ政府ハ秘密ニ涉ルモノヲ除ク外其求メニ應スヘシ

（說明）本條ハ政府ノ議院ニ對スル義務ヲ定メ議院ヲシテ審查ノ便ヲ

得セシムルモノナリ

議院ハ或ル事件ノ審査ノ爲メニハ政府ニ向テ之カ報告又ハ文書ヲ得ンヿヲ請求スルヿヲ得政府ハ必ス之ニ應セサルヘカラス故ニ前條人民ニ向テ命令シ以テ審査スルヲ要スル場合ノ如キ又次條ノ諸官廳地方議會ニ照會シテ審査スルヲ要スル場合ノ如キ皆之ヲ其職權アル所ノ政府ニ請求シ之ヲシテ審査報告セシムルヲ得ヘキナリ

政府ハ此請求ニ應スルノ義務アリト雖𪜈其審査ニ不必要ナル報告又ハ文書ハ之ヲ與フルヲ拒ムヲ得ヘシ又其事ノ秘密ニ渉ルモノハ之ヲ拒ムヲ得然レ𪜈此ニ注意スヘキハ所謂秘密ニ渉ルモノトハ報告又ハ文書其物ノ性質上秘密ニスヘキモノニ限リ(例ヘハ外交ノ機密ニ關スルモノ又ハ軍機兵略ニ關スルモノ

ヽ如キ)政府カ自家ノ不利ヲ慮リ秘密ヲ希フモ是レヲ以テ本條ヲ主張シ其請求ヲ拒ムヲ得サルナリ

第七十五條 各議院ハ國務大臣及政府委員ノ外他ノ官廳及地方議會ニ向テ照會往復スルヿヲ得ス

(說明)本條ハ前已ニ說明セシ如ク議會ナルモノヽ職權上國務大臣及政府委員ノ外他ノ官廳即チ各省ノ如キ各地方廳ノ如キモノ及地方議會即チ府縣會市町村會等ノ如キモノニ向テ自ラ照會ヲ爲シ又ハ相往復スルヿヲ得ス是等ノ者ニ就キ審査ヲ要スルヿアレハ亦前條ノ法ニ從ヒ政府ヲシテ報告セシムヘキノミ已ニ第七十三條アリ今又本條アリ議院ハ國務大臣及ヒ政府委員ノ外外部ニ向テ自ラ調査ヲ爲スヲ得ス職權上ノ耳目ノ達スル所ハ僅々ナルノミ故ニ政府ハ前條ニ於テ務メテ常ニ議院ノ

請求ニ應シ詳悉ニ報告ヲ爲シ文書ヲ與ヘサルヘカラス是等小事ノ如シト雖モ凡ソ事ハ人々不用意ノ細點ヨリ破ルトセリ審査報告ノ如何ハ議院議決ノ如何ニ影響シ帝國議會ハ却テ其利ヲ見サルニ至ラン愼マサルヘケンヤ

第十五章　退職及議員資格ノ異議

(說明)本章ハ議員退職ノ塲合及ヒ議員ノ議員タル資格ニ就テ異議アリシトキ之ヲ審査議決スルノ法ヲ定メシモノナリ

第七十六條　衆議院ノ議員ニシテ貴族院議員ニ任セラレ又ハ法律ニ依リ議員タルコトヲ得サル職務ニ任セラレタルトキハ退職者トス

(說明)衆議院議員タル者ニシテ國家ニ勳勞アリ又ハ學識アリ若クハ各府縣ニ於テ多額ノ直接國稅ヲ納ムル商工業者ニシテ撰擧セ

ラレ天皇ノ勅ニヨリ貴族院議員ニ任セラルヽモノ亦應サニ少キニアラサルヘシ而シテ何人ニテモ同時ニ兩議院ノ議員タルコトハ憲法第三十六條ノ禁スル所ナレハ此ノ如キ場合ニ在テハ衆議院議員ノ資格ハ當然消滅シ衆議院ニ對シテハ退職者タルモノトス然レ圧固ト去就ハ束縛セラルヽコトナカルベケレハ勅任ヲ辭シ奉リテ猶衆議院議員タラント欲スルトキハ固ヨリ其者ノ隨意ニ任スヘキナルヘシ

法律ニヨリ議員タルコトヲ得サル職務トハ選擧法第九條ニ規定セル處ノ官吏即チ宮內官裁判官ノ如キ僧侶敎師等ノ如キ職務ニ付キシトキハ自カラ議員タルヘキ資格ヲ拋棄セシモノナリ已ニ議員タルヘキ資格ヲ拋棄スレハ安ンソ議員タルヲ得ソヤ當然退職者ト看做サルヽモノナリ然レ圧是レ又前項ト同シ

ク假令ヒ其任命アルモ之ヲ好マサレハ辭シテ猶議員タルヿヲ得ルヤ明カナリ然ルニ本條ハ已ニ其職ニ付キシモノハ議員ヲ退キタルモノト爲スト云フニアルナリ

第七十七條　衆議院ノ議員ニシテ撰擧法ニ記載シタル被撰ノ資格ヲ失ヒタルトキハ退職者トス

(說明)議員タルニハ一定ノ資格アリ之ヲ具フル者ニ非レハ選擧セラルヽヲ得ス今其資格ヲ完具シテ議員ニ選擧セラレシモノニシテ後日ニ至リ之ヲ失ヒシ片ハ議員ノ職ハ同時ニ退キシモノト看做サル例ハ外國ニ歸化シテ日本臣民タルノ身分ヲ失ヒシ片ノ如キ其納ムル直接國稅ノ額十五圓以下トナリシ片ノ如キ是ナリ

(問)當選ノ當時已ニ其資格ヲ具ヘ之レニヨリテ正當ニ議員ノ職ヲ

得シ者ハ後チ小變更アルモ退職者トナスハ苛ナルニ非ラスヤ
（答）否ナ此ノ如クナラサルヘカラサル所以ノモノハ抑モ議員タルニハ一定ノ資格ヲ要シ之アリテ初メテ議員タルヲ得然ルニ一旦其資格ニ欠クル處アレハ同時ニ議員タルヲ得サルモノト化シ了ルナリ法律猶議員ノ職ニ居ラシメント欲スルモ得ンヤ理論上ヨリ觀ルモ已ニ此ノ如シ又實際上ヨリ謀レハ更ラニ此ノ如クナラサルヘカラサルモノアリ何ソヤ奸私ノ徒往々世ヲ欺キ一時其資格ヲ具ヘ議員トナリ直チニ其始メニ復スルカ如キモノアリ本條ナクンハ何ニ由テ之ヲ防クヲ得ン本條ハ此ノ如クナラサルヘカラス

第七十八條　衆議院ニ於テ議員ノ資格ニ付異議ヲ生シタルトキハ特ニ委員ヲ設ケ時日ヲ期シ之ヲ審査セシメ其報告ヲ待テ之ヲ

議決スヘシ

（說明）衆議院內ニ於テ其或ル議員ニ付キ資格ナキモノナリ若クハ資格ヲ失ヘリ等ノ異議ヲ生セシトキハ特ニ委員ヲ設ケ其ノ審査報告ヲ待チ議員ニ於テ之ヲ議決シ異議ニシテ誤レリトセハ議員ハ其職ヲ維持シ異議其實ヲ得トスレハ之ヲ退職者トナスナリ而シテ其委員ノ審査ヲ命スルニ時日ヲ期スルハ其速了ヲ欲スルモノニシテ其理タル議員ノ資格實ニ疑フヘク異議其當ヲ得タルヘシト推測セラルヽ場合ト雖モ次條ニヨリ其證明ヲ得ルマテハ彼レヲシテ位列發言ノ數ヲ失ハシムルヲ得サレハ議院ノ不利甚タ大ナレハ速ニ其當否ヲ決セサルヘカラサレハナリ

第七十九條 裁判所ニ於テ當選訴訟ノ裁判手續ヲ爲シタルモノハ衆議院ニ於テ同一事件ニ付キ審査スルコトヲ得ス

（說明）本條モ亦議員ノ資格ニ付キ異議ノ生セシ場合ニ關スル規定ナリトス衆議員ニ於テ其ノ一議員ノ資格ニ付キ異議ヲ生スト雖𪜈已ニ一タヒ裁判所ニ於テ當選訴訟ヲ經シモノナルトキハ其異議ニシテ該訴訟ト同一事項ニ屬スルトキハ衆議院ハ之ヲ委員ニ付シ前條ノ手續ヲ行フコトナシ

此規定タル一事再理セストノ原則ヨリ出テシモノナリ一事再理セストハ一タヒ裁判ヲ經其確定ニ至リシ後ハ其事件ニ付テハ再ヒ裁判ヲ爲スヲ得サルヲ云フ人神靈ニ非レハ確定ノ裁判ト雖モ亦誤裁謬斷ナキヲ保セサレ𪜈苟モ之ヲ主張シテ再ヒ裁判ヲ求ムルヲ許サハ再受三理限極アルコトナキニ至リ訴訟濫起事務澁滯ヲ來タシ社會ノ害タル亦大ナリ是レ此原則アル所以ニシテ本條モ亦之ヲ適用セシモノナリ

第八十條　議員其資格ナキヿヲ證明セラル丶ニ至ルマテハ議院ニ於テ位列及ヒ發言ノ權ヲ失ハス但シ自身ノ資格審査ニ關スル會議ニ對シテハ辨明スルコトヲ得ルモ其表決ニ預ルヿヲ得ス

(説明)議員ノ資格ニ付キ異議アリシ場合ト雖モ其資格ナキヿノ證明アリテ確然明瞭ヲ得タル場合ニ非レハ其議員ハ依然トシテ其議席ニ列シ發言討議ヲ爲スヲ得加之表決ノ數ニ加ハルヲ得ルモノナリ

然リ而シテ其自己ノ資格審査ニ關スル會議ニ對シテハ其資格アル所以ヲ辨明論議スルヲ得是其資格ニ關シテ最モ之ヲ詳知スル者ハ其人自身ナルヲ以テ之レカ辨明ヲ許スハ議院ノ利益ナルノミナラス之ヲ許サ丶レハ恰モ被告ニ辨解ヲ許サスシテ

裁判ヲ為スモノニシテ文明社會ノ深ク悪ム所ナレハナリ然レ𪜈其資格ノ有無ヲ議決スル場合ニ至リテハ其人自身ハ表決ノ數ニ加ハルヲ得ス是レ亦明瞭ノ理ニシテ刑事被告人ノ裁判ヲ被告人自身ニ問フヘカラサルニ等シ汝ハ有罪ナリヤ否ヤト問ハヾ普通ノ人情ニ於テハ彼レハ無罪ナリト稱セサルモノアラソヤ

（問）資格有無ニ就キ疑ノ存スル議員ニ何故ニ貴重ナル議事ニ預ラシムルヤ

（答）亦夫ノ刑事被告人ヲ見ルヤ彼レ人ヲ殺シ世ヲ亂リシ等ノ所以アリシヿハ殆ト明白ナル場合ト雖𪜈未タ裁判アルニ非レハ之ヲ罪人視セス無罪潔白ノ人ヲ以テ之ヲ遇ス況ヤ資格有無ノ疑アル議員ヲヤ法律ハ人ヲ推測シテ有罪トナシ若クハ無資格ニ

シテ議員タリシ者ト爲スベカラサルナリ啻然ルノミナラス代議政躰ノ國ニ於テハ政黨相並立シ常ニ反對黨ノ勢力ヲ減殺セント力メリ故ニ往々妄リニ人ヲ傷ケ虛搆出テ其資格ナキノ異議ヲ起スヿナキニ非ス是以テ議院ハ是等ノ異議アルニ於テハ丁寧反復之ヲ審査シ彼等ノ私曲ヲ成スナキヲ勉メサルヘカラス然ルニ輕々之ヲ速了ニ其位列發言ノ權ヲ奪フテ可ナランヤ本條モ亦何ソ疑フヘキアランヤ

第十三章　請暇辭職及補闕

第八十一條　各議院ノ議長ハ一週間ニ超ヘサル議員ノ請暇ヲ許可スルコトヲ得其ノ一週間ヲ超ユルモノハ議院ニ於テ之ヲ許可ス期限ナキモノハ之ヲ許可スルコトヲ得ス

(說明)本條ハ議員ノ請暇ニ關スル許可ノ法ヲ定メシモノナリ

請暇トハ議院開會中ニ於テ議員カ或ル事由ノ爲メ休暇ヲ請求スルヲ云フ凡ソ議員ナルモノハ多數人民ノ爲メニ選擧セラレ各人民ヲ代表シテ國家ノ法案重務ヲ議スルモノニシテ苟モ偷安逸樂ニ耽ルヘカラス況ンヤ一定ノ歳費ヲ受ケルヲヤ其レ然リ然リト雖モ人各々避クヘカラサルノ大故アリテ休暇ヲ請求スルノ已ムヲ得サルヿナキニ非ス故ニ法律ヲ以テ之ヲ禁スルハ奇ニシテ寧ロ行ハレサルモノタルベシ是レ本條ノ設アル所以ナリ

請暇ノ時間ニシテ一週間以內ナル片ハ事甚タ重大ナラサルヲ以テ議長ノ職權ニ委シ之ヲ許否セシム而シテ一週間以上ニ渉ルモノハ稍ヤ重事ニ屬スレハ議院自ラ其議決ニヨリ之ヲ許否ス無期ノ請暇ニ至リテハ之ヲ許スヘカラサルヤ固ヨリナリ何

トナレハ請暇ハ或ル必要ノ事由ニ出テサルヘカラス已ニ或ル必要ノ事由アリトセハ豫メ其時日ヲ算シ得サルヿアルナケレハナリ

第八十二條　各議院ノ議員ハ正當ノ理由ヲ以テ議長ニ屆出スシテ會議又ハ委員會ニ闕席スルコトヲ得ス

（說明）議員ノ偸安逸樂スヘカラサル已ニ前條ニ於テ述フル處ノ如シ故ニ避クヘカラサル正當ノ理由アリトセハ之ヲ屆出テ前條ノ規定ニ從ヒ議長若クハ議院ノ許可ヲ得テ請暇スヘキナリ議長若クハ議院ハ其理由ノ當否及ヒ會議又ハ委員會ノ都合トニ因リ之ヲ許可スヘク妄リニ其出席ヲ强迫スルヿナカルヘシ故ニ議員ニシテ闕席セントスル欲セハ必ス之ヲ屆出テサルヘカラス本條ハ之カ屆出ノ義務ヲ命スルモノナリ

(問)請暇ト闕席トハ如何ノ差違アルヤ

(答)此二者ハ其事ノ性質上ニ差違アルニ非ス只請暇トハ許可ヲ得テ而シテ闕席スルヲ云ヒ闕席トハ屆出ノ手續ヲ怠リテ出席セサルモノヲ云フノミ

第八十三條　衆議院ハ議員ノ辭職ヲ許可スルヿヲ得

(說明)法律ニ定ムル處ノ議員已ニ選擧サレ衆議院玆ニ成立セル後ハ其一員辭職スルモ衆議院ハ忽チ不完全ノモノトナルヘシ然リト雖ヒ議員自身ノ自由ハ之レカ爲メニ消滅スヘキモノニ非レハ其之ヲ厭忌シ若クハ事ニ從フ能ハサル事由生スルニ於テハ辭職ヲ請求シ得サルモノニ非ス故ニ議員ノ辭職ハ往々ニシテ議院ノ遭遇スル處ニシテ衆議院ヲ組織スル一分子ノ去就ノ許否ハ衆議院之ヲ爲スコソ最モ適任者ニシテ又其主權者ナレハ

ナリ

第八十四條　何等ノ事由ニ拘ラス衆議院議員ニ闕員ヲ生シタルトキハ議長ヨリ內務大臣ニ通牒シ補闕撰擧ヲ求ムヘシ

（說明）本條ハ議員闕員ヲ生セシトキハ議長內務大臣ニ補闕選擧ヲ爲スコトヲ求ムルヲ示セルモノニテ此請求ハ議長ノ職務ニシテ又其職權ナリトス

何等ノ事由ニ拘ハラストハ別ニ大ナル旨意アルニ非ス只議員ノ闕クルヤ其辭職ニ出ツルコトアリ退職ニ出ツルコトアリ又死去ニ出ツルコト等アリ總テ如何ナル事由ニ出ツルモ已ニ闕員ヲ生スレハ議院ハ茲ニ不完全タルヲ免レス故ニ議長ハ速ニ本條ノ手續ヲ盡サヽルヘカラス

內務大臣ハ議員選擧ノコトヲ掌ルモノナレハ議長ハ之ニ通牒シ

テ新ニ議員ヲ選出シ其闕ヲ補フヿヲ請求スルモノニシテ此場合ハ內務大臣ハ直ニ之ニ應スルノ義務アリ是レ余カ此事ハ議長ノ職務ニシテ又其職權ナリト云フ所以ナリ

第十七章　紀律及警察

(說明)本章ハ議院內ノ紀律及警察即取締ノヿヲ規定ス

抑モ議院ハ非常ノ多數ヨリ成立スルモノニシテ動モスレハ輙チ紛亂混擾ニ陷リ易キハ各國憲法史ノ明カニ警告スル處ニシテ其ノ紀律警察ノ一日モ忽カセニスヘカラサル所以ナリ況ンヤ議員ハ各特權ヲ有シ妄リニ逮捕サルヽヿナク且院內ノ言論ノ自由ハ固ク保護サルヽヲ以テ情勢ノ致ス處罵詈讒謗人ヲ傷ケ議院ヲ侮辱スル等ナキ能ハサルヲヤ

第八十五條　各議院開會中其ノ紀律ヲ保持セムカ為メ內部警察

ノ權ハ此ノ法律及各議院ニ於テ定ムル處ノ規則ニ從ヒ議長之ヲ施行ス

（説明）貴族院衆議院共其内部警察ノ權ハ各々其議長之ヲ行フ是レ議長ハ議場整理ヲ以テ其重モナル職務トナスモノナレハ警察ノ權ハ之ヲ行フニ最モ適當ノ者タルノミナラス此ノ權ナケレハ亦其整理ノ職ヲ全フスル能ハサレハナリ

此法律トハ則本條以下各條ノ法則ニシテ各議院ニ於テ定ムル處ノ法則トハ各議院ハ憲法第五十一條ニ依リ内部整理ニ必要ナル諸規則ヲ定ムルヲ得ルヲ以テ之レヨリ制定シタル法則ナリ議長ハ此二種ノ法則ニヨリ警察權ヲ施行シ議場ノ紀律ヲ保持ス

第八十六條　各議院ニ於テ要スル處ノ警察官吏ハ政府之ヲ派出

シ議長ノ指揮ヲ受ケシム

（說明）本條ハ議院ノ紀律ニ必要ノモノニシテ議院ハ單ニ議法ノ職ニ從フモノナレハ其內部ノ警察ヲ行フニモ之レカ適任ノ人ヲ有セス於是乎政府ハ警察ノ官吏ヲ派シテ議院ニ赴カシメ以テ議長カ警察權施行ノ便ニ供ス

本條ニ議長之ヲ指揮ストアルハ亦甚タ至要ノ文字トス夫レ警察官吏ハ政府ノ任命セルモノニシテ議院ノ議長ハ從來其上ニ些少ノ權力ヲ有セス然レ圧議院內ニ於テハ議長之ヲ整理シ他人ノ干涉ヲ施スヲ許スヘカラス然ルニ今政府ノ任命シ政府ノ派出スル警察官吏アリテ普通ノ規定ヨリ其本屬長官ノ指揮ヲ受クルヿアラハ議院ハ行政權ノ蹂躪スル處トナリ全ク自治ノ權ヲ失ヒ其及ホス處ハ遂ニ立法權ノ獨立其根脚ヲ失フニ至ラ

ノ細事ト雖𪜈豈之ヲ忽諸ニ附スヘケンヤ故ニ本條ハ明ラカニ之ヲ規定シ議院内ニ於テハ一ニ議長ノ指揮ニ從フモノトセルナリ

第八十七條　會議中議員此ノ法律若クハ議事規則ニ違ヒ其ノ他議場ノ秩序ヲ紊ルトキハ議長ハ之ヲ警戒シ又ハ制止シ又ハ發言ヲ取消サシム命ニ從ハサルヰハ議長ハ當日ノ會議ヲ終ルマテ發言ヲ禁シ又ハ議場ノ外ニ退去セシムルヿヲ得

（說明）會議中ニ於テ此法律即チ本章ノ規定若クハ議事規則即チ議院ノ自定セシ所ノ議事規則ニ違犯シ其他議場ノ整理ヲ紊亂スル所ノ諸般ノ所爲言論ヲナスモノアルトキハ議長ハ警戒制止發言ノ取消等本條ニ記スル處ノ處置ヲ施シ以テ議塲秩序ノ紊亂ヲ救治恢復スヘシ然レトモ俄ニ之レニ擬スルニ懲罰ヲ以テス

ヘカラサルナリ
夫レ議院ノ如キ多數相會スル場合ニ於テハ人情ノ常トシテ多數ヲ恃ミ自ラ强力ノ感アルヲ以テ畏懼ノ念減シ謹愼ノ情薄クナリ遂ニ知ラス識ラス不法不順ノ擧動アルニ至ル而シテ一人此ノ如クナレハ風潮忽チ全院ニ及ホシ滔々相率ヒテ之レニ陷ラン是レ議場ノ常ニ激昂擾亂シ易キ所以ナリ是ヲ以テ其整理ノ任ニ居ル者ハ極テ機微ヲ愼ミ稍不穩ノ擧アル者アレハ速ニ之ヲ制シ禍ヲ未萌ニ防カサルヘカラス然レヒ妄リニ其整肅ヲ希ヒ此ニ事ヲ責ムルニ懲罰ヲ以テスルアラハ憲法カ議員ノ言論自由ヲ保護スル所以ニ反シ且議事ニ對スル意見討論ヲシテ畏依澁滯セシムルニ至ル本條ノ議長ヲシテ恣ニ懲罰セシメス其法ヲ盡クシテ之ヲ制抑スルニ止メシハ蓋シ是カ爲メノミ

第八十八條　議場騷擾ニシテ整理シ難キトキハ議長ハ當日ノ會議ヲ中止シ又ハ之ヲ閉ツルコトヲ得

（說明）本條ハ一人若クハ數人ノ所爲言論ノ不穩ニ止ラス滿場喧騷擾亂ニ陷リシ場合ノ處置法ヲ定メシモノナリ
中止トハ暫ク其議事ヲ止メ人心靜定シ騷擾ノ狀方サニ止ムヲ待チ又之ヲ繼續スルヲ云フ之ヲ閉ツルトハ日々ノ議事一定ノ時間アルニ拘ハラス其以前ニ於テ早ク閉場シ其日ハ復議事ヲナサヽルヲ云フ前者ハ騷擾稍輕ク暫時ニシテ靜止スヘキノ認定アル場合ニ之ヲ行ヒ後者ハ到底其日ニ於テ靜止セサルヘキヲ想ヒシトキニ之ヲ行フヘキモノニシテ二者孰レヲ擇フモ議長ノ認定ニヨリ其權力ヲ以テ之ヲ施行スルモノトス

第八十九條　傍聽人議場ノ妨害ヲ爲ス者アルトキハ議長ハ之ヲ

退場セシメ必要ナル場合ニ於テハ之ヲ警察官廳ニ引渡サシムルコトヲ得

（說明）議院ハ普通ノ場合ニ於テハ必ラス之ヲ公開シ何人ヲ問ハス傍聽ヲ許スモノナリ故ニ多數ノ傍聽者中疎暴失禮ノ徒ナキ能ハス而シテ其不法ノ所爲ヲ爲シ妄リニ言辭ヲ放チテ議員ノ議論ヲ可否シ若クハ喝采シ妨碍スルカ如キハ各國ノ國會ニ於テ常ニ見ル處ナリト云フ斯カル場合ニ於テ若シ議場ノ妨害タルコトアラハ議長ハ議場整理ノ爲メ之ヲ退場セシムルヲ得又妄リニ議長ノ命令ヲ用ヒサルアラハ最早已ムヲ得ス之ヲ警察官廳ニ引渡シ相當ノ處分ヲ爲サシメサルヘカラス恣ニ此ノ如キ處置ヲ爲スハ則チ不可ナリト雖圧議場ノ紀律ノ爲メニハ亦之ヲ如何トモスルヿナシ

若シ更ラニ一歩ヲ進メ傍聽席喧擾騷亂スルニ於テハ議長ハ傍聽人ノ全數ヲ擧ケテ之ヲ退場セシムルヲ得其間謹正靜肅ノ徒アルヘシト雖モ亦タ已ムヲ得サルナリ然ルニ此處置タルヤ之ヲ施スニハ議長ハ最モ愼重ヲ加ヘサルヘカラス何トナレハ妄リニ之ヲ行ハヽ議事公開ノ大法ハ冥々ノ中已ニ破壞サルヽヲ免レサレハナリ

第九十條　議場ノ秩序ヲ紊ル者アルトキハ國務大臣政府委員及ヒ議員ハ議長ノ注意ヲ喚起スルコトヲ得

（說明）議場ノ秩序ヲ紊ル者アレハ議長ハ速ニ之レカ處置ヲ爲サヽルヘカラス然ルニ若シ之ヲ怠ルコアランカ國務大臣政府委員及議員ハ議長ニ忠告シテ之ヲ促カスコヲ得然レモ是レ唯勸告ノ範圍ニ止マリ議長ヲ强フル能ハサルナリ

是等ノ者ハ議院ノ分子若クハ要素ニシテ議場ノ秩序ヲ紊ラルルアラハ則自家頭上ニ害ヲ加ヘラルヽモノナレハ其注意ヲ喚起スルヲ得ルヤ辨ヲ待タス

第九十一條　各議院ニ於テ皇室ニ對シ不敬ノ言語論説ヲ爲スコトヲ得ス

（説明）其貴族院タルト衆議院タルトヲ問ハス皇室ニ對シ天皇ノ御名ヲ喚フ等不敬ヲナシ又ハ不敬ノ論説即チ言語ハ表面敬愼スルモ不敬ノ論旨ヲ述フル等ハ君臣ノ分ヲ忘レ皇室ノ尊榮ヲ瀆スモノニシテ決シテ許スヘカラス是レ議員ハ言論ノ自由アリト雖圧此ノ如キヿハ許容スヘカラサレハナリ

其不敬ニシテ甚タ重大ナル𪜈ハ議院ハ第十八章ニヨリ之ヲ處罰スルヲ得ヘシ然レ圧司法官警察官ノ如キハ之ヲ拘致處罰ス

ルヲ得ス是レ憲法第五十二條ノ保護スル處ナリ次條ノ如キモ亦然リ

第九十二條　各議院ニ於テ無禮ノ語ヲ用ヰルコトヲ得ス及他人ノ身上ニ涉リ言論スルコトヲ得ス

(說明)議員ノ言論ハ自由ナリ然レ氏其言語ハ敬愼セサル可ラス苟モ國家ノ政治ヲ論シ法律ヲ議スル所ニ於テ苟モ人民ノ輿望ヲ負ヒ天下ノ輿論ヲ代表スル者ニシテ市井無頼ノ徒ヲ學ヒ無禮不恭ノ言辭ヲ弄シテ可ナランヤ議員タルノ躰面ヲ保チ議院ノ面目ヲ持スルニ於テ之レカ制禁ナカルヘカラサルナリ

議院ハ各主義各政黨ノ相集ル處ナリ故ニ駁論攻擊ハ免ルヽ能ハス否ナ之レナカルヘカラス左レハ主義ノ攻擊政畧ノ駁論ハ議會其者ノ性質ヨリシテ希望スル處ナリト雖氏事苟モ人身私

行上ノ攻撃ニ渉ラハ議院ハ一歩モ假借スル處ナク之ヲ制禁セサルヘカラス人ノ私行ヲ擧テ之ヲ傷害スルハ不德ノ甚シキモノナルノミナラス議法上何ノ益スル處ナシ然レ𪜈政敵相對峙シ往々反對者ノ勢力ヲ滅殺セントスルニ熱中スルヤ遂ニ此卑劣手段ニ依賴スル者ナキニ非ス本條ノ制禁豈已ムヲ得ンヤ

第九十二條　議院又ハ委員會ニ於テ誹議侮辱ヲ被リタル議員ハ之レヲ議院ニ訴ヘテ處分ヲ求ムヘシ私ニ相報復スルコトヲ得ス

（說明）議員其政畧主義ニ於テハ如何ニ攻撃スルモ自家ノ智ト辨トヲ以テ之ヲ防クノ外其途ナシト雖𪜈其ノ一身上ノ攻撃ヲ受ケ誹議侮辱ヲ被ラハ之ヲ甘受スルヲ須ヒス議院ノ處分ヲ求ムルヲ得議院ハ次章ニ據リ相當ノ懲罰ヲ爲スヘキナリ故ニ議員タル

者宜シク之ヲ請求スヘシ誹議侮辱ニ酬フルニ誹議侮辱ヲ以テスヘカラス又隱密ニ之ヲ傷害スルカ如キヿヲ爲スヘカラサルナリ茲ニ注意スヘキハ之ヲシテ其制裁ヲ受ケシメント欲セハ本條ヲ行フノ一法アルノミニシテ院內ノ言論ハ之ヲ司法裁判ニ訴フルモ司法裁判所ハ之ヲ受理セサルヿ是レナリ

第十八章　懲罰

(說明)懲罰トハ議院ノ議員ニ課スル制裁ナリ議院已ニ自ラ其秩序ヲ維持スルノ權ヲ有スル人アリ之ヲ紊亂セントスルニ方リ議院ハ此權ヲ施行シテ之ヲ防クモ議長ノ警戒制止ニシテ其効ナクンハ之ニ次クニ懲罰ヲ以テセサルヘカラス苟モ懲罰ハ猶凶器ノ如シ用途ノ如何ニヨリ大ニ利害ヲナス是レ其規定アルヲ要スル所以ナリ

第九十四條　各議院ハ其議員ニ對シ懲罰ノ權ヲ有ス

（說明）議院ハ整理ノ權アリ故ニ從フテ懲罰ノ權ヲ有ス是レ已ニ前ニ說ク處ノ如クナレハ今之ヲ贅セス然レ𪜈其懲罰權ノ及フ處ハ議院ニ止マルニ注意セサルヘカラス議院ハ自ラ治ムルノ權アルヲ以テ自治ス必要ナル範圍內ニ於テ此權アルノミ故ニ傍聽人ニ對シテ之ヲ施行スル能ハス唯第八十九條ノ處置ヲ爲スノ權アルニ過キサルナリ

第九十五條　各議院ニ於テ懲罰事犯ヲ審査スル爲ニ懲罰委員ヲ設ク懲罰事犯アルトキハ議長先ツ委員ニ附シ審査セシメ議院ノ議ヲ經テ之ヲ宣告ス

各委員會又ハ各部ニ於テ懲罰事犯アルトキハ委員長又ハ部長ハ之ヲ議長ニ報告シ處分ヲ求ムヘシ

（說明）本條ハ別ニ說明ヲ要セスシテ明カナリ其審査ヲ委員ニ付スルハ審査ノ便ヲ謀リ併セテ議事ノ妨害ヲ爲スヲ避クルナリ其宣告ノ議院ノ議ヲ經ルハ之ヲ重ンシテナリ其委員會若クハ各部ノ懲罰事件ハ各其部長ヲシテ報告セシムルハ事ノ便易ニ從フナリ

第九十六條　懲罰ハ左ノ如シ

一　公開シタル議場ニ於テ譴責ス

二　公開シタル議場ニ於テ過當ノ謝辭ヲ表セシム

三　一定ノ時間出席ヲ停止ス

四　除名

衆議院ニ於テ除名ハ出席議員三分ノ二以上ノ多數ヲ以テ之ヲ決スヘシ

（說明）本條ハ懲罰ノ方法ヲ定メ種類ヲ制理ス

第一第二ノ懲罰ハ所謂名譽刑ナルモノニシテ其人ノ名譽上ニ就テ苦痛ヲ與フルモノナリ元來名譽刑ナルモノハ其人ノ賢愚地位ノ高下ニヨリ同一ノ方法ト雖ドモ名譽ヲ重ンスルノ心ニ厚薄アルヲ以テ苦痛ヲ感スル亦輕重アリト雖ドモ議員ノ如キニ至リテハ社會ノ上流ニ居リ人民ノ輿望ヲ負フ者ナレハ其名譽ヲ重スルノ心頗ル厚ク隨テ此苦痛ヲ感スル甚タ重ク懲罰ノ其目的ヲ達スルヤ必セリ

第三ノ出席停止ハ其間發言表決共ニ得サルモノナレハ犯者若シ一政黨ノ有力者ナルトキハ如キ其黨ノ勢力ハ之カ爲メ大ニ減殺セラレサル能ハス故ニ其苦痛ヲ感スル亦甚タ大ニシテ懲罰ハ必ス其効ヲ奏スヘシ其レ此懲罰ノ結果此ノ如クナレハ妥リ

ニ之ヲ課スヘカラス議院ハ極メテ公平不偏ニ之ヲ議決宣告スヘキナリ

第四ノ除名タルヤ懲罰ノ最モ太ナルモノニシテ其名ヲ議院ヨリ除キ去リ恰モ官吏ノ免職ト同一ナリ

此法タルヤ多數ノ人民代表者ノ議決ニヨリ一人ノ人民代表者ヲ除去スルモノナレハ法理上一モ不正不當アルヿナシ然レ𪜈彼レ已ニ多數ノ輿望ヲ抱キテ議院ニ入リシモノナレハ之ヲ除去スル元ト重事ニ屬ス故ニ之ヲ行フニハ充分ノ注意謹愼ヲ加ヘサルヘカラス是レ末項ノ出席員三分ノ二以上ノ多數ヲ得ルヲ要望セシ所以ナリ

（問）除名ニ就テハ單ニ衆議院議決ノ法ヲノミ定メテ貴族院ニ及ハサルハ何ソヤ

（答）余モ亦之ヲ疑ヒタリキ然レ𪜈是余ノ誤リニシテ實ニ易事ノミ貴族院ハ或ハ皇族或ハ公侯爵等法律上當然議員タリシ者及天皇ノ勅任ニヨリ議員タリシ者ノミナレハ貴族院自ラ之ヲ除名スヘキモノニ非ス即チ除名ナル懲罰ハ當然貴族院ニ於テ行フモノニ非ストシテ立法者ハ之ヲ記セサリシナリ

第九十七條　衆議院ハ除名ノ議員再選ニ當ルモノヲ拒ムコヲ得ス

（說明）衆議院已ニ或ル所爲ヲ罰シテ一議員ヲ除名セリ然ルニ彼レ猶人民ノ輿望ヲ負ヒ補闕選擧ニ於テ再選セラレシ𪜈ハ衆議員ハ曾テ除名セシモノナリトシテ之ヲ拒ムヲ得ス何トナレハ除名ナル懲罰ハ一タヒ之ヲ除名セシニヨリ已ニ執行シ了リシナリ然ルニ其再選セラレシヲ拒絕スルハ再ヒ懲罰スルモノナリ豈

之ヲ許スヘケンヤ

第九十八條　議員ハ二十人以上ノ贊成ヲ以テ懲罰ノ動議ヲ爲スコトヲ得

懲罰ノ動議ハ事犯アリシ後三日以内ニ之ヲ爲スヘシ

（說明）凡ソ懲罰ハ議長之ヲ取扱ヒ議院ノ議ニ附スルモノナリト雖𪜈議員ニシテ懲罰スヘシト思惟セハ亦動議ヲ爲スヲ得然レ𪜈事元輕小ニ非ス小ニシテハ其人ノ名譽ヲ損シ大ニシテハ其人ノ資格ヲ奪フモノナレハ輕々ニ會議ニ附スヘキニ非ス故ニ之ヲ二十人ノ贊成ヲ要スト定ム

此動議ハ事犯後三日以内ニ於テセサルヘカラス是レ其審査ノ便ニ供シ證憑ノ湮滅ヲ防クモノナリ

第九十九條　議員正當ノ理由ナクシテ勅諭ニ指定シタル期日一

週間內ニ召集ニ應セサルニ由リ又ハ正當ノ理由ナクシテ會議又ハ委員會ニ闕席スルニ由リ議長ヨリ特ニ招狀ヲ發シ其招狀ヲ受ケタル後一週間內ニ仍故ナク出席セサル者ハ貴族院ニ於テ其出席ヲ停止シ上奏シテ勅裁ヲ請フヘク衆議院ニ於テハ之ヲ除名スヘシ

(説明)本條ハ事理明白又説明スヘキモノナシ唯其最初一週間內ハ召集ニ應セス若シクハ闕席遲延スルモ其眞ニ己ムヲ得サルモノアリシヤ計リ難シトシテ之ヲ宥恕シ議長招狀ヲ發シ猶其出席セサルニ及ンテ始メテ之カ處分ヲ爲スヲ務メテ温厚ノ旨ニ從フナリ而シテ其後ノ一週間トハ議長招狀ヲ發セシ日ヨリ起筭スルニ非スシテ議員之ヲ受取リシ日ヨリ起算ス故ニ僻地ノ議員ノ如キハ招狀ノ議長ノ手ヲ出シヨリ二三週ノ後ニ出席スル

モ亦罰セラレザルヿアルヘシ

朕樞密顧問ノ諮詢ヲ經テ衆議院議員選擧法及附錄ヲ裁可シ之ヲ公布セシメ併セテ帝國議會ヲ召集スルノ年ヨリ本法ニ依リ選擧セシムヘキコトヲ命ス

御名御璽

明治二十二年二月十一日

内閣總理大臣　伯爵黑田清隆
樞密院議長　伯爵伊藤博文
外務大臣　伯爵大隈重信
海軍大臣　伯爵西鄕從道
農商務大臣　伯爵井上馨

司法大臣　伯爵山田顯義
大藏大臣兼內務大臣　伯爵松方正義
陸軍大臣　伯爵大山巖
文部大臣　子爵森有禮
遞信大臣　子爵榎本武揚

法律第三號

衆議院議員選擧法

（說明）衆議院トハ貴族院ニ對スル語ニシテ彼ノ諸國ニ於ケル下院ナリ他語ニテ之ヲ言ヘハ我々衆庶人民ガ畏クモ天皇陛下ノ召集ニ依リ憲法ヲ遵奉シテ以テ國是ヲ議スル處ナリ然リ而メ我々臣民ハ如何ニシテ此ノ議院法ナル衆議院ノ議員トナルヘキヤ之カ規定アルニアラサレバ恰モ暗夜ニ物ヲ探ルカ如キ憾ナキ能ハズ是レ即チ此ノ選擧法ノ設ケアル所以ナリ

（問）法律第何號ト云フコト敕令第何號ト云フコトノ間ニ如何ナル差異アルヤ他語ニテ之ヲ問ハンニ法律ト敕令トハ如何ナル差異アルヤ

（答）我國ニ於テハ未タ此ノ區別ハ判然セサルカ如シ併シナカラ帝

國議會ノ開會以後ハ必ス此ノ區別判然スルナラン尤モ此ノ事ニ付テハ余モ稍々疑ヒナキニアラス故ニ當局者ノ或一人ニ質スニ我國實際ノヿヲ以テシタリ其ノ人ノ言ヲ聞クニ我國ニ於テハ現今法律ト敕令トノ區別ハ其ノ發布スル法令ノ性質ニ是レ依ルモノニシテ若シ其ノ法令ニシテ久シク改正ヲ要セザル性質ノモノ例ヘハ登記法、公證人規則、徵兵令及ビ民法、商法等ノ如キモノヲ法律トシ之ニ反シテ一時便宜ノ爲メニ發布セラルヽ法令ハ敕令トセラルヽカ如シト此ノ說果メ信ナルヤ否ヤハ假令當局者ノ言ト雖𪜈固信スルヿ能ハズ然レ𪜈之レヲ事實ニ徵スルニ如何ニモ適說ノ如シ

（問）然ラハ外國ニ於テハ法律ト敕令ノ間ニ如何ナル差異アルヤ

（答）彼ノ泰西文明ノ國ニ於テハ上下兩院ノ決議ヲ經テ一國首長ノ

是ニ裁可ヲ爲シテ以テ發布スルモノヲ法律ト云ヒ之ニ反シテ上下兩院ノ議決ヲ要セズ一國首長ノ特權ヲ以テ發布スルモノヲ敕令ト云フナリ

第一章 選擧區畫

(説明)選擧區畫トハ議員ヲ撰擧スル區域ニシテ即チ衆議院議員ノ選擧區ナリ

(參照)余ハ是ヨリ本法ノ正條ニ入リテ逐次其ノ説明ヲ與ヘントスレモ其ノ前ニ於テ先ツ一名投票ト連名投票ノコニ付テ現今社會ニ行ハルヽ學説等ヲ一言シ而メ我本法ノ正條ニ入ラントス學理上ヨリ觀察ヲ下セバ選擧ニ二種アリ即チ左ノ如シ

第一　選擧區選擧(或ハ一名投票トモ云フ)

第二　名簿選擧(或ハ連名投票トモ云フ)

第一ノ場合ハ一府縣ヲ數箇ニ別チテ選擧區ヲ定メ各其ノ選擧區ヨリ一名宛ヲ選擧スルヿニテ例ヘハ東京府ニ於テ十二人ヲ衆議院議員ヲ選擧スル片ハ東京府ヲ十二選擧區ニ分チ其ノ各選擧區ヨリ議員一名宛ツヲ選擧シ決シテ二人以上ヲ撰擧スヘカラサルモノ是レナリ

第二ノ場合ハ之レト全ク反對ナリ即チ撰擧名簿ヲ製シテ之レニ就テ選擧スルモノニシテ例ヘハ前例ノ場合ニ於テ東京府ニ十二人ノ議員ヲ撰擧スル片ハ東京府ヲ一撰擧區ト定メ選擧名簿ニ就テ十二人丈ヲ撰擧スルモノ之レナリ

夫レ如斯二種アリ而メ此ノ二種中何レヲ可トシ何レヲ否トスヘキカニ至リテハ學說上未タ一定セザルカ如シ特ニ實際ニ於テハ利害相半バシテ甲乙共ニ其利害ヲ明カニスルコト能ハズ

是故ニ學者政事家共ニ此論決ニ苦メリ今予ハ其ノ然ル所以ヲ述ン撰擧區撰擧ハ一撰擧區ヨリ一人ノ議員ヲ撰擧スルノミナルニヨリ第一人物ヲ見ルニ容易ナルノ利益アリ第二費用ヲ節スルノ利益アリ第三混雜ト騷擾トヲ避クルノ利益アリ是ト同時ニ數箇ノ弊害アリ第一其ノ土地ノ富豪者等ハ隱然ノ威赫ヲ以テ撰擧セラレントシ人民亦タ之ヲ撰擧スルカ如キ弊害アリ第二ニハ議員ノ任ニ堪ヘサル者ニテモ之ヲ撰擧セサルヲ得ザルノ弊害アリ第三ニハ其ノ土地ノ利益ノミ謀リテ全國ノ利益ヲ顧ミサルカ如キ弊害アリ

又名簿撰擧ニ於テハ第一各選擧人ノ希望スル者ハ自由ニ之レヲ選擧シ得ルノ利益アリ第二一區域內ニ制限セラレサルカユヘ廣ク人物ヲ擧ケ易キ利益アリ第三威赫ニ依リテ選擧スルガ

如キ事ナシ如斯利益アレトモ之レト同時ニ弊害ノ生スルハ亦タ選擧區選擧ニ於ケルガ如シ其害ハ第一混雜ト騷擾ヲ免カルヘカラズ第二費用ヲ節スル事能ハズ第三選擧ノ爲メ多クノ時日ヲ要ス

斯ク利害ノ相存スルヤ明カナルモノニシテ兩者共ニ蓋フヘカラザルノ實事ナリ然レ𪜈學者ノ多數ハ第二ノ塲合ナル名簿選擧ヲ主張スルモノヽ如シ現ニ十九世紀政治家ノ泰斗ト仰カレタル彼ノ佛ノガンベッタ氏ノ如キハ名簿選擧ヲ主張シタリト云フ然リト雖𪜈ガンベッタ氏亦タ誤リナキヲ保スヘカラズ豈名簿選擧ノミ利アリテ選擧區選擧ニ害アリト云フヲ得ンヤ我本法ハ其何レノ種類ニ屬スヘキモノナルヤト云フニ至テハ無論選擧區選擧ノ如クナレ𪜈其ハ讀者ノ判斷ニ任センノミ

第一條　衆議院ノ議員ハ各府縣ノ選擧區ニ於テ之ヲ選擧セシム其ノ選擧及各選擧區ニ於テ選擧スヘキ定員ハ此法律ノ附錄ヲ以テ之ヲ定ム

（說明）本條ハ衆議院ノ議員ヲ選擧スルニハ如何ナル場所ニ於テ如何ナル人員ヲ選擧スヘキカノヿヲ規定セラレタルモノナリ
衆議院ノ議員ハ各府縣ノ選擧區ニ於テ之レヲ選擧セサルヘカラズ而メ其選擧區及ヒ各府縣ニ於テ選擧スヘキ定員ハ本法ノ附錄ニ於テ之ヲ明記セラレタリ即チ東京府ヲ十二選擧區ニ分チ其選擧區ヨリ一人宛ノ議員ヲ選擧スルヿニ定メラレタリ之ヲ要スルニ各府縣ノ人口ト情態トニ依リテ或ハ數區ト爲シ或ハ十數區ト爲シタルナリ其詳細ハ本法ノ附錄ニ就テ見ルヘシ

（參照）西曆千八百五十一年十二月廿日及廿一日ノ投票ニ依リ佛蘭西

人民ノ保易那破烈崙保那巴ニ委任セシ權力ヲ以テ制定シタル佛國憲法第三十五條ニ曰ク「選擧人三万五千人每ニ代議士一名ヲ立法議院ニ出スヘシ」ト又次ノ第三十六條ニ曰ク「代議士ハ數人連名ヲ以テ選擧ヲ爲スヿナク普通投票ヲ以テ一名宛之ヲ選擧ス可シ」ト

普魯西憲法第六十九條ニ曰ク下院ハ民選議員三百五十二人ヲ以テ構成ス選區ハ法章之ヲ定ム(代議士ヲ選フ爲メニ地方ヲ區分ス之ヲ選區ト云フ一選區代議士一人或ハ二人或ハ三人ヲ選フ千八百六十年六月廿七日ノ法定テ百七十六區トス)選區地方固有ノ區ヲ云フ)或ハ數區ヲ以テ成ル)ト是正シク選擧區選擧ナリ尤モ佛國ニ於テハ現今ハ連名投票即チ名簿選擧ナリ

第二條　府縣知事ハ其府縣ノ選擧區ノ選擧ヲ監督ス

一選擧區ノ選擧ハ郡長又ハ市長其ノ選擧長トナリテ之ヲ管理ス

（説明）本條ハ議員選擧ニ付テ府縣知事及ヒ郡市長ノ職務上ノ權利及義務ヲ規定シタルモノナリ

府縣知事ハ其管轄內ニ於ケル選擧區ノ監督ヲ爲サヽルヘカラスト雖モ一選擧區ノ管理ニ至テハ郡長又ハ市長ニ於テ之ヲ爲ス故ニ府縣知事ハ別ニ勞働ヲ爲スニ及ハズト雖モ郡長又ハ市長ハ多少ノ勞働ヲ爲サヽルベカラズ何ヲ以テ之ヲ云フ曰ク他ナシ府縣知事ハ其府縣內ニ於ケル選擧區ノ選擧ヲ監督スルノミナルニヨリ選擧ニ關スル事務ニ從事スルヲ要セスト雖ヒ郡長又ハ市長ハ其選擧長トナリテ選擧ヲ管理スルニヨリ自然選擧ノ事務ヲ執ラサルヲ得サルヤ論ヲ待タサルナリ

府縣知事ヲシテ其府縣ノ選擧ヲ監督セシムルハ最モ善良ナル方法ナリ何トナレハ知事ハ常ニ其府縣ノ公務ニ從事シツヽアルニヨリ其府縣下ニ於ケル政黨主義ヨリ起ル爭論及ヒ之ヨリ生スル結果等精シク之ヲ察知シ得ルヲ以テナリ然レ𪜈動モスレハ監督ハ其度ヲ失シテ干渉ニ流ルヽ事ナキニアラズ是レ監督者及ヒ被監督者ノ最モ注意セサルヘカラサル事ナリ若シ夫レ監督ニシテ干渉ニ流ルヽガ如キコトアラバ選擧ノ自由ヲ害シ人民ニ與フルニ一大不幸ヲ以テスルニ至ルベシ豈ニ謹マザルヘケンヤ此故ニ監督ニハ豫メ程度ナカルヘカラズ即チ第一ニ不法ノ選擧ニハアラサルカ第二選擧ノ爲メ治安ニ妨害ヲ爲サヽルカノ點ヲ重モニ監督スルモノトス而シテ此二點ハ必ス監督ヲ怠ルヘカラサルモノトス

第三條 一選擧區ニシテ數郡市ニ渉ルトキハ府縣知事ハ其郡長又ハ市長ノ一人ヲ命シ選擧長タラシムヘシ

（說明）本條ハ一ノ選擧區ガ數郡市ニ渉ル場合ニ於テハ其選擧長ハ何レノ郡長又ハ市長ヲ以テ之ニ充ツヘキヤノコヲ定メタルモノナリ例ヘハ東京府ノ東多摩郡南豊嶋郡北豊嶋郡ノ三郡ヲ以テ一選擧區ヲ形造ルニヨリ此場合ニ於テ東京府知事ハ三郡中何レカノ郡長（市制ヲ施行スレハ市長）ニ命シテ其選擧長ト爲スが如キ之レナリ若夫レ如斯場合ニ於テ本條微セハ一選擧區ニ選擧長三人ヲ現出セシメ互ニ職務上ノ抵觸ヲ生スルノ不都合アリ之レ本條ノナカルヘカラサル所以ナリ

第四條 一市ノ域内ニ於テ數選擧區アルトキハ府縣知事ハ區長ヲシテ其選擧長タラシムヘシ

本條ハ明瞭ニシテ別ニ說明ヲ要セス

第五條 選擧ニ關ル費用ハ地方稅ヲ以テ支辨スヘシ

(說明)本條ハ選擧ニ關ル費用ノ出途ヲ開キタルモノナリ選擧ニ係ル費用トハ選擧ニ關シテ直接ニ要シタル費用ヲ云フモノニシテ例ヘハ選擧ニ要シタル書記ノ給料筆墨料ノ如キ之レナリ而ソ此費用ヲ地方稅ノ支辨ト明定シタルハ深キ理由ノ存スルニアラス蓋シ各地方ヲ以テ選擧區ト爲シタルガユヘナリ

第二章 選擧人ノ資格

第六條 選擧人ハ左ノ資格ヲ備フルコヲ要ス

第一 日本臣民ノ男子ニシテ年齡滿二十五歲以上ノ者

第二 選擧人名簿調製ノ期日ヨリ前滿一年以上其府縣内ニ於

ヲ本籍ヲ定メ住居シ猶ホ引續キ住居スル者

第二　選擧人名簿調製ノ期日ヨリ前滿一年以上其府縣内ニ於テ直接國税十五圓以上ヲ納メ仍引續キ納ムル者

但シ所得税ニ付テハ人名簿調製ノ期日ヨリ前滿三年以上之ヲ納メ仍引續キ納ムル者ニ限ル

(説明)本條ハ選擧人ノ資格ノヿヲ定メタルモノナリ即チ左ノ條件ヲ具備スルニアラサレハ選擧人タルヿヲ得ス他語ニテ之ヲ云フトキハ選擧人トナルニハ左ノ條件ノ具備スルヲ要ス

第一　日本ノ臣民タルヿヲ要ス

夫レ一國ハ人情風俗習慣ノ同一ナルヨリ利益ノ相反對セサル人民ノ相集マリテ組成シタル會社ナリ然ラハ則チ此會社外ノ者ヲシテ此會社ノ事務ニ干渉セシムヘカラサルハ論ヲ待タサ

ル處ナリ外國人ハ會社外ノ者ナリ此故ニ外國人ニハ會社ノ事務即チ國ノ政務ニ參與セシムヘカラサルナリ是レ日本臣民タルヿヲ要スル所以ナリ

第二　男子タルヿヲ要ス

男子ノ制ニ付テハ世間學者ノ喋々スルトコロナレ𪜈現今ノ事情ニ於テハ未タ女子ニ參政權ヲ與フルヲ可トナサヽルカ如シ特ニ既ニ代議政ヲ行ヒ來リテ久シキ經驗ニ富ミタル邦國ニ於テモ實際上女子ニ選擧權ヲ與ヘサルナリ況ンヤ我國ノ如キ尙武ノ國ニ於テハ特ニ女子ノ地位男子ニ比シテ劣等ナリト云フモ誣言ニハアラサルヘシ此故ニ女子ノ性ニ於テ男子ニ比シテ劣等ナリト云フニアラズ現今ノ事情ニ於テ女子ニ政權ヲ與フルヿ必要ナキガユヘニ男子トノミ制限セラレタルモノナリ

第三　年齡滿二十五年以上ノ者タルヿヲ要ス

人誰カ過チナカラントハ賢愚老若男女貴賤貧富ヲ總括シテ云ヒシモノナリ況ンヤ幼少ノ者ニ於テハ其過チノ少カラサルノミナラズ事理ヲ分別スルノ智能少キヤ論ヲ待タサルナリ生理學者ノ說ク處ニヨレハ人ハ七歲每ニ其身躰ノ發達スルモノナリト云フ而シテ其順序ハ生レテ七歲ヲ以テ幼年トシ十四歲ヲ以テ成童トシ二十一歲ヲ以テ丁年ト爲スニアリ斯樣ニ七年每ニ身躰ノ發達スルモノナルニヨリ之レト同時ニ智能モ亦發達セサルヲ得サルノ理ナリ」ト生理學者ノ說果シテ其當ヲ得タルモノナルヤ否ヤ未タ之レヲ確信スルヿ能ハスト雖モ蓋シ彼等ハ多年ノ經驗ニヨリテ得タル結果ナルヘシ果シテ然ラハ年齡ノ制モ亦緊要ナリト云ハサルヲ得ス特ニ實際ニ於テモ無分別ナ

ル所爲ヲ目シテ兒戲ニ類スルトカ或ハ小兒ノ樣ナリトカ云フガ如キハ皆是少年者ノ事理ヲ辨別セサルコトヲ表ハセルモノナリ依是觀之事理ノ辨別アリヤ否ヤヲ觀察スルニハ年齡ニ依ルニ如カズ是故ニ年齡ノ制モ亦タ至要ナリト云フヘシ然リト雖ドモ其幾年ニシテ事理ヲ辨別シ得ルヤニ至リテハ豫メ一定シ難シ我國ニ於テハ滿二十歲以上ヲ以テ丁年ト爲シアレドモ此丁年ハ民事上及政治上ニ通用スヘキモノニアラズ何トナレハ府縣會規則ヲ案スルニ其議員トナルニハ年齡滿二十五歲以上ナラサルヘカラズ是レ即チ滿二十年ト云フ刑事上ノ丁年ハ民事上及ヒ政治上ニ通用スベカラサルノ一證ナリ殊ニ本法ニ於テハ滿二十五年以上ノ男子ニアラサレハ選擧權ヲ有セズ之レ第二ノ證據ナリ又本法ノ被選擧權ヲ有スルニハ滿三十年以上ナ

ラサルヘカラズ之レ第三ノ證據ナリ然レ𪜈二十年ノ丁年ハ强チニ政治上ニ通用スヘカラズト云フヲ得ス何トナレハ府縣會議員ノ選擧人タルノ資格ニ關シテ年齡ノ制ハ滿二十年以上ヲ以テ其程度ト爲シタレハナリ

我國ノ年齡ノ制ハ前ニ述タル生理學上ノ說ニハ相反スルモノヽ如シト雖𪜈能ク其事實ヲ觀察スルトキハ實ニ生理學上ノ說ヲ應用シタルモノト云ハサルヘカラス何トナレハ吾人ハ七年毎ニ身躰精神ノ發達アルモ其發達スルヤ直チニ之レヲ使用センヨリモ寧ロ其前後コソ既ニ發達シタル身心ノ使用ニ適當ナレハナリ是レ即チ七年毎ニ發達スルト云ヘル生理學上ノ說ヲ利用シタルニアラスシテ何ンヤ

衆議院ノ議員ハ國家ノ大事ヲ商議スルモノナリ此故ニ議員其

人ヲ得ルト得サルトニヨリテ國家ノ盛衰ニ大關係ヲ及ボスナリ然ラハ則チ其人即チ議員ヲ選擧スルニハ最モ注意セサルヘカラス若シ夫レ一朝誤マリテ不適任ナル議員ヲ選擧スルニ於テハ國家ノ大事ヲ誤マルノ不幸ニ瀕センノミ國民タル者選擧人タル者豈ニ謹マサルヘケンヤ此故ニ我立法者ハ遠ク慮ル處アリテ普通二十歳ノ丁年ニ一級ヲ進メテ二十五歳ト爲シタルモノニシテ最モ時勢人情ニ適シタルモノト云フヘシ何トナレハ我國現今ノ狀態ニ於テハ二十五歳以上ノ者ニアラサレハ輕擧粗暴事ヲ誤マル者少シトセサレハナリ是レ我立法者ガ滿二十五歳以上ノ者ニアラサレハ衆議院ノ議員ヲ選擧スルノ資格ヲ與ヘサル所以ナリ

現今佛國ニ於テハ滿二十一年ヲ以テ民事上政治上共通ノ丁年

トセリ然レ氏政治上ニ於テ二十一歳ヲ以テ丁年ト爲スハ少シク早キニ過キサルカトノ事ヨリシテ滿二十五年ヲ以テ政治上ノ丁年ト爲スヘシトノ說起リテ議院ノ動議トナリシ事モアリタレ氏遂ニ用ヒラレサリキ

然レ氏其動議トナリタル理由ヲ一言セサルヘカラズ抑モ少壯ノ輩ハ動モスレハ客氣ニハヤリ粗暴ニ流レ事ヲ誤マルノ恐レナキニアラ子氏然レ氏二十五歳以上ニ至テハ如斯事ハ少壯ノ輩ニ比シテ其數少シ又八ハ二十五年以下ハ多クハ父兄ニ依リテ衣食スト雖氏二十五歳以上ハ多クハ獨立ノ生計ヲ立ツ元來政權ハ獨立ノ生計ヲ爲ス者ニアラサレハ之ヲ與フヘカラス故ニ滿二十五歳以上ヲ以テ政治上ノ丁年ト爲サヽルヘカラス」ト云ニ過キス

第四　滿一年以上其府縣內ニ住居スルヿヲ要ス

第五　其住居ハ本籍ナルヿヲ要ス

第六　其滿一年ハ選擧人名簿調制ノ日ヨリ前ナルヿヲ要ス

第七　仍引續キ住居スル者タルヿヲ要ス

此第四ヨリ第七マテハ住所ノ制ナリ而ソ議員ハ一地方ヲ代表スルモノニアラスシテ一國ヲ代表ス旣ニ一國ヲ代表スル以上ハ一地方ノ住所ハ之レヲ要セサルカ如シ然レ𪜈選擧區選擧ニ於テハ其選マレタル土地ノ利益ヲ計ルノ趣旨ハ自ラ存セリ此故ニ其土地ノ人情風俗等ヲ知ラシメンカ爲メ少クトモ選擧人名簿調製ノ前一年以上其地ニ住居セサルヲ得サル事ト爲シタルナリ而ソ本籍ヲ要シ且ツ引續キ住居セサルヘカラサル所以ハ他ナシ混雜ト騷擾トヲ避ケンガ爲メナリ何トナレハ若シ此

制限微セハ假リノ住居ヲ定メテ其地ノ議員トナルニヨリ本法第一條ノ趣旨ヲ貫クヿ能ハサルノミナラス其ガ為メ非常ノ混雜ヲ來セハナリ

第八　直接國稅ヲ納ムル者タルヲ要ス

第九　其直接國稅ハ拾五圓以上ナルヿヲ要ス

第十　其國稅ハ其府縣內ニ於テ納ムルヿヲ要ス

第十一　其國稅ヲ納ムルヿハ選擧名簿調製ノ日ヨリ一年以上之ヲ納メ且ツ仍引續キ之ヲ納ムル者タルコトヲ要ス

此第八ヨリ第十一マテハ財產選擧ニ關スルヿナリ要スルニ我國ノ選擧法ハ世ニ所謂普通選擧法ニアラスシテ制限選擧法ナリ而メ其制限セラレタル點ヲ擧クレハ第一財產ノ制限第二男女ノ制限第三住所ノ制限之レナリ次ニ國籍ノヿアレ𪜈這ハ制

限ト云フベキモノニアラズ何トナレハ議員ハ國民ノ特權中ノ重モナルモノナレハナリ

第十二　所得税ニ付テハ選擧名簿調製ノ日ヨリ前滿三年以上引續キ納ムルモノタルヲ要ス

所得税ニ關シテ故ラニ三年以上ト云フ制限ヲ立テラレタル所以ハ他ナシ抑モ所得税ハ納税者ノ屆出テニヨリテ之レヲ納ムルモノナルニヨリ昨日モ今日モ明日モ家ニ壹厘ノ貯ヘナキ貧者ト雖𪜈一タヒ納税ノ屆出ヲ爲スニ於テハ純然タル納税者ト云ハサルヲ得ス然レ𪜈如斯輩ハ常ニ直接國税ヲ納メテ國費ノ万一ニ充ツルモノニアラスシテ唯タ一時ノ權謀ヲ行フノミ故ニ表面ハ一時納税者ナレ𪜈其裏面ヨリ之ヲ見ル時ハ一箇ノ貧生ノミ權謀者ノミ又此法律ノ上ヨリ之ヲ見ル時ハ權謀者彼レ

ガ如キ者ニ此重キ選擧權ヲ與フルヲ欲セサルナリ蓋シ此法律ノ精神ハ恒ノ財恒ノ智ヲ有シテ以テ國家ノ爲メカヲ盡ス者ニ此重キ權利ヲ與ントスルニアリ果シテ然ラハ卒然ノ屆出ヲ以テ成リタル資格者ニ此權利ヲ與ヘサルヤ亦其法律ノ精神ヲ察知シ得ヘキナリ

第七條 家督ニ由リ財産ヲ相續シタル者ハ其財産ニ付前財産主ノ納税ヲ以テ其納税資格ニ算入ス

(説明)本條ハ選擧資格ニ付テ家督相續ヲ爲シタル者ノ權利ヲ規定セラレタルモノナリ家督ニ由リ財産ヲ相續シタル者トハ相續法ノ規定ニヨリテ死者又ハ隱居者ノ財産ヲ相續シタル者ヲシテ例ヘハ甲ハ直接國税十三圓ヲ納メ居タリシガ甲者ハ死去シタルカ又ハ隱居シタルニヨリ其子乙ハ其家督ヲ相續シタリ而メ

乙ニ於テハ豫テ二圓以上ノ直接國稅ヲ納ムル納稅義務者タリ此場合ニ於テハ其乙納メタル二圓以上ノ國稅ニ對スル財產トヲ甲ノ納メタル十二圓ノ國稅ニ對スル財產トヲ通算シテ乙ハ直稅十五圓以上ノ納稅義務者トナルニヨリ納稅ノ點ニ於テハ純然タル資格ヲ得有スルガ如キ之レナリ而シテ若シ前財產主ニシテ已ニ一年前ヨリ十五圓以上ヲ納メ居リシトキハ相續者ハ相續ノ日ヨリ納稅資格ハ完具スル者トス本條ハ之ヲ示セシナリ所得稅ノ場合モ亦之ニ準ス

第三章　被選人之資格

第八條　被選人タルヿヲ得ル者ハ日本臣民ノ男子滿三十年以上ニシテ選擧人名簿調製ノ期日ヨリ前滿一年以上其選擧府縣內ニ於テ直接國稅十五圓以上ヲ納メ仍引續キ納ムル者タルヘシ

但シ所得稅ニ付テハ人名簿調製ノ期日ヨリ前滿三年以上之ヲ納メ仍引續キ納ムル者ニ限ル

（說明）第六條及ヒ第七條ハ選擧人ノ資格ヲ定メタルモノニシテ其說明ノ大畧ハ既ニ之ヲ述ヘタリ而ソ本條以下第十三條ニ至ルマテノ數箇條ハ專ラ被選人ニ關スル事ヲ規定シタルモノナリ今被選人タルノ資格ヲ枚擧スレハ左ノ如シ

第一　日本ノ臣民タル事ヲ要ス

第二　男子タルヿヲ要ス

第三　年齡滿三十歲以上ナルヿヲ要ス

第四　直接國稅十五圓以上ヲ納ムル者タルヿヲ要ス

第五　直接國稅ハ仍引續キ納ムルヿヲ要ス

第六　直接國稅ハ一年以上其府縣內ニ於テ納メタルヿヲ要ス

第七　其一年以上ハ選擧人名簿調製ノ日ヨリ滿一年以上ナルヿヲ要ス

但所得税ニ付テハ人名簿調製ノ期日ヨリ前滿三年以上之ヲ納メ仍引續キ納ムル者ニアラサレハ被選權ヲ得ルヿ能ハズ衆議院ノ議員ニ選擧セラルヽニハ必ス以上ノ要件具備セザルヘカラス故ニ若シ此第一ヨリ第七マテノ要件中其一ヲ欠クトキハ折角ノ選擧モ無効トナラサルヲ得ズ故ニ選擧人及ヒ被選人タル者ハ此點ニ於テ最モ注意セサルヘカラザルナリ

衆議院ノ議員トナルニハ年齢滿三十歳以上ノ者タラサルヲ得ス此制限ハ果シテ何等ノ理由ニ基キタルモノナルヤ曰ク他ナシ既ニ前ニモ述タル如ク衆議院ハ國ノ立法院ナルヲ以テ此ノ議員ノ任ヤ實ニ重シ此重任ヲ負擔スル其人ニシテ深ク思ヒ深

ク考ヘサルカ若シ深ク考ヘ深ク思慮スルト雖𪜈一朝事ヲ誤マルニ於テハ國ノ不幸人民ノ災厄之ヨリ大ナルハナシ然リ而シテ深ク考ヘ深ク思慮スル者ハ果シテ如何ナルモノナルカ年少者ニアルカ年長者ニアルカ其年少者ニ少クシテ年長者ニ之レアルヤ論ヲ待タズ故ニ二十歳ノ者ヨリ二十五歳二十五歳ヨリ三十歳ノ者ガ思慮ノ深キヤ亦タ論ヲ待タサルナリ殊ニ我國ニ於テハ人民ハ祖宗以來初メテ此重任ニ參與シ此重任ヲ負擔スルモノニシテ如何ニ我國ノ臣民ガ他國人ニ卓絶シタル才智アリトスルモ未タ曾テ代議政躰ノ經驗ナキモノナリ此故ニ假令滿二十歳ノ男子ニシテ衆議院ノ議員タルノ件ニ堪タルト爲スモ實際上ニ於テハ此ノ如キ年少者ニ此ノ重任ヲ負担セシムル事能ハサルヤ明ケシ是レ蓋シ滿三十年以上ト爲シタル所以ナリ

第九條　宮內官裁判官會計撿査官收稅官及警察官ハ被選人タルコトヲ得ス

前項外ノ官吏ハ其職務ニ妨ケサル限リハ議員ト相兼ヌル事ヲ得

（說明）本條ハ官吏中被選人タル事ヲ得サル種類ノモノヲ示シ且ツ其例外ヲ示シタルモノナリ即チ本條第一項ノ諸官吏ハ人民ニ對シテ或ハ威嚴ヲ存シ或ハ接近シテ隱然ノ威嚴ヲ存スル等種々ナル關係アリ故ニ若シ如斯官吏ニ被選權ヲ有セシムルトキハ隱然ノ威赫ニ由リテ選擧セラルヽ事ナキヲ保スヘカラズ如斯憂ヒアルニヨリ本條第一項ノ生シタルモノナリ

已ニ述タル如ク本條第二項ニハ其例外ヲ定メラレタルニヨリ宮內官裁判官會計撿査官收稅官及警察官ニアラサル他ノ官吏ハ其職務ヲ妨ケサル限リハ議員ト官職トヲ相兼ヌル事ヲ得然

ラハ其如何ナル程度ニ於テ其妨ケアリヤ否ヤヲ知ルヘキヤ凡ソ官吏タル者ハ政府ノ俸給ヲ得テ其職務ニ從事スル者ニシテ若シ數日タリトモ其事務ヲ手放シスルトキハ其事務ハ澁滯スルヤ論ヲ待タスシテ明カナリ彼ノ各省參事官ノ如キハ議事ノ少キトキハ衆議院ニ出ツルモ職務ニ妨ケサルヘケレ𪜈數月間其本職ナル參事官會議ノナキ筈ナシ然ラハ則チ甲ヲ全フセンカ乙ヲ欠カサルヲ得ス乙ヲ全フセンカ甲ヲ欠カサルヲ得ズ甲乙兩ナカラ之ヲ全フセンコハ到底難事ト思惟セサルヲ得サルナリ著者ハ實ニ其程度ヲ發見スル事能ハサルナリ然レ𪜈說ヲ爲ス者アリ曰ク「本條第二項ノ其職務ニ妨ケサルトハ議員ノ職務ト官ノ職務ト抵觸セサル限リハト云フ意ナリ」ト然リト雖𪜈此說タル根據ノナキ說ニシテ著者ハ之ニ服スル事能ハズ何ト

ナレハ若シ夫レ抵觸セサル限リハト云フ意ニテアラバ明カニ抵觸云々ノ語ヲ以テスベキ筈ナリ何ソ故ラニ妨ケサル云々ノ語ヲ以テスルヲ要センヤ之レ著者ガ或ル者ノ說ニ服スル事能ハサル所以ナリ

第十條 府縣及郡ノ官吏ハ其管轄區域內ニ於テ被選人タルヿヲ得ス

（說明）本條ハ法文ノ說明ヲ要セスト雖圧其理由ニ至テハ一言セサルヘカラズ府縣及ヒ郡ノ官吏ハ管轄外ニ於テハ別ニ勢力ノアルヘキ筈アラテ圧其管轄內ニ於テハ隨分勢力アルモノタル事ハ現今ノ事實ニ於テ明カナリ然ラハ如斯勢力アル者ガ其管轄內ニ於テ選擧セラレントシテ議員ノ候補ヲ爭フニ於テハ種々ナル弊害ヲ釀シテ爲メニ正當ナル選擧ヲ行フヿ能ハサルニ至ル

ヤ亦タ言フヲ待タサルナリ之レ本條ノ設ケアル所以ナリ

第十一條　選擧ノ管理ニ關係スル市町村ノ吏員ハ其選擧區ニ於テ被選人タルヿヲ得ス

（說明）前條ハ府縣及ヒ郡ノ官吏ハ其管轄內ニ於テ選擧セラルヽヿヲ得サル旨ヲ定メタルモノニシテ本條モ亦管轄ノヿアレ𪜈前條トハ少シク事變リテ市町村ノ吏員ハ其管轄內ニ於テ特ニ被選人タルヿヲ得サル者ヲ定メタルモノナリ尤モ市町村ノ吏員ハ悉ク被選人タルヿヲ得サルニアラズ其選擧ノ管理ニ關係スル市町村ノ吏員ノミナリ而シテ如斯吏員ハ其選擧區ノミニ於テ被選權ヲ有セサルノミニシテ他ノ選擧區ニ於テハ更ニ關スル處ニアラズ而テ本條ノ制限アル所以ハ他ナシ選擧ニ關シテ私シノ行ハレサランヿヲ望ミタルニ過キザルナリ

第十二條　神官及諸宗ノ僧侶又ハ教師ハ被撰人タルヿヲ得ズ

（說明）本條モ亦被選人ノ制限ニシテ威嚇籠絡ノ手段等ノ行ハレンヿヲ恐レタルモノナリ然レトモ此ニ所謂敎師トハ宗敎上ノミノ敎師タルコトヲ記臆セサルヘカラズ

第十三條　府縣會ノ議員ニシテ衆議院ノ議員ニ撰擧セラレ當撰ヲ承諾シタルトキハ其前職ヲ辭スベキモノトス

（說明）本條ハ現ニ府縣會議員ノ職ニ在リテ衆議院議員ニ選擧セラレタルトキハ如何ニスヘキヤノコトヲ定メタルモノナリ現ニ府縣會ノ議員ノ職ニ在リテ衆議院議員ニ選擧セラレ其當選ヲ承諾シタル時ハ府縣會議員ノ職ハ之ヲ辭セザルベカラズ法律カ如斯定メタル所以ハ何ソヤ曰ク他ナシ兩職ヲ帶フルトキハ自然ニ公平ヲ得ルヿ能ハザルニ至ルニヨル抑モ府縣會ハ

地方ノ經濟ヲ商議スルモノニシテ地方人民ノ意望ヲ代表スル者ナリ此故ニ府縣會ノ議員ハ地方ノ事ニ意ヲ傾クルニヨリ知ラズ識ラズ其地方ノ利益ヲ計リ一國全般ノ利益上ニ注意ヲ欠クニ至ルベシ果シテ然ラバ公平ヲ欠クト云ハザルヘカラズ此故ニ本條ハ此兩職ヲ兼子シムルヿヲ許サヽルナリ由シヤ偏見ニ陥ラス公平心ヲ有スト雖𪜈若シモ會期ヲ一ニスルカ如キアラハ兩職ヲ全スルヿ能ハサルヲ以テナリ

第四章　撰擧人及被撰人ニ通ズル規定

第十四條　左ノ項ノ一ニ觸ルヽ者ハ撰擧人及被撰人タルヿヲ得ズ

一　瘋癲白痴ノ者

二　身代限ノ處分ヲ受ケ負債ノ義務ヲ免レザル者

三　公權ヲ剝奪セラレタル者又ハ停止中ノ者

四　禁錮ノ刑ニ處セラレ滿期ノ後又ハ赦免ノ後滿三年ヲ經サル者

五　舊法ニ依リ一年以上ノ懲役若ハ國事犯禁獄ノ刑ニ處セラレ滿期ノ後又ハ赦免ノ後滿三年ヲ經サル者

六　賭博犯ニ由リ處刑ヲ受ケ滿期ノ後又ハ赦免ノ後滿三年ヲ經サル者

七　撰擧ニ關ル犯罪ニヨリ撰擧權及被撰權停止中ノ者

(說明)本條ハ議員ノ無能力者ノ事ヲ定メタルモノナリ瘋癲白痴ノ者ヲ選擧スルカ如キ事ハ明治ノ今日ニモ天保ノ古ニモ決シテ之アルノ恐レナシト雖モ該項ノ規定ハ最モ必要ナリ何トナレバ人生ハ不定ナリ明日ノコトハ今日之ヲ知ルベカ

ラズ故ニ假令議員ニ選擧セラレタル今日ハ智勇兼備ノ天晴代議士ナリト雖ㇾ明日ハ早ヤ病氣其他外形ノ刺擊ノ爲メ瘋癲或ハ白痴トナランモ亦計リ知ルヘカラズ然ルニ若シ本條ノ第一項ナカリセバ假令任期中瘋癲又ハ白痴トナルモ決シテ辭職セシム可ラズ如此不都合アルニヨリ本條ノ第一項ノ必要ヲ生ジタリ

第二項以下ハ說明スル程ノコトナシト雖ㇾ滿期ト赦免ノ區別ニ付テ一言セザルヲ得ズ滿期トハ刑期滿チテ出獄スルコトニシテ赦免トハ刑期中ニ於テ罪及刑ヲ免セシムル事ニシテ即チ大赦又ハ特赦ニ由リテ刑ヲ減免セラレタル事ヲ云フナリ

第十五條　陸海軍軍人ハ現役中撰擧權ヲ行フコトヲ得ズ及被撰人タルコトヲ得ズ其休職停職ニアル者亦同シ

第十六條　華族ノ當主ハ衆議院議員ノ撰擧人及被撰人タルコトヲ得ズ

第十七條　刑事ノ訴ヲ受ケ拘留又ハ保釋中ニ在ル者ハ其裁判確定ニ至ルマデ撰擧權ヲ行フコトヲ得ス及被撰人タルコトヲ得ズ

（說明）第十四條ハ選擧權ニ關スル一般ノ無能力者ニシテ第十五條ヨリ本條ニ至ル此三箇條ハ關係ノ無能力者ノコトヲ規定シタルモノナリ今其種類ヲ枚擧スレバ左ノ如シ

第一　現役又ハ休職停職ニ在ル陸海軍軍人

第二　刑事ノ訴ヲ受ケ拘留又ハ保釋中ニ在ル者但裁判確定ニ至ルマデトス

第三　華族ノ當主但此一項ハ衆議院ノ議員ニノミ適用ス

第五章　撰擧人名簿

第十八條　撰擧長ハ毎年四月一日ヲ期トシ各町村長ヲシテ一ノ投票區域内ニ於テ撰擧資格ヲ有スルモノヲ調査シ人名簿二本ヲ調製シ同月二十日マテニ其一本ヲ差出サシムベシ
撰擧人名簿ハ撰擧人ノ姓名官位職業身分住所生年月納ムル所ノ直接國税ノ總額竝ニ納税地ヲ記載スベシ

（説明）本條ハ選擧長ノ職務上ノ權利及ビ法律上ノ義務ヲ規定シタルモノナリ即チ名簿調製ノヿヲ各町村長ニ命ズルハ職務上ノ權利ナレ𪜈其之ヲ爲サヽルヘカラザルハ法律上ノ義務ナリ語ヲ換ヘテ之ヲ云ヘバ選擧人名簿調製及記入ノコトヲ定メタルモノナリ
選擧長ハ毎年四月一日ヲ期トシ各町村長ニ命ジテ一ノ投票區

域內ニ於テ選擧資格ヲ有スルモノヲ調査シテ人名簿二通ヲ調製セシメサル可ラズ然リ而シテ其一通ハ之ヲ同月二十日マテニ差出サシメサルヘカラズ

選擧人名簿ニハ左ノ事項ヲ記載セシメサルヘカラズ

第一　選擧人ノ姓名

選擧人ノ姓名記載スルハ最モ必要ノコトニシテ若シ此記載ナキニ於テハ何人ガ選擧タルヤ之ヲ知ルニ由シナシ是レ即姓名記載ノ必要ナル所以ナリ

第二　官位

官名位記ハ恰モ在野ノ人ニ於ケル職業ヲ記スルト同シ是レ其人違ナキヿヲ要スルニアリ且官名ニヨリテハ選擧ノ有無ニ係ルコトアレハナリ

第三　職業

職業ハ其選擧人狀態ヲ知ルニ於テ必要アリ此故ニ公文ニハ各人ノ職業ヲ記スルハ我國ノ慣習トナレリ此レ又前項ト同シク人違ヒナキヲ要スルニアリ

第四　身分

身分ノ記載ハ最モ必要ナリ何トナレバ第十六條ニ於テ華族ノ當主ハ衆議院議員ノ選擧タルヿヲ得サレバナリ然ルニ若シ身分ノ記載ナキトキハ其正當ナルヤ否ヲ知ルニ容易ナラサレバナリ

第五　住所

住所ヲ記スルノ要タルヤ其何レノ選擧區ノ者ナルカ又果シテ其府縣ニ於テ法定ノ納稅者ナルカ否ヤノ點モ知ルヘカラズ然

ラバ住所ノ記載モ亦必要ナリト云フベシ

第六　生年月

選擧人ハ滿二十五歳以上ナラサル可ラズ而シテ其之ヲ知ルニ簡便ナル方法ハ生年月ノ記載ナリ

第七　納ムル處ノ直接國稅ノ總額並ニ納稅地

此一項ハ自己ノ身代ヲ他人ニ知ラシムルノ嫌ナキヲ得ザレドモ亦記載ノ止ムヲ得サルモノタリ何ントナレバ此記載アリテ初メテ其人ノ法定ノ納稅者ナルヤ否ヤ即チ權利ノ有無ヲ知ルヿヲ得ベケレバナリ

第十九條　市ニ於テハ左ノ方法ニ依リ撰擧人名簿ヲ調製スヘシ

第一　一市又ハ市內ノ一區ヲ以テ一撰擧區ト爲シタル場合ニ於テハ撰擧長其人名簿ヲ調製スベシ

第二　市內ニアル數區ヲ合シテ一撰擧區ト爲シタル場合ニ於テハ各區長ヲシテ其區內ノ人名簿ヲ調製シ撰擧長ニ差出サシムベシ

第三　郡市ヲ合シテ一撰擧區ト爲シタル場合ニ於テ郡長其撰擧長トナリタルトキハ市長ヲシテ其人名簿ヲ調製シ之レヲ差出サシムベシ

第四　第三ノ場合ニ於テ市長其撰擧長トナリタルトキハ市長其市內ノ人名簿ヲ調製スベシ

（說明）本條ハ選擧名簿ヲ調製スル方法ニ付テ市ノミニ關スル特別法ヲ規定シタルモノナリ余ハ以下ニ於テ各項ニ付其適例ヲ擧ケテ說明セン

第一二項ニ於テハ二箇ノ場合ヲ規定シタリ其第一ハ一市ヲ以

テ一選擧區トナシタル塲合ニシテ第二ハ市內ノ一區ヲ以テ一ノ選擧區ト爲シタル塲合之レナリ而シテ第一ノ塲合ナル一市ヲ以テ一ノ選擧ト爲シタル塲合トハ例ヘバ神奈川縣橫濱ノ如キ之レナリ橫濱ハ市制施行ノ地ニシテ此ノ橫濱市ト云フ一市ヲ以テ一選擧區ト爲スニヨリ橫濱市長カ其人名簿ヲ調製セサルベカラズ又第二ノ塲合ナル一區ヲ以テ一選擧區ト爲シタル塲合トハ例ヘバ東京神田區ノ如キ之レナリ即チ神田區ハ其一區ヲ以テ一選擧區ト爲シタルニヨリ此法律第四條ニヨリ神田區長ハ其選擧長トナラザルヲ得ズ故ニ神田區長ニ於テ其人名簿ヲ調製セザルヘカラズ

第二項ハ一市內ニ在ル數區ヲ合シテ一ノ選擧區ト爲シタル塲合ナリ例ヘバ東京ノ本所深川ノ二區ヲ以テ一選擧區ト爲スニ

ヨリ該二區長ニ於テ其人名簿ヲ調製シテ以テ其選擧長ニ差出サヽルベカラザルカ如キ之レナリ

第三項ハ郡ト市トヲ合シテ一選擧區ト爲シタル塲合ニシテ石川縣ノ今ノ金澤區ハ市制施行ノ地ナリ而シテ金澤區ト石川郡ト一區一郡ヲ合シテ選擧區ト爲シタルニヨリ本法第三條ニヨリ石川縣知事ハ金澤市長又ハ石川郡長ニ命ジテ其選擧長ト爲サザル可ラズ若シ石川郡長ヲシテ選擧長トナシタルトキハ金澤市長ハ本項ニヨリテ其人名簿ヲ調製シテ石川郡長ニ差出サヽルベカラス

第四項ハ郡市ヲ合シテ一選擧區ト爲シタル塲合ニ於テ市長ガ其選擧長トナリタルトキハ其人名簿調製ハ何人ノ負担ナルヤト云フコトヲ定メタルモノナリ此時ハ前例ノ塲合ニ於テ金澤

市長カ其選擧長トナリタルニ於テハ該市長カ其市內ノ人名簿ヲ調製セザル可ラズ

第二十條 撰擧人其住居スル投票區域ノ外ニ於テ直接國稅ヲ納ムルトキハ納稅地ノ町村長又ハ市長若ハ區長ノ證狀ヲ得テ撰擧人名簿調製ノ期日マテニ其投票ヲ管理スル町村長又ハ市長若ハ區長ニ差出スベシ

(說明)本條ハ選擧人ニ於テ其住居スル投票區域ノ外ニ於テ直接國稅ヲ納ムルトキノ屆出方ヲ規定シタルモノナリ而シテ其之ヲ屆出ツルニハ左ノ數項ニ注意セザルヘカラズ即チ第一納稅地ノ町村長又ハ市長若クハ區長ノ證狀ヲ以テスル事第二其屆出ハ撰擧名簿調製ノ期日マデニ爲サヽル可ラズ第三其屆出ハ投票ヲ管理スル町村長又ハ市長若クハ區長ニ爲スコト此三點ニ注

意スベシ然ラサレバ其屆出ハ無効トナルヘシ

第二十一條　選擧長ハ各町村長又ハ市長若ハ區長ヨリ差出タル選擧人名簿ヲ合シ一選擧區ヲ以テ一册トシ選擧管理ノ郡役所又ハ市役所若ハ區役所ニ備ヘ置キ其副本ヲ府縣知事ニ送致スベシ

(說明)本條ハ選擧名簿ニ關シテ選擧長ノ義務ヲ規定シタルモノナリ

第二十二條　選擧長ハ毎年五月五日ヨリ十五日間一選擧區選擧人名簿ノ寫シヲ其選擧管理ノ郡役所又ハ市役所若ハ區役所ニ於テ縱覽セシムベシ

(說明)本條モ亦選擧名簿ニ關スル選擧長ノ義務ヲ規定シタルモノナリ即チ選擧長ハ毎年五月五日ヨリ十五日間ヲ期シ一選擧區ノ選擧人ノ名簿ノ寫ヲ其選擧ヲ管理スル郡役所又ハ市役所若ク

ハ區役所ニ於テ閲覽ヲ請フ者ニハ縱覽セシメザルベカラズ最モ公平ヲ維持スルノ方法ニシテ文明ヲ以テ誇ル諸國ニ於テハ皆此ノ如キ規定アリ是レ其選擧人ノ何レタルヲ知リ以テ自己ノ投票ヲ考案スルノ要アレバナリ

第二十三條　凡テ選擧資格アルモノ選擧人名簿ニ於テ人名ノ脫漏又ハ誤載アルヿヲ發見シタルトキハ其理由書及證憑ヲ具ヘテ縱覽期限內ニ選擧長ニ申立テ其改正ヲ求ムルコトヲ得

縱覽期限經過シタル後前項ノ申立ヲ爲スモ其効ナシ

(說明)本條ハ選擧名簿ニ付テ選擧人タル資格ヲ有スル者ノ權利ヲ規定シタルモノナリ

選擧人タル資格ヲ有スル選擧人ハ選擧名簿ニ對シ如何ナル權利ヲ行ヒ得ヘキヤ曰ク選擧人名簿ニ於テ人名ノ脫漏アルカ又

ハ誤リヲ記載シテアルコトヲ發見シタルトキハ選擧長ニ向ヒ其改正ヲ求ムルヲ得ルノ權利アリ最此場合ニ於テハ其理由書及證憑ヲ具ヘ縱覽規限内即五月五日ヨリ十五日内之レヲ爲サヽルヘカラズ然ラザレバ假令其申立アルモ其効ヲ有セシメサルナリ

第二十四條　選擧長ニ於テ脫漏ノ申立ヲ受ケタルトキハ其理由及證憑ヲ審査シ申立ヲ受ケタル日ヨリ二十日以内ニ之ヲ判定スヘシ若シ其申立ヲ以テ正當ナリト判定シタルトキハ直チニ其人名ヲ記載シ其由ヲ當人所在地ノ町村長又ハ市長若クハ區長ニ通知シ併セテ選擧區内ニ告示スベシ

（說明）本條ハ人名脫漏ニ關シテ選擧長カ法律ニ對スル義務ヲ規定シタルモノナリ即選擧長ニ於テ第二十三條ニ於ケル人名脫漏ノ

申立ヲ受ケタルトキハ其申立ノ理由及證憑ヲ審査シテ以テ其申立ヲ受ケタル日ヨリ二十日以內ニ於テ其判決ヲ爲サヽルヘカラズ然リ而ソ若シ其判決ニ於テ申立ヲ正當ナリト爲シタルトキハ直チニ其姓名ヲ記載シテ其趣キヲ當人所在地ノ町村長又ハ市長若クハ區長ニ通知シ且其選擧區內ニ告示セザルヘカラズ

第二十五條　選擧長ニ於テ誤載ノ申立ヲ受ケタルトキハ其理由及證憑ヲ審査シ必要ナル場合ニ於テハ申立人又ハ被告人ヲ召喚審問シ申立ヲ受ケタル日ヨリ二十日以內ニ之ヲ判定スベシ若誤載ナリト判定シタルトキハ直チニ之ヲ削除シ其由ヲ被告人所在地ノ町村長又ハ市長若ハ區長ニ通知シ併セテ選擧區內ニ告示スベシ

(說明)本條ハ脫漏ニ付テノ選擧長ノ法律ニ對スル義務ニシテ本條モ亦是ト相似タルコトニシテ即人名誤載ニ付テ選擧長ガ法律ニ對スル義務ノコトヲ規定シタルモノナリ唯前條ト異ナル點ハ彼ハ脫漏ニシテ此ハ誤載ナリ又彼ニ於テハ其中立人及ビ被告人ヲ召喚審問スルノ必要ナシト雖圧此條ニ於テハ其必要アルヿアリ何トナレハ脫漏ニハ詐欺ノアルベキコト少ナシト雖圧誤載ニハ種々ニ詐欺ノ手段ヲ設ケテ以テ人名簿ニ記載セシメテ自黨ノ勝利ヲ得ンコトヲ企ツルモノナキヲ保スヘカラズ

第二十六條　中立人又ハ被告人ニ於テ選擧長ノ判定ニ服セザルトキハ選擧長ヲ被告トシ判定ノ日ヨリ七日以內ニ始審裁判所ニ出訴スルコトヲ得

(說明)本條ハ中立人又ハ被告人ノ訴權ヲ規定シタルモノナリ人名脫

漏又ハ誤載中立ニ對シテ與ヘタル選擧長ノ判定ニ對シ其中立人又ハ被告人ニ於テ不服ナルトキハ選擧長ヲ相手取リ七日以內ニ始審裁判所ニ出訴スルコトヲ得而シテ其七日ハ選擧長ノ與ヘタル判定ノ日ヨリ起算ス本條ノ訴權ヲ有セシムル所以ノモノハ其人ノ權利タルヤ最モ貴重スヘキモノナルノミナラス又人民ノ權利ニモ影響アリ輕々ニ付シ去ルヘキモノニアラサレバナリ

第二十七條　始審裁判所ニ於テ前條ノ訴訟ヲ受取リタルトキハ他ノ訴訟ノ順序ニ拘ラス速ニ其裁判ヲ爲スヘシ

（說明）本條ハ選擧名簿ニ關スル訴訟ヲ受タル時ノ始審裁判所ノ義務ヲ規定シタルモノナリ始審裁判所ハ第二十六條ノ訴訟ヲ受タル時ハ通常訴訟ノ順序ニ依ラス直ニ裁判ヲ爲サヽルヲ得サル

ノ義務アリ斯ク規定シタル所以ノモノハ他ナシ又名簿ニ關スル訴訟ノ如キハ證據分明ニシテ特ニ迅速ヲ要スルガユヘナリ

第二十八條　前條ニ於ケル始審裁判所ノ裁判ハ控訴スルコトヲ許サズ但大審院ニ上告スルコトヲ得

（説明）本條ハ前條ニ相次テ起リタルモノニシテ同シク申立人及ビ被告人ノ訴權ヲ規定シタルモノナリ若シ申立人及被告人ニ於テ始審ノ裁判ニ服セザルトキハ控訴スルコトヲ許サヽレトモ大審院ニ向テ上告スルコトヲ許セリ法律ガ如斯定メタル所以ハ他ナシ抑モ控訴ハ始審ノ裁判ヲ覆審スルモノニシテ語ヲ換ヘテ之ヲ云ヘバ控訴ハ同一ノ裁判ヲ更ニ仕直スモノト云フベシ故ニ假令如何ニ明白ナル事件ト雖𪜈一度與ヘタル始審ノ裁判ニ對シテ覆審ヲ求ムルトキハ法律ノ許ス限リハ裁判所ハ之ヲ

受理シテ以テ其覆審ヲ爲サヽルヘカラズ然ルニ之ニ反シテ大審院ノ裁判即上告ニヨリテ與フル判決ハ始審ノ裁判ヲ覆審スルニアラズシテ其既ニ與ヘタル裁判ハ法律ニ背カサルヤ否ヤヲ判決スルモノナリ此故ニ上告ハ之ヲ爲スモ受理スヘキ理由アラサル時ハ却下ス左レハ選擧ノ爲ニ生シタル故障多シト雖モ無益ノ手數ト費用トヲ省クコトヲ得ヘシ之レ本條ニ於テ上告ハ許セトモ控訴ハ許サヾル所以ナリ

第二十九條 選擧人名簿ハ六月十五日ヲ以テ確定期限トシ次年ノ調製ノ日マテ之ヲ据置クヘシ但シ裁判言渡書ニ依リ改正スヘキモノハ選擧長ニ於テ其言渡書ヲ受取リタル時ヨリ二十四時内ニ之ヲ改正シ其申立人又ハ被告人所在地ノ町村長又ハ市長若ハ區長ニ通知シ併セテ撰擧區內ニ告示スヘシ

（說明）本條ハ選擧名簿据置即チ帳簿保存並ニ改正ノ期日ヲ規定シタルモノナリ

第六章　選擧ノ期日及投票所

第三十條　選擧ノ投票ハ通常七月一日ニ之ヲ行フ但シ衆議院解散ヲ命セラレタル時ハ勅令ヲ以テ臨時選擧ノ期日ヲ定メ少クトモ三十日以前ニ公布スヘシ

（說明）本條ハ選擧ノ投票ヲ行フ期日ヲ定メタルモノナリ衆議院議員選擧ノ投票ハ通常七月一日ニ之ヲ行フヲ元則トスレ𪜈然レ𪜈時ニ或ハ衆議院ノ解散ヲ命セラルヽ事ナキヲ保ス可カラス若シ解散ヲ命セラレタル時ハ別ニ勅令ヲ以テ臨時ニ選擧ノ期日ヲ定メ以テ其選擧ヲ行フ尤モ此場合ニ於テハ少ナクトモ三十日以前ニ公布セラルヽノ規則ナリ

第三十一條　投票所ハ町村役場又ハ町村長ノ指定シタル場所ニ於テ之ヲ設ケ町村長之ヲ管理ス

（說明）本條ハ投票ヲ行フヘキ場所ノ事ヲ規定シタルモノニシテ場所ハ町村ノ役場ニ於テ之ヲ行フモ又ハ其他町村長ノ指定シタル場所ニ於テ之ヲ行フモ可ナリ而シテ町村長ハ此場所ノ管理ヲ十分ニ爲サヽル可カラス

第三十二條　一町村ニ於テ選擧人少數ニシテ一ノ投票所ヲ設クルニ足ラサル時ハ數町村ヲ合併スル事ヲ得

此場合ニ於テハ郡長ハ縣知事ノ認可ヲ經テ合併ノ町村及ヒ投票所並ニ投票所管理ノ町村長ヲ指定スヘシ

（說明）本條ハ一町村ニシテ投票所ノ少數ナル場合ニ於テハ數町村ヲ合併スルヿヲ得ヘキ規則ヲ定メタルモノナリ一町村ニ於テ若

シ選擧人少數ニシテ別ニ投票所ヲ設立スルニ足ラサル時ハ數町村ヲ合併シテ以テ一ノ投票所ヲ設クルヿヲ得而シテ斯ノ如ク爲シタル時ハ郡長ハ府縣知事ノ認可ヲ經テ第一ハ其合併シタル町村第二其投票所第三其投票所ヲ管理スル町村長ヲ指定セサル可カラス

（問）本條ニ所謂町村ノ合併トハ如何ナル意義ナルヤ他ノ語ヲ以テ之ヲ云ヘハ町村其モノヲ合併スルモノナルヤ將タ否ラサルヤ若シ選擧ノ爲メ町村ヲ合併スルモノトセハ實際ニ於テ餘程不都合ナラン然レ𪜈法文ニハ單ニ町村ヲ合併ストノミアルニヨリ疑ナキヲ得ス之ヲ如何

（答）本條ニ所謂町村ノ合併トハ町村其モノヲ合併スルニアラスシテ一選擧投票所ヲ數町村ノ爲メニ設クト云ニアリ故ニ投票終

ルト同時ニ町村ノ合併モ又終ルモノナリ

第三十三條　町村長ハ其管理スル投票區域內ニ於ケル選擧人中ヨリ立合人二名以上五名以下ヲ定メ遲クトモ選擧ノ期日ヨリ三日以前ニ之ヲ本人ニ通知シ選擧ノ當日投票所ニ參會セシムヘシ

立合人ハ正當ノ事項ナクシテ其職ヲ辭スル事ヲ得ス

(說明)本條ハ投票所立合人選定ノコヲ規定シタルモノナリ町村長ハ其管理スル投票ノ區域內ニ於テ其選擧人ノ內ヨリ二人以上五人以下ノ立合人ヲ選定シ而メ遲クトモ選擧ノ期日ヨリ三日前ニ其選定セラレタル立合人ニ通知セサル可カラス而シテ其通知ヲ受ケタル立合人ハ選擧ノ當日ニ於テ選擧ニ立合ハサル可カラス亦立合ハセシメサル可カラス然リ而メ立合人ハ正當ノ

理由ナクシテ之ヲ辭スル事ヲ得ズ正當ノ理由トハ例ハ重キ疾病トカ意外ノ天災トカツマリ防ク可カラサル强制ヨリ生シタル結果ヲ云フ

第七章　投票

第三十四條　投票ハ午前七時ニ始メテ午後六時ニ終ル

（說明）本條ハ投票ヲ行フ時間ノ始終ヲ規定シタルモノニシテ投票差出ノ効力ニ大關係ヲ有スル必要ノ條ナリ

第三十五條　投票函ハ二重ノ蓋ヲ作リ二種ノ鑰ヲ設ケ其一ハ町村長之ヲ管守シ其一ハ立合人之ヲ管守スヘシ

（說明）本條ハ投票函ニ關スル事ヲ規定シタルモノナリ投票函ハ二重ノ蓋ヲ作リテ最モ堅固ニ製造シ且ツ二種ノ鑰ヲ設ケテ其一ハ之ヲ町村長ヲシテ管守セシメ其一ハ之ヲ立合人ニ管守セシメ

サル可カラス

如斯嚴重ナル取締ヲ爲スハ何等ノ故ナルカ曰ク他ナシ抑モ投票ノコトタル國ノ重任ヲ負フ代議士ヲ撰擧スル方法ナルニヨリ其事ヤ實ニ重要ニシテ且ツ大ナリ然ルニ若シ如斯重大ナル投票ヲシテ一人ノ管理ニ歸スルトキハ私スルナキヲ知ラス若シ此ノ如キヿアリテハ其選擧區ノ不幸ナルノミナラズ國ノ不幸ト言ハサルヲ得ス夫レ如斯重大ナリ豈嚴重ナラザルヲ得ンヤ豈鄭重ニセザルヲ得ンヤ

第三十六條　町村長ハ投票ノ初ニ當リ立會人ト共ニ參會シタル選擧人ノ面前ニ於テ投票函ヲ開キ其空虛ナルヿヲ示スヘシ

（說明）本條モ又投票函ニ關スル規定ナリ先ツ投票ヲ爲ス初メニ當リ其撰擧長ハ立會人ト共ニ執行スベキ事務アリ何スレゾ然ルヤ

曰ク他ナシ投票ノ爲メ參會シタル選擧人ニ向テ其面前ニ於テ投票函ヲ開放シテ以テ其函中ノ一片紙タリトモ存セザルヿヲ示スコトハ投票ニ誤リナク豫メ投票紙ヲ入レテ或ル人ヲ選バントスルカ如キヿニアラサルヲ示シ公平ヲ知ラシムルニアリ

第三十七條　選擧人ハ選擧ノ當日本人自ラ投票所ニ至リ選擧人名簿ノ對照ヲ經テ投票スベシ

(說明)本條ハ投票ハ代人ヲ以テスルヿヲ許サヽル旨ヲ定メタル者ナリ凡テ社會ノ事タル特ニ本人ニ非サレバ出來セザル者ヲ除クノ外ハ代人ヲ許サヾル者ハアラズト雖モ投票ノヿニ至リテハ代人ヲ許サヾルヿトナシタリ最モ我國ニ於テ是レマテ公選ノ投票ヲ行ヒ來リシヿ十數年ノ久シキニ及ヘトモ何レモ代人ヲ許サレタリ然ルニ本法ニ於テ代人ヲ許サヽルヿトナシタルハ

蓋シ我國ニ於テハ未タ曾テ是ナキノ例ナルベシ然リ而テ如斯法文ノ生シ出テタルハ故ナキニアラズ現今ノ府縣會議員ノ選擧ノ如キハ投票ハ代人ヲ以テ差出スヿヲ得ルガ爲メニ他人ノ壓制或ハ強制ニヨリ不本意不滿足ナガラ投票ヲ他人ニ託セザルヲ得サル事情モ往々之レアルヤニ聞ケリ衆議院ノ議員ヲ選擧スルニ當リテ斯樣ナル不都合ノコトアリテハ代議生ノ名ヲ全フスルヿ能ハザルニ至ルベシ此故ニ本條ヲ設ケテ投票ハ代人ヲ許サヾルヿト爲シタルモノニシテ至善至良ナル法文ト云フベシ

第三十八條　投票用紙ハ各府縣各一定ノ式ヲ用ヒ選擧ノ當日投票所ニ於テ町村長ヨリ之ヲ各選擧人ニ交附スヘシ

選擧人ハ投票所ニ於テ投票用紙ニ被選人ノ姓名ヲ記載シ次ニ

自己ノ姓名住所ヲ記載シテ捺印スヘシ

(説明)本條ハ投票用紙ニ關スルヿヲ規定シタルモノナリ投票用紙ハ各府縣ニ於テ各々一定シタル式ヲ用ヒサルヘカラス而ソ選擧ノ當日ニ至リテ投票所ニ於テ町村長ヨリ之ヲ各選擧人ニ交附ス故ニ各選擧人ハ之ヲ受取リ其投票所ニ於テ投票ヲ爲サヽルヘカラズ而ソ其投票用紙ニ記載スヘキコトハ第一被選人ノ姓名ヲ記載シ第二ニ自己即チ撰擧人ノ住所姓名ヲ記載シ且ツ捺印セサルヘカラズ

本條ニ至リテ益々前條ノ代人ヲ許サヽル趣旨ハ明瞭ニナリタリ即チ本條アルガ爲メニ脅迫詐言等ヲ以テ投票ヲ奪フコトハ到底行ハレサルニ至レリ實ニ本條ハ肝要ニシテ私利ヲ恣ニスル民ノ爲メニハ憂フヘシ公明正大至善至公ノ良民ノ爲メニハ

欣喜セサルヲ得サルナリ

第三十九條　選擧人ニシテ文字ヲ書スルコト能ハサル由ヲ申立ツルトキハ町村長ハ吏員ヲシテ代書セシメ之ヲ本人ニ讀聞カセ捺印投票セシメ其ノ由ヲ投票明細書ニ記載スヘシ

(説明)本條ハ投票者ニシテ文字ヲ知ラサル由ヲ申立ツルトキハ如何ニ爲スヘキヤノコトヲ規定シタルモノナリ

(參照)我レ聞ク泰西文明ノ諸國ニハ却テ他人ノ姓名ハ勿論自己ノ姓名ダニ書スルコト能ハザル文盲者アリト然レ𪜈我國ニ於テハ如斯甚シキ者ハ殆ント之レナシ然ル以上ハ本條ハ無用ナリト云ハザルヘカラス夫レ然リ豈ニ夫レ然ランヤ社會人類ノ數多ナル文盲モアレバ學者モアリ俗ニ所謂盲目(メクラ)千人目明千人ノ世ノ中ニ選擧人ナレバトテ目明千人ノミナリトハ保證スヘカラ

ズ元來社會ガ盲目千人ト目明千人トニテ組成サレタルモノナレハ選擧人モ亦社會ノ部分ナリ果シテ然ラバ選擧中ニモ亦文盲者ナキヲ保スベカラズ左レハ本條ハ實際ニ於テ最モ必要ナル法文ナリ然ラハ此法文ハ如何ニシテ之ヲ應用スルヤ曰ク他ナシ即チ選擧人ニ於テ文字ヲ書スルコト能ハサル旨ヲ述フルトキハ町村長ハ其言ニ從ヒ吏員ヲシテ其選擧人ノ投票ヲ代書セシメ且ツ之ヲ投票本人ニ讀ミ聞カセテ捺印セシム加之其旨ヲ投票明細書ニ詳記シ置クコト即チ是レナリ

第四十條　二人以上ノ議員ヲ選擧スヘキ選擧區ニ於テハ連名投票ヲ用ウヘシ

（說明）本條ハ若シ一選擧區ニ於テ二人以上ノ議員ヲ選擧スヘキトキハ如何ナル方法ニヨリテ投票スヘキカト云フコトヲ定メタル

モノナリ如斯場合ニ於テハ連名投票ノ法ヲ用ウ即チ一葉ノ投票ニ二名ノ議員ヲ連名ニテ投票セシムルナリ

第四十一條　選擧人名簿ニ記載セラレタル者ノ外投票スルコトヲ得ス但シ選擧人名簿ニ記載セラルヘキ裁判言渡書ヲ所持シ選擧ノ當日投票所ニ至ル者アルトキハ町村長ハ投票用紙ヲ交附シ投票セシメ其ノ由ヲ投票明細書ニ記載スヘシ

(說明)本條ハ何人ト雖モ選擧名簿ニ記載ナキモノハ決シテ投票スルコトヲ得サル原則及ヒ其ノ例外ヲ定メタルモノナリ

本條ニ規定セラレタル如ク選擧人名簿ニ記載セラレサルモノハ何人ト雖モ投票ヲ爲スコト能ハスト雖モ然レトモ假令名簿ニ記載ナキモ投票シ得ヘキモノアリ之レ即チ例外ニシテ彼ノ第二十三條以下ノ規則ニ由リテ名簿ニ記載スヘキ裁判言渡書ヲ

得之ヲ所持シテ選擧ノ當日投票所ニ至ル者アルニ於テハ選擧長ハ此者ニ投票用紙ヲ交附シテ以テ投票セシメサルヘカラス又其ノ由ヲ投票明細書ニ記載シ置カサルヘカラサルナリ然リ而シテ如斯コトヲ記載シ置ク所以ノモノハ他ナシ他日ノ紛議ヲ豫防シ其證明ノ用ニ供スルニ外ナラサルナリ

第四十二條　投票終ルノ時期ニ至リタルトキハ町村長ハ其由ヲ告ケ投票函ヲ閉鎖スヘシ投票函閉鎖ノ後ハ總テ投票スルコトヲ許サス

（說明）本條ハ投票終了ノ時期ヲ規定シタルモノナリ投票終止ノ時期トハ法律ニ定メタル時期ニシテ第三十四條ニ定メラレタル時期即チ之レナリ該條ニヨレハ投票ハ午前七時ニ始マリ午后六時ヲ以テ終ルモノトス然ラハ則チ投票ノ終ル時期トハ午後六

時ノコトナルヤ明カナリ故ニ町村長ハ午后六時ニ至ラハ如何ナル事情アルモ更ニ頓着スルコトナク終了時期ノ到着シタル由ヲ告ケテ以テ其投票函ヲ閉鎖セサルヘカラズ既ニ投票函ノ閉鎖シタル以上ハ是亦如何ナル事情アリト雖𪜈決シテ投票セシムヘカラサルナリ

夜ニ乘シテ投票ノ不正ヲ働キ以テ自黨ノ勝利ヲ得ントト企ツル者ナキヲ知ルヘカラズ之ヲ豫防スルノ嚴法ナカルヘカラズ之レ本條ノ設ケアル所以ナリ

第四十三條　町村長ハ投票明細書ヲ作リ投票ニ關ル一切ノ事項ヲ記載シ立會人ト共ニ署名スヘシ

（說明）本條ハ投票明細書ノコトニ關シ町村長ノ義務ヲ規定シタルモノナリ投票明細書ヲ要スル所以ノモノハ他ナシ投票ノコトヲ

關シテ他日紛議ノ生シタルトキハ之ヲ治ムルノ證據ナカルヘカラズ投票明細書ハ即チ其證據トナルモノナルニヨリ最モ必要ノ書ト云ハサルヲ得ズ故ニ最モ精シク最モ明細ニ記載セサルヘカラズ如斯必要ナル書類ユヘ町村長ト立會人ト共ニ署セシムルモノナリ然ラサル以上ハ投票明細書ノ効ナシ

第四十四條　町村長ハ一名又ハ數名ノ立會人ト共ニ投票ノ翌日投票函及投票明細書ヲ併セテ選擧管理ノ郡役所又ハ市役所若ハ區役所ニ送致スヘシ

(説明)本條ハ投票函並ニ投票明書送致ノコトヲ規定シタルモノナリ町村長ハ投票ノ翌日ニ於テ前日行フタル投票函並ニ投票明細書ヲ併セテ選擧ヲ管理スル郡役所又ハ市役所若ハ區役所ニ之ヲ送致セサルヘカラズ而メ此送致ハ一名以上ノ立會人ト共ニ

爲サヾルヘカラズ

本條モ亦タ法律ノ注意到レリ盡セリト云フヘシ万々一ニモ町村長ニ於テ私ヲ行ハントセンカ立會人ノアルアリ如何トモスヘカラス若又万々一ニモ立會人ニ於テ投票ノ不正ヲ働カンカ町村長ノアルアリ如何トモスヘカラズ寔ニ至公至正ノ法ト云フヘシ

第四十五條　一選擧區內ニアル島嶼ニシテ前條ノ期限內ニ投票函ヲ送致スルコト能ハザル情況アルトキハ府縣知事ハ人名簿確定ノ日ヨリ選擧ノ期日マテノ間ニ於テ其投票ノ期日ヲ定メ選擧會ノ期日マテニ其投票ヲ送致セシムルコトヲ得

(說明)本條ハ投票函及ヒ投票明細書送致ニ付キ島嶼ニ關スル特別法ヲ規定シタルモノナリ

一選擧區內ニアル島嶼ニシテ投票函及投票明細書投票ヲ行フタル翌日ニ選擧管理ノ郡役所又ハ市役所若ハ區役所ヘ送致スルコト能ハサル事情アルトキニ於テハ如何ニ處分スヘキカ曰ク此塲合ニハ府縣知事ハ選擧人名簿確定ノ日即チ六月十五日ヨリ選擧ノ期日即チ七月一日マテノ間ニ於テ適宜ニ其投票ノ期日ヲ定メテ以テ選擧會ノ期日マテニ其投票函ヲ送致セシムルコトヲ得ヘキナリ

第八章　選擧會

第四十六條　選擧會ハ選擧管理ノ郡役所又ハ市役所若ハ區役所ニ於テ之ヲ開ク

(說明)本條ハ選擧會塲ノコトヲ規定シタルモノナリ如何ナル塲所ニ於テ選擧會ヲ開クヘキヤト云フニ選擧ヲ管理スル郡役所又ハ

市役所若ハ區役所ニ於テ之ヲ開ク本條ニ於テハ會場ノ場合ヲ限リテアルニヨリ此三役所ノ外ニ選擧會ヲ開クコトヲ得サルヤ論ヲ待タサルナリ

第四十七條　選擧長ハ各投票所ヨリ參會シタル立會人ノ中ヨリ抽籤ヲ以テ選擧委員三名以上七名以下ヲ定ムヘシ

（説明）本條ハ選擧委員設定ノコトヲ規定シタルモノナリ選擧長ハ三名以上七名以下ノ選擧委員ヲ設定セサルヘカラズ其之ヲ設定スル方法ハ抽籤法ニヨリテ之ヲ定ム然レ𪜈此委員ハ何人ニテモ設定セラルヘキニアラズ必ズヤ各投票所ヨリ參會シタル立會人ナラサルヘカラサルナリ

第四十八條　選擧長ハ投票函送達ノ翌日選擧委員立會ノ上各投票函ヲ開キ投票ノ總數ト投票人ノ總數トヲ計算スヘシ若投票

ト投票人トノ總數ニ差異ヲ生シタルトキハ其由ヲ選擧明細書ニ記載スヘシ

（說明）本條ハ選擧會ニ於ケル選擧長ノ職務ノ一部ヲ規定シタルモノナリ選擧長ハ投票函送達ノ翌日第四十七條ニ於テ設定シタル選擧委員立會ノ上各投票所ヨリ送達シテアル投票函ヲ開キ投票ノ總數ヲ調査シテ其投票者ノ總數ト相符合スルヤ否ヤヲ計算セサルヘカラズ然レトモ若シ投票ノ總數ト選擧人ノ總數トノ間ニ於テ相符合セサルトキハ如何ニシテ處理スヘキヤ曰ク斯ノ如キ場合ニ於テハ其差異ヲ生シタル由ヲ選擧明細書ニ記載シ置クノミ

第四十九條　總數ノ計算ヲ終リタルトキハ選擧長ハ選擧委員ト共ニ投票ヲ點撿スヘシ

（說明）本條ハ投票點撿ノコトヲ規定シタルモノナリ選擧長ハ選擧委員ト共ニ投票ヲ點撿セサルヘカラスト雖𪜈其之ヲ爲スニハ投票ノ計算終リタルトキヲ以テセサルヘカラズ

第五十條　各選擧區ノ選擧人ハ其選擧會ニ參觀ヲ求ムルコトヲ得

（說明）本條ハ各選擧區ノ選擧人ガ選擧會ニ對スル權利ヲ規定シタルモノナリ其權利トハ他ナシ各選擧人ガ選擧會ニ參觀ヲ求ムルコトヲ得ルノコト即チ之レナリ

（問）本條ニハ參觀ヲ求ムルコトヲ得トノミアリテ之ヲ許否スルノ點ニ至テハ何等ノ規定モ之レナシ然ル以上ハ唯ダ其之ヲ求ムルノ權アルノミニシテ之ヲ拒絶セラレタルトキハ如何トモスヘカラサルガ如シ果シテ然ルヤ

（答）法文ニハ單ニ求ムルコトヲ得トアルノミニシテ參觀スルコトヲ得トハ記載ナシ然ル以上ハ假令參觀ヲ拒絕セラルヽト雖モ如何トモスヘカラサルナリ

第五十一條　左ニ掲クル投票ハ無効トス

一　選擧人名簿ニ記載ナキ者ノ投票但シ裁判言渡書ヲ所持シタルニ依リ投票シタル者ハ此ノ限ニアラス

二　成規ノ用紙ヲ用ヒサルモノ

三　撰擧人自己ノ姓名ヲ記載セサルモノ

四　資格ナキ被選人ノ姓名ヲ記載スルモノ但シ連名投票ニ列記スル人員中資格アル者ニ付テハ其効アルモノトス

五　誤字又ハ汚染塗抹毀損ニ依リ記載スル所ノ選擧人又ハ被選人ノ姓名ヲ認知スヘカラサルモノ但シ通常ノ假名字ヲ

用ヒ又ハ誤字ニ依ルモ明ニ其ノ姓名ヲ認知スルコトヲ得ルモノハ此ノ限リニアラス

六　第三十八條第二項ニ規定シタル外他ノ文字ヲ記載シタルモノ但シ被選人ノ氏名ヲ誤ラサル爲メニ其ノ官位職業身分住所ヲ附記シ又ハ敬稱ヲ用ヒタルモノハ此ノ限リニ在ラス

（説明）本條ハ無効投票ノ種類ヲ定メタルモノナリ而ソ第一項ノ選擧人名簿ニ記載ナキ者ノ投票トハ法文ノ通リナリ第二項ノ成規ノ用紙ヲ用ヒサルモノトハ第三十八條ノ規則ニ背キテ他ノ紙ヲ用ヒタルモノヲ云ヒ第三項ハ投票ニ自己ノ姓名ヲ記載セサルモノニシテ此ノ投票ノ無効ナルコトハ勿論ノコトナリ何トナレハ姓名ノ記載ナキモノハ其ノ何人ノ爲シタル投票ナルカ

之ヲ知ルニ由ナケレハナリ第四項ハ被選人タルノ資格ヲ有セサルモノヽ姓名ヲ記載シタル投票ニシテ此ノ種ノ投票ノ無效ナルコト亦論ヲ待タサルナリ尤モ連名投票ニ列記スル人員中ノ資格アルモノニ付テハ無效ニハアラサルナリ第五項ハ誤字又ハ汚染塗抹毀損ニ依リ記載スル所ノ選擧人又ハ被選人ノ姓名ヲ認知スヘカラサルモノヽ種類ニシテ是亦無效ナルヤ論ヲ待タサルナリ尤モ通常ノ假名字ヲ用井又ハ誤字ニ係ルモ明カニ其ノ姓名ヲ知リ得ルモノハ法律ハ之ヲ無效トハ爲サヾルナリ又第五項ハ第三十八條第二項ノ規則即チ被選人ノ姓名及ヒ自己ノ住所姓名ノ外他事ヲ記載シタルトキハ其ノ投票ハ無效ナル旨ヲ定メラレタリ然レトモ被選人ノ姓名ヲ誤マラサラン爲メニ其官位職業住所身分ヲ附記シ又ハ敬稱ヲ用ヒタリト雖

圧之ヲ以テ法律ハ其投票ヲ無効トナサス故ニ左ノ如キ投票ハ有効トス先ツ第一ニ被撰人何府縣何市郡區町村何番地華族又ハ士族若クハ平民某省次官又ハ書記官若クハ農又ハ商鹿野馬瀧様ト記載シ第二ニ撰擧人ナル自己ノ姓名住所ヲ記載シタリ如斯投票ハ如何ニモ無効ノ如クナレ圧法文ニ於テ之ヲ許シタル以上ハ例令無効ト爲サントスルモ決シテ出來サルコトナリ特ニ様又ハ君字ノ如キハ法律ハ故ラニ明文ヲ以テ如斯敬稱ヲ記スルモ差支ナシト明言シタリ然レハ右ニ示シタルガ如キ投票ト雖圧第三十八條第二項ノ制裁ハ受ケス即チ有効投票タルハ論ヲ待タサルナリ

第五十二條　投票効力ノ有無ニ付疑義アルトキハ選擧委員ノ意見ヲ聞キ選擧長之ヲ決定ス此決定ニ對シテハ選擧會場ニ於テ

異議ヲ申立ツルコトヲ得ス

(說明)本條ハ投票効力ノ有無ニ付疑義ノ生シタルトキノ處理方法ヲ定メタルモノナリ若シ夫レ投票ノ効力ノ有無ニ關シテ疑義アルトキハ選擧長ハ選擧委員ノ意見ヲ聞キ以テ其決定ヲ爲ス然レ𪜈此場合ニ於テハ此決定ニ對シテハ選擧會場ニ於テ異議ノ申立テヲ爲スヿヲ許サス何トナレハ此申立ヲ許ストキハ選擧會場ノ騷擾ト混雜トヲ極メ頗ル選擧會ノ妨害トナレハナリ

第五十三條　無効ノ投票ハ抹線ヲ加ヘ其ノ由ヲ選擧明細書ニ記載シ一箇年間保存シ期限ヲ經過シタル後之ヲ燒棄ツヘシ

(說明)本條ハ無効投票其ノ物ノ處分法ヲ規定シタルモノナリ其處分法トハ即チ無効投票ニハ抹殺ノ線ヲ加ヘ而ソ其ノ無効ナル投票ナルニ由リ此ノ抹線ヲ加ヘタル旨ヲ選擧明細書ニ記載シ以

ヲ一箇年間之ヲ保存シ置カサルヘカラス而〆其ノ一箇年ノ期限經過シタル後ニハ之ヲ燒棄スルモノトス

無効投票ニ抹殺ノ線ヲ加フルハ其無効投票タルコトヲ表スカ爲メニシテ其之ヲ選擧名簿ニ記載シテ一年間保存スル所以ハ他日ノ紛議ノ起リタルトキノ證據トナルヘキモノニシテ又之ヲ一年後即チ期限經過シタル後燒棄スルモノハ他日ノ紛議ノ種子ヲ絶滅セシメンガタメナリ

第五十四條　一投票ニシテ其選擧スヘキ定員ヨリ多キ被選人ノ姓名ヲ記載シタルトキハ其ノ定員ニ超ヘタル人名ヲ末尾ヨリ除却スヘシ連名投票ニシテ其ノ選擧スヘキ定員ニ足ラサルトキハ現ニ記載シタル者ノミヲ計算スヘシ但シ一人ノ姓名ヲ複記シタルモノハ一人トシテ之ヲ計算スヘシ

（說明）本條ハ三箇ノ事柄ニ付テ其ノ處分法ヲ規定シタルモノナリ三箇ノ事柄トハ第一ニハ一投票ニシテ其ノ撰擧スヘキ定員ヨリ多キ人名ヲ記載シタル片此ノトキハ其ノ定員ニ超ヘタル人名ヲ末尾ヨリ除却スルモノトス第二ニハ連名投票ニシテ其ノ記載シタル人名カ撰擧スヘキ人名ニ足ラサルトキ例ハ三名ヲ撰擧スヘキニ一名若ハ二名ヲ記載シタルトキノ如キ之レナリ如斯場合ニ於テハ其現ニ記載シアル者ノミヲ計算スベシ第三ニハ連名投票ノ場合ニ於テ一人ノ姓名ヲ複記シタルトキ此ノ場合ニ於テハ法律ハ之ヲ一人トシテ計算スルモノトナシタリ

第五十五條　投票ハ六十日間郡役所又ハ市役所若ハ區役所ニ保存シ期限ヲ經過シタル後之ヲ燒棄ツヘシ

（說明）本條ハ投票保存並ニ保存期限經過後ノ處分法ヲ規定シタルモ

ノナリ投票ノ保存ハ六十日間ヲ期限トシ此ノ期限ハ必ズ保存シ置カサルヘカラズ又其期限後ハ必ズ燒棄セサルヘカラサルナリ是レ其誤テ翌年ノ投票ニ入リ或ハ之ヲ入ルヽ者アルヲ防クナリ

第五十六條　選擧ニ關リ訴訟又ハ告訴告發アルトキハ第五十三條第五十五條ノ期限ヲ經過スルモ裁判確定ニ至ルマテ其投票ヲ保存スヘシ

（說明）本條ハ第五十三條第五十五條ノ規則ノ例外ヲ定メタルモノナリ選擧ニ關リ訴訟又ハ告訴告發アルトキハ第五十三條及第五十五條ノ投票保存期限ノ經過スルト其裁判確定ニ至ルマテハ其投票ノ保存ヲ爲サヽルヘカラズ然ル所以ノモノハ他ナシ元ト此訴訟又ハ告訴告發ハ投票ノ件ヨリ起リタルモノナルニヨ

リ何ヲ言フニモ其本物タル投票ナカルヘカラス左レハコソ本條ノ設ケアリト云フヘシ

第五十七條　選擧長ハ選擧明細書ヲ作リ選擧點撿ニ關ル一切ノ事項ヲ記載シ選擧委員ト共ニ署名シ之ヲ保存スヘシ

(説明)本條ハ選擧明細書ニ關シテ選擧長ノ義務ヲ規定シタルモノナリ選擧長ハ必ス選擧明細書ヲ作ラサルヘカラズ而ソ其之ニ記載スヘキ事項ハ撰擧點撿ニ關ル一切ノコト即チ之レナリ而ソ此明細書ニハ撰擧長ハ撰擧委員ト共ニ署名シ且ツ之ヲ保存セサルヘカラズ是レ他日ノ異議紛爭ニ供セソカ爲メナリ

第九章　當選人

第五十八條　投票總數ノ最多數ヲ得タル者ハ之ヲ當選人トス投票同數ナルトキハ生年月ノ長者ヲ以テ當選人トス同年月ナル

トキハ抽籤ヲ以テ之ヲ定ムヘシ

（説明）本條ハ選擧ニヨリテ當撰人トナルニハ如何ナル得點者ナルヲ要スヘキカノコトヲ定メタルモノナリ投票ハ總點數ノ最多數ヲ得タル者ヲ以テ當選人トス投票點數ノ最多數トハ比較上ノ語ニシテ數名ノ候補者中ニ於テ最モ多數ヲ得タルモノヲ云フ例ヘハ一撰擧區ニ於テ一名ノ議員ヲ撰擧スル場合ニ於テ五名ノ候補者アリトセヨ而メ投票ノ總數ハ一千點ナリトセヨ其中ノ一人ハ二百五十點即チ二百五十票ヲ得他ノ四人ハ二百票以下ヲ得タリ然ルキハ此五名ノ中ニ於テハ二百五十票ヲ得タル者ヲ以テ投票總數ノ最高點ヲ得タルモノトナサヽルヲ得ズ故ニ之ヲ以テ當撰人ト爲スガ如キ是レナリ

若シ投票同數ナルトキハ如何ナル方法ニヨリテ當選人ヲ定ム

ヘキヤ曰ク此ノ場合ニ於テハ生年月長者ヲ以テ當選人トス例ヘハ天保年代ニ生シタル者ト明治年代ニ生シタル者ト同數ナリシトキハ天保年代ノ者ヲ以テ當選人ト定メザルヲ得サルガ如キ之レナリ若又同年月ニシテ同數ナルトキハ抽籤ヲ以テ其當選人ヲ定ム

第五十九條　當選人定マリタルトキハ選擧長ハ直ニ其姓名及投票ノ數ヲ府縣知事ニ屆出ヘシ

(說明)本條ハ投票及ヒ選擧會終リテ當選人定マリタルトキニ於ケル其當選人ノ姓名及ヒ投票ノ數ヲ選擧長ヨリ直ニ府縣知事ニ屆出サルヘカラズ

第六十條　府縣知事前條ノ屆出ヲ受ケタルトキハ各當選人ニ通知シ其姓名ヲ管內ニ告示スヘシ

第六十一條　當選人當選ノ通知ヲ受ケタルトキハ其當選ヲ承諾スルヤ否ヲ府縣知事ニ屆出ヘシ

（說明）此二ケ條ハ共ニ相關係シタルモノナリ第六十條ハ當選ノコトニ關シテ府縣知事ノ職務ヲ規定シタルモノニシテ第六十一條即チ本條ハ當選人ノ義務ヲ規定シタルモノトス

當選ニ關スル府縣知事ノ職務トハ當選人定マリテ其姓名及ヒ投票ヲ選擧長ヨリ府縣知事ニ通知シタルトキハ府縣知事ハ此通知ヲ受ケ之ヲ各其當選人ニ通知シ且其姓名ヲ管內ニ告示ス是即チ府縣知事ガ當選ニ關スル一箇ノ職務ナリ又當選人ニ於テ府縣知事ヨリ當選ノ通知ヲ受ケタルトキハ其諾否ヲ府縣知事ニ屆出サルヘカラズ之レ當選人ガ當選ニ關スル一箇ノ義務ナリトス

第六十二條　一人ニシテ數選擧區ノ當選人トナリタル者當選ノ通知ヲ受ケタルトキハ何レノ選擧區ノ當選ヲ承諾スル旨ヲ府縣知事ニ屆出ヘシ

（說明）本條ハ一人ニシテ數箇ノ選擧區ニ當選シタルトキハ其處理ハ如何ニ爲スヘキカノコトヲ定メタルモノナリ一人ニシテ數選擧區ノ當選人トナリタルトハ例ヘハ東京ニ於テ府內ノ數選擧區ヨリ選擧サレタル者アルトキノ如キヲ云フ而メ其何レノ選擧區ノ議員トナルトモ其人ノ隨意ナリ此故ニ其人ハ何レノ選擧區ノ議員トナルヘキカノコトヲ東京府知事ニ屆出サルヘカラズ

第六十三條　當選人其府縣內ニ在ル者ハ十日以內其府縣外ニ在ル者ハ二十日以內ニ當選承諾ノ屆出ヲ爲サヽルトキハ其當選

ヲ辭シタルモノト看做スヘシ

（說明）本條ハ當選人ノ當選ノ權利ヲ拋棄シタリト看做ス法則ヲ定メタルモノナリ如何ナルトキニ於テ當選ノ權利ヲ拋棄シタリト看做スヘキヤト云フニ本條ニ規定シタル日限內ニ屆出ヲ爲サヽルトキ即チ之レナリ府縣內ニ在ル者ハ十日以內府縣外ニ在ル者ハ二十日以內トス此日限內ニ當選承諾ノ屆出ヲ爲サヽルトキニ於テ即チ當撰ヲ拋棄シタルモノト看做スナリ

第六十四條　當選人ニシテ其當選ヲ辭シ又ハ期限內ニ其當選ノ承諾ヲ屆出サルトキハ府縣知事ハ選擧ノ期日ヲ定メ其撰擧長ニ命シ再ヒ撰擧ヲ行ハシムヘシ但シ第五十八條第二項ノ場合ニ於テ抽籤ニ依リ當選ヲ得タル者其ノ當撰ヲ辭シ又ハ其ノ承諾ヲ屆出サルトキハ抽籤ニ依リ當選ヲ失ヒタル者ヲ以テ當撰

人ト定ムヘシ

（說明）本條ハ當選ニ關スル數箇ノ事項ヲ規定シタルモノナリ當選人ニシテ其當選ヲ辭シタルカ又ハ期限內ニ其當選ノ承諾ヲ屆出サルトキハ如何ニシテ當選者ヲ定ムベキカ曰ク此ノトキハ府縣知事ニ於テ更ニ選擧期日ヲ定メテ其選擧長ニ命シテ以テ再ヒ選擧ヲ行ハシム然レ圧第五十八條第二項ノ塲合ニ於テ抽籤ニ依リテ當撰者トナリタル者が其當撰ヲ辭シタルカ又ハ其承諾シタル者ヲ屆出サルトキハ抽籤ニ依リテ當撰ヲ失ヒタル者即チ投票及生年月ノ同一ナルニヨリ甲乙抽籤ヲ行フタルニ甲ハ其抽籤ノ爲メニ當撰ヲ失ヒタリ然ルニ本條ニ於テハ此乙ヲ以テ當撰人ト定ムルモノナリ是レ便宜ニシテ且適理ナル法則ト云フヘシ

第六十五條　各選擧區ノ當選人確定シタルトキハ府縣知事ハ當選證書ヲ附與シ及管內ニ告示シ茲ニ當選人ノ資格ヲ錄シテ內務大臣ニ具申スヘシ

（說明）本條ハ各選擧區ニ於ケル當選人確定シタルトキニ行フヘキ府縣知事ノ職務ヲ規定シタルモノナリ而メ當選人ノ確定トハ此法律即チ選擧法ノ規定ニ由リ投票及選擧ヲ行ヒ終リテ當選ノ通知アリタルニヨリ其承諾ヲ屆出タルトキヲ云フナリ如此當選確定シタル以上ハ府縣知事ハ左ノ事項ヲ行ハサルヘカラス第一當選證書ヲ渡スコト第二管內ニ告示スルコト第三當選人ノ資格ヲ錄シテ內務大臣ニ具申スルコト是レナリ

第十章　議員ノ任期及補闕選擧

第六十六條　議員ノ任期ハ四箇年トス但シ任期ヲ終リタル後仍

撰擧ニ應スルコトヲ得

(説明)本條ハ議員ノ任期ヲ規定シタルモノナリ議員ノ任期トハ臣民ノ撰擧ニ依リ法律ノ定メタル或ル期限內ニ於テ一國臣民ノ意望ヲ代表シテ其職任ヲ完フスルニ於テ決シテ他ヨリ障碍ヲ受ケサル鞏固不抜ナル期限ヲ云フ然リ而メ我國ニ於テハ之ヲ四箇年ト定メラレタリ故ニ撰マレテ議員トナリタル以上ハ此ノ議員ノ任期ハ之ヲ長カラシメンカ將タ短カラシメンカ學者間ノ議論モ未タ一定セサルモノヽ如シ若夫レ此任期ヲシテ長カラシメンカ日ニ月ニ進化シタル今日ノ人民ノ意望ヲ代表スルニ昨日ノ思想ヲ以テスルト云ハサルヲ得ス背理モ亦タ甚タシト云フヘシ特ニ其地位ヲ占ムルコト長キニ於テハ自然壓制ノ行ハルヽハ數ノ免カルヘカラサルコトナレハナリ然ラハ此ノ

期限ヲシテ短カラシメンカ議員諸氏ガ經驗ヲ養成スルコト能ハズ加之議員選擧ノ屢々ナルカ爲メ時間ト費用トヲ要スルコト莫大ナルノミナラズ社會ノ騷擾モ亦少シトナサズ此故ニ諸國ニ於テモ各情況ニ照シテ或ハ三年トナスアリ或ハ四年トナスアリ我國ニ於テハ斷シテ四年トセラレタルハ蓋シ三年トナスモ短カキニ過キサルカノ思慮アリシモノナルヘシ任期ノコトニ關シテ左ニ二三國ノ法條ヲ示シテ以テ參考ニ供スヘシ而シテ其再選ヲ許スハ各國ノ皆然ル處ニシテ議員其人ノ思想ノ猶人民ノ思想ニ伴フニ因リ再選セラレシモノナレハ任期ヲ設ケシ理由ヨリ見ルモ之ヲ許スノ至當ナルヲ知ルヘシ

（參照）佛國共和國憲第十五條代議士ハ四箇年間之ヲ選ム可シ

普魯西王國憲法第七十三條下院議員ノ任期ハ三年ト定ム

伊太利王國憲法第四十一條代議院ノ任期ハ五年トス此年限ノ終リタル時任期モ亦從テ消散ス

瑞西連邦國憲法第六十五條議會ハ三年毎ニ選擧シテ其全員ヲ更迭ス

白耳義王國憲法第五十一條代議士院ノ議院ハ四年ヲ一期トス選擧法ニ定メタル席次ニ從ヒ毎二年議員ノ半ヲ更選ス

第六十七條　議員ノ闕員アルニ由リ内務大臣ヨリ補闕選擧ヲ開クヘキ旨ヲ命セラレタルトキハ府縣知事ハ其ノ命ヲ受ケタル日ヨリ二十日以內ニ欠員ノ選擧區ニ限リ臨時選擧ヲ行ヒ補闕議員ヲ選擧セシムヘシ

(說明)本條ハ補闕議員選擧ノコトヲ規定シタルモノナリ議員ニ闕員アルトキハ內務大臣ハ補闕選擧會ヲ開クヘキ旨ヲ府縣知事ニ

向テ命令ス然ルトキハ府縣知事ニ於テハ其命令ヲ受タル日ヨリ選擧區ニ於テ之ヲ開クノミナリ

第六十八條　補闕議員ノ任期ハ前議員ノ任期ニ依ル

（說明）本條ハ補闕議員ノ任期ノコトヲ規定シタルモノナリ而メ其任期ハ本條ニ規定シタル如ク前議員ノ任期ニ依ル前議員ノ任期ニ依ルトハ例ヘハ前議員ガ三年ニテ闕員トナリタルトキハ其補闕議員ハ殘任期一年間在職スルヲ以テ滿期トスルガ如キ之レナリ

第十一章　投票所取締

第六十九條　投票管理ノ町村長ハ投票所ノ秩序ヲ保持シ必要ナル塲合ニ於テハ警察官吏ノ處分ニ附スルコトヲ得

（說明）本條ハ投票所取締ノコトニ付テ其取締上ニ關シテ投票管理ノ

町村長ノ權利ヲ規定シタルモノナリ本條ハ投票管理ノ町村長ニ與フルニ左ノ權限ヲ以テシタリ其第一ハ投票所ノ秩序ヲ保持スルコト第二必要ナル場合ニ於テハ警察官ノ處分ニ附スルコトヲ得ルコト之レナリ而メ投票所ノ秩序ヲ保持スルトハ投票所ノ規律ヲシテ整然タラシメ以テ其取締上ノ不都合ナカラシムルコトニシテ此規律ヲ紊タシ取締上ノ妨ケヲ爲ス所以アリテ其秩序保持ニ關係アリト思料スルトキハ警察官ニ命シテ其處分ヲ爲サシムルニアルナリ

第七十條　凡テ戎器又ハ兇器ヲ携帶スル者ハ投票所ニ入ルコトヲ許サス

第七十一條　選擧人ニ非サル者ハ投票所ニ入ルコトヲ許サス

(說明)此二箇條ハ共ニ投票所取締ニ關スル規定ナリ投票所ニ入ルコ

トヲ許サヽル者左ノ如シ

第一　戎器又ハ兇器ヲ携帶シタル者

戎器トハ軍用ニ供スル武器ノ稱ニシテ兇器トハ常ニ人ヲ害スルニ足ルヘキ刄器ノ稱ナリ然レ𪜈斯ク一言シタルトキハ前後不揃ノ語トナルノミナルニヨリ更ニ戎器ト兇器ノ區別ニ付テ一言セサルヘカラズ何トナレハ人ヲ害スルニ足ルヘキ物ハ凡テ兇器ナリト云フトキハ軍用ニ供スル武器ハ人ヲ害スルニ足ルニヨリ武器ハ兇器ナリト云ハサルヲ得サルニ至レハナリ夫レ然リ然レ𪜈本條ニハ此ノ如ク深遠ノ解釋ヲ要セス本條ハ唯タ投票所ノ秩序ヲ保持スルコトノミヲ目的トナスニ止マルモノニシテ決シテ戎器其者又ハ兇器其者ヲ惡ムニアラズ之レヲ使用シテ人ニ害ヲ加フルモノヲ惡ムノミ故ニ戎器トハ軍用ニ

供スル武器ニシテ例ヘハ銃鎗刀劍等ノ如キモノヲ云ヒ兇器トハ軍用ノ武器ニアラズシテ例ヘハ仕込杖庖丁等ノ如キモノヲ云フ尤モ此ノ戎器兇器トノコトニ付テ判然之レカ區別ヲ爲サントセバ言語上ノ區別アレ圧眞ノ區別ハ恐クハ容易ナラサルヘシ彼ノ法律上ニ於テモ持兇器ノ語アレ圧此ノ持兇器タル學說未タ一定セス然ル所以ノモノハ他ナシ其之ヲ一定セントスルハ眞ニ難事ナレハナリ試ミニ見ヨ憲兵巡査ノ帶ル劍ヲ持シテ强盜ヲ爲ス者アリトセンカ此强盜タル直チニ持兇器强盜ナリト云フニアラスヤ然レ圧如斯劍ノ性質ヨリ之ヲ云フトキハ決シテ兇器ニアラスシテ眞ノ戎器ナリ此ユヘニ性質上戎器ニシテ兇器トナルコト少カラズ而シテ兇器變シテ戎器トナルコトハ蓋シ少ナカルヘシト雖圧場合ニヨリテハ或ハ之レナキヲ

モ亦保スヘカラズ左レハ本條ノ精神ヲ察スルニ性質戎器ニモセヨ兇器ニモセヨ苟モ投票所ニ携帶シテハ其秩序保持ニ關係アルト思料スヘキ物品ハ凡テ或ハ戎器ト看做シ或ハ兇器ト看做スコトアリテ其レ等ノ物品ヲ携帶シタル者ハ凡テ之ヲ投票所ニ入ルコトヲ許サヽルニアルナリ

第二　選擧人ニアラサル者

選擧人ニアラサル者ハ投票所ニ入ルノ必要ナク却テ妨害ヲ來タスナキニ非ス故ニ之ヲ許サヽルニ過キズ

第七十二條　投票所ニ於テハ一切ノ演說討論及喧譟ニ涉リ又ハ他人ノ投票ヲ勸誘スルコトヲ禁ス

(說明)本條ハ投票所ノ禁制事件ヲ規定シタルモノナリ而ソ其禁制事件ハ第一投票所ニ於ケル一切ノ演說討論第二投票所ニ於ケル

喧譟第三他人ノ投票ヲ勸誘スルコト此ノ三事件ハ投票所ニ於テ之ヲ嚴禁ス

第七十三條　投票所ニ於テ秩序ヲ紊ル者アルトキハ町村長ハ之ヲ警戒シ其命ニ從ハサルトキハ之ヲ投票所ノ外ニ退出セシム

第七十四條　投票所ノ外ニ退出セシメタル者ハ犯罪者ヲ除ク外其ノ投票ヲ爲サシムル爲ニ再ヒ投票所ノ內ニ呼入ルヽコトヲ得

(說明)此二箇條ハ投票所ノ秩序ヲ紊ス者ノ爲メニ定メタルモノナリ投票所ニ於テ其秩序ヲ紊ス者アルトキハ町村長ハ之ニ警戒ヲ加ヘ以テ良心ニ立歸ラシメンコトヲ務メサルヘカラズ町村長カ此ノ警戒ヲ爲スモ其秩序ヲ紊亂スル者ニ於テ若シ町村長ノ命ニ從ハサルトキハ之ヲ投票所ノ外ニ退出セシメ以テ投票所

ノ秩序ヲ保持セサルヘカラズ而シテ如斯シテ投票所ヲ退出セシメラレタル者ト雖モ固ト貴重ナル選擧權ヲ有スルモノタレバ是ニヨリテ此ノ權利ヲ行ハシメサルハ法律ノ精神ニアラズ法律ノ精神ノ妨害ハ宜シク之ヲ除クヘシ權利ハ宜シク之ヲ行ハシメサルヘカラス特ニ投票所ヲ紊亂セシムル者ノ如キハ其所爲ヤ惡ムヘシト雖モ其精神タルヤ固ト是レ自己ノ政治ニ參與スルノ權利ヲ行ハントスルノ熱心ヨリ起リタルモノニシテ其情ヤ實ニ斟酌セサルヲ得サルモノアリ此故ニ其暴行ガ刑法上ノ犯罪ニアラサル以上ハ其投票ヲ爲サシムル爲メニ再ヒ投票所ニ呼入レテ投票ヲ爲サシムルコトヲ得ルナリ投票ニ關スル當局者須ラク注意セサルヘカラサルナリ

第七十五條 投票所ニ參會シタル選擧人ニシテ刑法又ハ此ノ法

律ノ罰則ヲ犯シタル者ハ投票スルコトヲ禁シ其姓名事由ヲ投票明細書ニ記載スヘシ

(說明)本條ハ犯罪ニ依リテ投票ヲ爲スコトヲ禁セラルヽ場合ヲ規定シタルモノナリ選擧人カ投票所ニ參會シテ刑法上ノ犯罪人トナリ又ハ選擧法ノ罰則ヲ犯シタルトキハ其者ノ投票スルヿヲ禁シ且ツ其者ノ姓名及其之ヲ犯シタル事由ヲ投票明細書ニ記載シ置カサルヘカラズ而メ投票所ニ參會シタル選擧人ガ刑法上ノ罰則ヲ犯シタルトハ例ヘハ投票所ニ於テ人ヲ毆打シ創傷シタルガ如キ是レナリ又此法律ノ罰則ヲ犯シタルトハ第十三章ニ規定スル罰則ニ觸レタルトキヲ云フ

第七十六條　投票ニ關ル異議ノ申立ニ付町村長ノ決定ニ對シテハ投票所ニ於テ不服ヲ申立ツルコトヲ得ス

（說明）本條ハ投票ニ關ル異議ノ申立ニ付テノコトヲ規定シタルモノナリ投票ノコトニ關シテ異議ノ申立アリタルトキハ町村長ハ之ニ決定ヲ與フト雖𪜈此決定ニ對シテハ投票所ニ於テ不服ヲ申立ツルコトヲ得サルハ故ナキニアラズ若シ投票所ニ於テ之ヲ申立ツルコトヲ許サバ投票所ノ秩序ハ到底之ヲ保ツコト能ハザルヤ明カナリ是レ本條ノ設アル所以ナリ

第七十七條　撰擧管理ノ郡役所又ハ市役所若ハ區役所ニ於テ撰擧會ノ參觀ヲ求ムル者ハ總テ第六十九條ヨリ第七十三條ニ至ルマテノ例ニ照シ選擧長之ヲ處分スヘシ

（說明）本條ハ參觀人モ亦タ選擧人ト同シク第六十九條ヨリ第七十三條ニ至ルマテノ例ニ照シテ處分スヘキ旨ヲ規定シタルモノナリ

第十二章　當撰訴訟

第七十八條　各選擧區ニ於テ當選ヲ失ヒタル者當撰人ノ當選ヲ無効トスルノ理由アリト認ムルトキハ當撰人ヲ被告トシ第六十五條ニ掲ケタル當撰人ノ姓名告示ノ日ヨリ三十日以内ニ控訴院ニ出訴スルコトヲ得

其期限ヲ經過シタル後出訴スルモ其効ナシ

(說明)本條ハ各選擧區ニ於テ當選ヲ失ヒタル者カ當選シタル者ノ當選ヲ無効トスルノ理由アリト認ムルトキハ其當選人ヲ被告トシテ控訴院ヘ出訴スルコトヲ得ヘキ所謂出訴ノ道ヲ開キタルモノナリ而ゾ此出訴ハ第六十五條ニ揭ケタル當選人姓名告示即チ各選擧區ノ當選人確定シテ府縣知事ハ其當選人ヘ當選證書ヲ付與シテ以テ其管下ニ告示シタルトキ其告示ノ日ヨリ三

十日以內ニ出訴セサルヘカラス然ラサレハ假令ヒ出訴ヲ爲スモ無効ナリトス

第七十九條　原告人ハ訴訟狀ト共ニ保證金トシテ金三百圓又ハ之ニ相當スル公債證書ヲ控訴院書記局ニ預置クヘシ

第八十條　原告人敗訴ノ塲合ニ於テ裁判言渡ノ日ヨリ七日以內ニ一切ノ裁判費用ヲ納完セサルトキハ保證金ヨリ之レヲ扣除シ仍足ラサルトキハ之ヲ追徵スヘシ

第八十一條　同一ノ當選人ニ對シ二人以上ノ原告人訴訟ヲ爲シタルトキハ控訴院ハ一ノ裁判言渡書ヲ以テ各訴訟人ニ宣告スルコトヲ得

(說明)此三ケ條ハ併セテ說明セン第七十八條ノ訴訟ヲ爲サントセハ原告人ヨリ金三百圓ノ保證金ヲ納メサルヘカラズ然ラサル以

上ハ該訴訟ヲ爲スコトヲ得ス尤モ保證金ハ現金ニアラストモ公債證書ニテモ可ナリ而〆其ノ保證金ハ何レノ處ニ納ムヘキヤト云フニ控訴院ノ書記局ニ納ムルモノトス如斯保證金ヲ納メテ出訴スルモ若シ敗訴トナリタルトキハ其裁判言渡ノ日ヨリ七日以内ニ一切裁判費用ヲ納完セサルヘカラス若シ之ヲ納完セサルトキハ已ニ預置タル保證金ノ内ヨリ扣除シ若仍不足ナルトキハ其保證金ノミニ止マラス追徵ヲ命セラルヽ者トス

又同一ノ當選人ニ對シテ二人以上ノ原告人アリテ訴訟ヲ爲シタルトキハ控訴院ハ一ノ裁判言渡書ヲ以テ此二人ニ宣告スルコトヲ得ルナリ

此保證金ヲ要ストセシ所以ハ他ナシ濫リニ訴訟ヲ爲シテ選擧ニ妨害ヲ與フルヲ防キ且ツ其敗訴セシ場合ノ裁判費用ニ充ツ

ルナリ

第八十二條　審判中衆議院解散ノ命アルトキハ控訴院ハ其訴訟ヲ棄却スヘシ

(説明)本條ハ審判中ト雖モ訴訟ヲ棄却スル場合ヲ規定シタルモノナリ訴訟審判中ト雖モ訴訟ヲ棄却スル場合トハ衆議院カ解散セラレタル場合ナリ衆議院カ解散サレタル以上ハ更ニ議員ヲ選擧セサルヘカラサルニヨリ自然以前ノ議員ハ解職セサルヲ得ス此故ニ當選ノコトニ關シテ爭訟スルノ必要アラサルナリ是レ本條ノ規定アル所以ナリ

第八十三條　原告人訴訟ヲ願下クルトキハ同時ニ其由ヲ新聞紙又ハ其他ノ方法ヲ以テ公告スヘシ

(説明)本條ハ原告人カ訴訟ヲ願下ケシトキ其ノ願下ケ人ノ義務ヲ規

定シタルモノナリ其ノ義務トハ原告人ニ於テ訴訟ヲ願下クルトキハ之ト同時ニ其之ヲ願下ケタル由ヲ新聞紙其他ノ方法ヲ以テ公告セサルヘカラサルコト之レナリ此義務ヲ命セシ所以ノ者ハ原告人ノ訴訟ニヨリ幾分カ被告人ノ名譽ヲ傷害シタルヲ以テ其願下ヲ爲シタルトキハ自己ノ訴訟セシハ自己ノ過誤ナリシヿヲ世ニ公ケニセサルヘカラサルヲ以テナリ

第八十四條　控訴院ハ當選訴訟ヲ審判スルニ當リ本訴ニ關係スル刑法又ハ此法律ノ犯罪ニ對シ直ニ處刑ノ言渡ヲ爲スコトヲ得但シ此ノ場合ニ於テハ檢察官ヲシテ立會ハシムヘシ
當選訴訟ニ關係セサル場合ニ於ケル此ノ法律ノ犯罪者ハ所轄刑事裁判所ニ於テ之ヲ裁判ス

(說明)本條ハ控訴院カ當選訴訟ヲ審判スルニ當リ本訴ニ關係スル刑

法又ハ此法律ノ犯罪者ニ對シテハ如何ナル處分ヲ爲スヘキカノコトヲ規定シタルモノナリ本訴ニ關係スル刑法ノ犯罪者トハ選擧當選者トナランカ爲メ又ハ爲サンカ爲メ毆打創傷ヲ行ヒ又ハ脅迫手段ヲ行フタル如キ殊ニ選擧投票ニ關スル刑法ノ罪ヲ犯セシカ如キ皆其目的ヲ達セシガ爲メニ爲シタル所爲ナルニヨリ如斯ヲ本訴ニ關係スル刑法ノ犯罪ト云フナリ又此法律ノ犯罪者トハ第八十九條以下ニ規定スル事項ニ觸レタル者ヲ云フ斯樣ナル犯罪者ニ對シテハ直ニ處刑ノ言渡ヲ爲スコトヲ得レ𪜈然レ𪜈此場合ニ於テハ撿察官ノ立會ヲ要ス然レ𪜈當選訴訟ニ關係セサル場合ニ於ケル此ノ法律ノ犯罪者ハ所轄刑事裁判所ニ於テ其ノ裁判ヲ爲スナリ

第八十五條　控訴院ニ於テ當選訴訟ヲ判定シタルトキハ其裁判

言渡書ノ謄本ヲ内務大臣ニ送附スヘシ若衆議院開會スルトキハ併セテ之ヲ議長ニ送附スヘシ

(說明)本條ハ裁判言渡書ノ謄本送附ニ付テノ義務ヲ規定シタルモノナリ其謄本一通ハ内務大臣一通ハ衆議院議長ニ送附ス尤モ衆議院議長ヘハ其議院開會中ニ限ル

第八十六條　當選訴訟ニ付控訴院ノ裁判ニ對シテ大審院ニ上告スルコトヲ得

第八十七條　訴訟ノ目的タル當選人ハ其ノ裁判確定ニ至ルマデ衆議院ニ列席スルノ權ヲ失ハス

(說明)訴訟ノ目的タル當選人即チ被告人ハ其裁判ノ確定ニ至ルマデハ衆議院ニ列席スルノ權ヲ失フコトナシ是レ最モ至當ノコトナリ吾人ハ訴ヘラレタルカ爲メニ參政權ヲ失フノ理ナシ此故

ニ本條ノ規定アルモ亦偶然ニアラサルナリ(議院法第百八十條說明參看)

第八十八條　當選訴訟ニ付本章ニ規定シタルモノヽ外總テ普通ノ訴訟手續ニ依ル

(說明)本條ハ說明ノ要アラサレハ之レヲ畧ス

第十三章　罰則

第八十九條　納稅額年齡住所及其他ノ撰擧資格ニ必要ナル事項ヲ詐稱シ選擧人名簿ニ記載セラレタル者ハ四圓以上四十圓以下ノ罰金ニ處ス

第九十條　投票ヲ得又ハ他人ニ投票ヲ得セシメ若ハ他人ノ爲メニ投票ヲ爲スコトヲ抑止スルノ目的ヲ以テ直接又ハ間接ニ金錢物品手形若ハ公私ノ職務ヲ撰擧人ニ授與シ又ハ授與スルコ

トヲ約束シタルモノハ五圓以上五十圓以下ノ罰金ニ處ス
其授與又ハ約束ヲ受ケタル者亦同シ

第九十一條　直接又ハ間接ニ金錢物品手形又ハ公私ノ職務ヲ選擧人ニ授與シ又ハ授與スルコトヲ約束シテ投票ヲ得又ハ他人ニ投票ヲ得セシメ若ハ他人ノ爲メニ投票ヲ爲スコトヲ抑止シタル者ハ刑法第二百三十四條ノ例ヲ以テ論ス
其授與又ハ約束ヲ受ケ投票ヲ爲シ又ハ投票ヲ爲サヽル者亦同シ

第九十二條　投票ヲ得又ハ他人ニ投票ヲ得セシメ若クハ他人ノ爲メニ投票ヲ爲スコトヲ抑止スルノ目的ヲ以テ選擧人ニ暴行ヲ加ヘタル者ハ一月以上六月以下ノ輕禁錮ニ處シ五圓以上五十圓以下ノ罰金ヲ附加ス

第九十三條　選擧人ニ暴行ヲ加ヘテ投票ヲ得又ハ他人ニ投票ヲ得セシメ若ハ他人ノ爲メニ投票ヲ爲スコトヲ抑止シタル者ハ三月以上二年以下ノ輕禁錮ニ處シ十圓以上百圓以下ノ罰金ヲ附加ス

第九十四條　選擧人ヲ强逼シ又ハ投票所若ハ撰擧會塲ヲ騷擾シ又ハ投票函ヲ抑留毀壞若ハ刦奪スルノ目的ヲ以テ多衆ヲ嘯聚シタル者ハ六月以上二年以下ノ輕禁錮ニ處シ十圓以上百圓以下ノ罰金ヲ附加ス

其情ヲ知テ嘯聚ニ應シ勢ヲ助ケタル者ハ十五日以上二月以下ノ輕禁錮ニ處シ三圓以上三十圓以下ノ罰金ヲ附加ス

犯罪者戎器又ハ兇器ヲ携帶シタルトキハ各々本刑ニ一等ヲ加フ

第九十五條　撰擧ノ際管理者又ハ立會人ニ暴行ヲ加ヘ又ハ暴行ヲ以テ投票所若ハ撰擧會場ヲ騷擾シ又ハ投票函ヲ抑留毀壞若ハ刼奪シタル者ハ四月以上四年以下ノ輕禁錮ニ處シ二十圓以上二百圓以下ノ罰金ヲ附加ス
犯罪者戎器又ハ兇器ヲ携帶シタルトキハ各々本刑ニ一等ヲ加フ
第九十六條　多衆ヲ嘯聚シテ前條ノ罪ヲ犯シタル者ハ重禁獄ニ處ス
其情ヲ知テ嘯聚ニ應シ勢ヲ助ケタル者ハ二年以上五年以下ノ輕禁錮ニ處ス
犯罪者戎器又ハ兇器ヲ携帶シタルトキハ各本刑ニ二等ヲ加フ
第九十七條　演說又ハ新聞紙若ハ其他ノ文書ヲ以テ人ヲ教唆シ

前三條ノ罪ヲ犯サシメタル者ハ刑法第百五條ノ例ニ依ル其教唆ノ効ナキモノモ仍本刑ニ二等又ハ三等ヲ減シ處斷ス
第九十八條　戎器又ハ兇器ヲ携帶シテ投票所若ハ選擧會場ニ入リタル者ハ三圓以上三十圓以下ノ罰金ニ處ス
第九十九條　當撰人ニ於テ第八十九條ヨリ第九十八條ニ至ルマテノ刑ニ處セラレタルトキハ其當撰ハ無効トス
第百條　他人ノ姓名ヲ詐稱シテ投票ヲ爲シタル者及第十四條ニ依リ撰擧人タルコトヲ得サル者投票ヲ爲シタルトキハ四圓以上四十圓以下ノ罰金ニ處ス
第百一條　前數條ノ罪ヲ犯シ禁錮以上ノ刑ニ處セラレ又ハ再ヒ罰金ノ刑ニ處セラレタル者ハ三年以上七年以下選擧權及被撰權ヲ停止ス

第百二條　立會人正當ノ事故ナクシテ此ノ法律ニ規定シタル義務ヲ缺クトキハ五圓以上五十圓以下ノ罰金ニ處ス

第百三條　本章ニ規定シタル罰則ノ外刑法ニ正條アル者ハ各其條ニ依リ重キニ從フテ處斷ス

第百四條　凡テ選擧ニ關ル犯罪ハ六ヶ月ヲ以テ期滿免除トス

第百五條　此ノ罰則ハ第十一章ノ各條ト共ニ投票所及選擧會場ニ貼示スヘシ

（說明）本章ハ罰則ノミニ關スルニヨリ第八十九條ヨリ第百三條マデヲ併セテ說明スルヲ以テ却テ逐條記明ニ勝ルモノト信ス

（イ）選擧ニ關シ左ノ所爲アルモノハ四圓以上四十圓以下ノ罰金ニ處セラル第一納稅額ヲ詐稱シタル者第二年齡ヲ詐稱シタル者第三住所ヲ詐稱シタルモノ第四此外總テ選擧資格ニ必用ナル

事項ヲ詐稱シタルモノ但第一第二第三第四共選擧名簿ニ記載セラレタルモノナルコトヲ要ス

(ロ)左ノ所爲アルモノハ五圓以上五十圓以下ノ罰金ニ處セラル第一自己ニ投票ヲ得ンコト第二他人ニ投票ヲ得セシメンコト又ハ他人ノ爲メ投票ヲ爲スヿヲ抑止センコトノ目的ヲ以テ直接又ハ間接ニ金錢物品又ハ手形若ハ公私ノ職務ヲ授與シ又ハ授與スヘキコトヲ約束シタル者是ナリ而シテ其授與又ハ約束ヲ受ケタル者モ亦同樣ノ處刑ヲ受ケサルヘカラス

(ハ)左ノ所爲アル者ハ刑法第二百三十四條ノ例ヲ以テ論セラル(刑法第二百三十四條ハ賄賂ヲ以テ投票ヲ爲サシメ又ハ賄賂ヲ受ケテ投票ヲ爲シタル者ニ就テ規定セルモノニシテ其罰ハ二月以上二年以下ノ輕禁錮ニ處シ三圓以上三十圓以下ノ罰金ヲ附

加ス)其ハ第一直接又ハ間接ニ金錢物品手形若ハ公私ノ職務ヲ選擧人ニ授與シ又ハ授與スルコトヲ約束シテ投票ヲ得タル者第二如此シテ他人ニ投票ヲ得セシメタルモノ第三如此シテ他人ノ投票ヲ爲スコトヲ抑止シタル者第四如此授與又ハ約束ヲ受ケテ投票ヲ爲シ又ハ爲サザル者

(ニ)左ノ所爲アル者ハ一月以上六月以下ノ輕禁錮ニ處シ五圓以上五十圓以下ノ罰金ヲ附加ス第一投票ヲ得ルノ目的ヲ以テ第二他人ニ投票ヲ得セシムルノ目的ヲ以テ第三他人ノ爲メニ投票ヲ爲スコトヲ抑止スルノ目的ヲ以テ選擧人ニ暴行ヲ加ヘタル者之レナリ

(ホ)左ノ所爲アル者ハ三月以上二年以下ノ輕禁錮ニ處シ十圓以上百圓以下ノ罰金ヲ附加ス第一暴行ヲ加ヘテ投票ヲ得タル者第

二暴行ヲ加ヘテ他人ニ投票ヲ得セシメタル者第三暴行ヲ加ヘテ他人ノ爲ニ投票ヲ爲スコトヲ抑止シタル者

（ヘ）左ノ所爲アル者ハ六月以上三年以下ノ輕禁錮ニ處シ十圓以上百圓以下ノ罰金ヲ附加ス第一選擧人ヲ強逼スルノ目的ヲ以テ第二投票所又ハ選擧會場ヲ騷擾スルノ目的ヲ以テ第三投票函ヲ抑留毀壞若クハ強奪スルノ目的ヲ以テ多衆ヲ嘯聚シタル者是ナリ

又右ノ情ヲ知リテ其嘯聚ニ應シ彼等ガ勢力ヲ助ケタル者ハ十五日以上二月以下ノ輕禁錮ニ處シ三圓以上三十圓以下ノ罰金ヲ附加セラル若其犯罪者ニシテ戎器又ハ兇器ヲ携帶シタルトキハ各々本刑ニ一等ヲ加フルモノトス

（ト）左ノ所爲アル者ハ四月以上四年以下ノ輕禁錮ニ處シ二十圓以

上二百圓以下ノ罰金ヲ附加セラル第一選擧ノ期ニ管理者又ハ立會人ニ對シテ暴行ヲ加ヘタル者第二暴行ヲ以テ投票所又ハ選擧會所ヲ騷擾シタル者第三暴行ヲ以テ投票函ヲ抑留毀壞若クハ強奪シタル者之ナリ若シ犯罪者戎器又ハ兇器ヲ携帶シタルトキハ各本刑ニ一等ヲ加フ且ツ又多衆ヲ嘯聚シテ此ノ罪ヲ犯シタル者ハ重禁獄(九年以上十一年以下)ニ處セラルヘシ若其情ヲ知リテ其嘯聚ニ應シ勢力ヲ助ケタル者ハ二年以上五年以下ノ輕禁錮ニ處ス若シ犯罪者戎器又ハ兇器ヲ携帶シタルトキハ各本刑ニ一等ヲ加フ

(チ)演說又ハ新聞紙若クハ其他ノ方法ヲ以テ人ヲ敎唆シテ右(ホ)(ヘ)(ト)ノ罪ヲ犯サシメタル者ハ刑法第百五條(刑法第百五條人ヲ敎唆シテ重罪輕罪ヲ犯サシメタル者ハ亦正犯ト爲ス)ノ例ニ依リ

正犯ト爲シテ處分ス若シ其敎唆ノ効ナキモ仍本刑ニ二等又ハ三等ヲ減シテ處分セラル

（リ）左ノ所爲アル者ハ三圓以上三十圓以下ノ罰金ニ處セラル第一戎器ヲ携帶シテ投票所又ハ選擧場ニ入リタル者第二兇器ヲ携帶シテ投票所又ハ選擧會場ニ入リタル者

（ヌ）又左ノ所爲アル者ハ四圓以上四十圓以下ノ罰金ニ處セラルヘシ第一他人ノ姓名ヲ詐稱シテ投票ヲ爲シタル者第二第十四條ニ依リ選擧人タルノ資格ナキ者ガ投票ヲ爲シタルトキ又當選人ニ於テ「イロハニホヘトチリ」ニ至ルマテノ刑ニ處セラレタル者ハ其當選ノ無効ナルコト論ヲ待タサルナリ

（ル）又此ノ法律ノ罪ヲ犯シテ禁錮以上ノ刑ニ處セラレタル者又ハ再ビ罰金ノ刑ニ處セラレタル者ハ三年以上七年以下選擧權及

被選權ヲ停止セラルヽモノトス
又茲ニ一言スヘキコトハ立會人ノ刑罰ナリ立會人若シ正當ノ事故ナクシテ選擧法ノ義務ヲ欠キタルトキハ五圓以上五十圓以下ノ罰金ニ處ス然レ圧選擧及被選擧ノ權利ヲ停止セラルヽコトナシ

第百四條　凡テ選擧ニ關ル犯罪ハ六ケ月ヲ以テ期滿免除トス

第百五條　此ノ罰則ハ第十一章ノ各條ト共ニ投票所及選擧會場ニ貼示スヘシ

(說明)前條ハ此ノ法律ニ依リテ刑ヲ受クヘキモノヽ期滿免除ノ期限(六ケ月)ヲ定メタルモノニシテ本條ハ同シク此ノ法律ノ罰則ヲ貼示スルコトヲ定メタルモノナリ此ノ貼示ハ法律ノ規定シタル場所ニ於テ必ズ之ヲ爲サヾルベカラズ

第十四章　補則

第百六條　市ニ於テハ一市ニ一ノ投票所ヲ設ケ此法律ノ規定シタル投票及選擧ノ管理ハ市長兼テ之ヲ掌ルヘシ
第四條ノ場合ニ於テハ一選擧區ニ一ノ投票所ヲ設ケ此法律ニ規定シタル投票及選擧ノ管理ハ區長兼テ之ヲ掌ルヘシ

第百七條　前條ノ場合ニ於テハ市長又ハ區長ハ其管理スル選擧區內ニ於ケル選擧人中ヨリ立會人三名以上七名以下ヲ定メ遲クトモ選擧ノ期日ヨリ三日以前ニ之ヲ本人ニ通知シ選擧ノ當日選擧管理ノ市役所又ハ區役所ニ參會セシムヘシ
立會人ハ投票ニ立會ヒ併セテ投票ヲ點撿スヘシ
此場合ニ於ケル選擧明細書ハ併セテ投票ノ事項ヲ記載スヘシ

第百八條　島司ヲ置ク地方ニ於テハ此ノ法律ニ規定シタル選擧

長ノ職務ハ島司之ヲ掌ルヘシ

第百九條　町村制ヲ施行セサル町村ニ於テハ此ノ法律ノ規定シタル町村長ノ職務ハ戸長之ヲ掌ルヘシ

第百十條　選擧人名簿調製ノ初年ニ限リ所得稅法施行以來第六條第八條ノ規定シタル納稅額ヲ引續キ完納シタル者ハ其納稅資格ノ期限ニ充ツルモノト見做スヘシ

第百十一條　北海道沖繩縣及小笠原島ニ於テハ將來一般ノ地方制度ヲ準行スルノ時ニ至ルマテ此ノ法律ヲ施行セス

(說明)本章ニ規定セラレタル處ハ前ニ理由ヲ說明スル必要ナキヲ以テ之レヲ畧ス

東京府　議員總數十二人

第一區	麴町區 麻布區 赤阪區	一人
第二區	芝區	一人
第三區	京橋區	一人
第四區	日本橋區	一人
第五區	本所區 深川區	一人
第六區	淺草區	一人
第七區	神田區	一人
第八區	下谷區 本鄉區	一人
第九區	小石川區 牛込區 四谷區	一人
第十區	東多摩郡 南豐島郡 北豐島郡	一人
第十一區	南足立郡 南葛飾郡	一人
第十二區	荏原郡 伊豆七島	一人

京都府　議員總數七人

第一區	上京區	一人
第二區	下京區	一人
第三區	愛宕郡 葛野郡 乙訓郡 紀伊郡	一人
第四區	宇治郡 久世郡 相樂郡 綴喜郡	一人
第五區	南桑田郡 北桑田郡 船井郡 天田郡 何鹿郡	二人
第六區	加佐郡 與謝郡 中郡 竹野郡 熊野郡	一人

大阪府　議員總數十八人

第一區	西區	一人
第二區	東區 北區	一人
第三區	南區	一人
第四區	西成郡 東成郡 住吉郡	二人

第五區 島上郡 島下郡 豐島郡 能勢郡 一人

第六區 茨田郡 交野郡 讚良郡 河內郡 若江郡 高安郡 一人

第七區 石川郡 八上郡 古市郡 安宿部郡 錦部郡 丹南郡 志紀郡 丹北郡 大縣郡 澁川郡 一人

第八區 堺區 大鳥郡 泉郡 一人

第九區 南郡 日根郡 一人

神奈川縣 議員總數七人

第一區 橫濱區 一人

第二區 久良岐郡 橘樹郡 都筑郡 一人

第三區 南多摩郡 西多摩郡 北多摩郡 二人

第四區 三浦郡 鎌倉郡 一人

第五區	高座郡 愛甲郡 津久井郡	一人
第六區	大住郡 淘綾郡 足柄上郡 足柄下郡	一人

兵庫縣　議員總數十二人

第一區	神戸區	一人
第二區	武庫郡 菟原郡 川邊郡 有馬郡	一人
第三區	多紀郡 氷上郡	一人
第四區	八部郡 明石郡 美嚢郡	一人
第五區	加古郡 印南郡	一人
第六區	加東郡 多可郡 加西郡	一人
第七區	飾東郡 飾西郡 神東郡 神西郡	一人
第八區	揖東郡 揖西郡 赤穂郡 佐用郡 宍粟郡	二人

區	郡區	議員
第九區	城崎郡 美含郡 氣多郡 出石郡 七美郡 二方郡 養父郡 朝來郡	三人
第十區	津名郡 三原郡	一人

長崎縣 議員總數七人

區	郡區	議員
第一區	長崎區 西彼杵郡	二人
第二區	東彼杵郡 北高來郡	一人
第三區	南高來郡	一人
第四區	北松浦郡 壹岐郡 石田郡	一人
第五區	南松浦郡	一人
第六區	上縣郡 下縣郡	一人

新潟縣 議員總數十三人

區	郡區	議員
第一區	新潟區 西蒲原郡	一人
第二區	北蒲原郡 東蒲原郡 巖船郡	三人
第三區	中蒲原郡	一人

第四區	第五區	第六區	第七區	第八區	第九區
南蒲原郡	古志郡 三島郡	刈羽郡	北魚沼郡 南魚沼郡 中魚沼郡 東頸城郡	中頸城郡 西頸城郡	雜太郡 加茂郡 羽茂郡
一人	二人	一人	二人	二人	一人

埼玉縣

議員總數八人

第一區	第二區	第三區	第四區	第五區
北足立郡 新座郡	入間郡 高麗郡 比企郡 横見郡	南埼玉郡 北葛飾郡 中葛飾郡	北埼玉郡 大里郡 幡羅郡 榛澤郡 男衾郡	兒玉郡 賀美郡 那珂郡 秩父郡
一人	二人	二人	二人	一人

群馬縣

議員總數五人

第一區	東群馬郡 南勢多郡 利根郡 北勢多郡	一人
第二區	新田郡 山田郡 邑樂郡	一人
第三區	佐位郡 那波郡 綠野郡 多胡郡 南甘樂郡	一人
第四區	西群馬郡 片岡郡 吾妻郡	一人
第五區	北甘樂郡 碓氷郡	一人

千葉縣　議員總數九人

第一區	千葉郡 市原郡	一人
第二區	東葛飾郡 印旛郡 下埴生郡 南相馬郡	二人
第三區	香取郡	一人
第四區	海上郡 匝瑳郡	一人
第五區	山邊郡 武射郡	一人
第六區	夷隅郡 上埴生郡 長柄郡	一人

第七區	望陀郡　周准郡　天羽郡	一人
第八區	安房郡　平郡　朝夷郡　長狹郡	一人

茨城縣　議員總數八人

第一區	東茨城郡　鹿島郡　行方郡	二人
第二區	多賀郡　久慈郡　那珂郡	二人
第三區	西茨城郡　眞壁郡	一人
第四區	豐田郡　結城郡　岡田郡　西葛飾郡　猿島郡	一人
第五區	筑波郡　新治郡	一人
第六區	信太郡　河內郡　北相馬郡	一人

栃木縣　議員總數五人

第一區	河內郡　芳賀郡	一人
第二區	上都賀郡　下都賀郡　寒川郡	二人
第三區	安蘇郡　足利郡　梁田郡	一人

第四區　鹽谷郡　那須郡　一人

奈良縣　議員總數四人

第一區　添上郡　添下郡　山邊郡　廣瀬郡　平群郡　一人

第二區　式上郡　式下郡　十市郡　宇陀郡　高市郡　葛上郡　葛下郡　忍海郡　二人

第三區　宇智郡　吉野郡　一人

三重縣　議員總數七人

第一區　安濃郡　一志郡　一人

第二區　三重郡　鈴鹿郡　奄藝郡　河曲郡　一人

第三區　桑名郡　員辨郡　朝明郡　一人

第四區　飯高郡　飯野郡　多氣郡　一人

第五區　度會郡　答志郡　英虞郡　北牟婁郡　南牟婁郡　二人

區	郡區	人數
第六區	阿拜郡 山田郡 名張郡 伊賀郡	一人

愛知縣　議員總數十一人

區	郡區	人數
第一區	名古屋區	一人
第二區	愛知郡	一人
第三區	東春日井郡 西春日井郡	一人
第四區	丹羽郡 葉栗郡	一人
第五區	中島郡	一人
第六區	海東郡 海西郡	一人
第七區	知多郡	一人
第八區	碧海郡 幡豆郡	一人
第九區	額田郡 西加茂郡 東加茂郡	一人
第十區	北設樂郡 南設樂郡 寶飯郡	一人
第十一區	渥美郡 八名郡	一人

靜岡縣　議員總數八人

第一區	安倍郡　有渡郡	一人
第二區	富士郡　庵原郡	一人
第三區	志太郡　益津郡	一人
第四區	榛原郡　佐野郡　城東郡	一人
第五區	周智郡　豐田郡　山名郡　磐田郡	一人
第六區	長上郡　敷知郡　濱名郡　引佐郡　麁玉郡	一人
第七區	那賀郡　賀茂郡　君澤郡　田方郡　駿東郡	二人

山梨縣　議員總數三人

第一區	西山梨郡　北巨摩郡　中巨摩郡	一人
第二區	東山梨郡　南都留郡　北都留郡	一人
第三區	東八代郡　西八代郡　南巨摩郡	一人

滋賀縣　議員總數五人

第一區　滋賀郡　高島郡　一人

第二區　甲賀郡　野洲郡　栗太郡　一人

第三區　犬上郡　愛知郡　神崎郡　蒲生郡　二人

第四區　西淺井郡　東淺井郡　伊香郡　阪田郡　一人

岐阜縣　議員總數七人

第一區　厚見郡　方縣郡　各務郡　一人

第二區　不破郡　安八郡　一人

第三區　海西郡　下石津郡　多藝郡　上石津郡　羽栗郡　中島郡　一人

第四區　大野郡　池田郡　本巣郡　席田郡　山縣郡　一人

第五區　武儀郡　郡上郡　一人

第六區　加茂郡　可兒郡　土岐郡　惠那郡　一人

第七區	大野郡 益田郡 吉城郡	一人

長野縣　議員總數八人

第一區	上水内郡 更級郡	一人
第二區	下水内郡 上高井郡 下高井郡	一人
第三區	小縣郡 埴科郡	一人
第四區	西筑摩郡 東筑摩郡 南安曇郡 北安曇郡	二人
第五區	南佐久郡 北佐久郡	一人

第六區	上伊那郡 諏訪郡	一人
第七區	下伊那郡	一人

宮城縣　議員總數五人

第一區	仙臺區 名取郡 宮城郡	一人
第二區	柴田郡 刈田郡 伊具郡 亘理郡	一人
第三區	黑川郡 加美郡 志田郡 玉造郡 遠田郡	一人

區	郡	人數
第四區	栗原郡　登米郡	一人
第五區	桃生郡　牡鹿郡　本吉郡	一人

福島縣　議員總數七人

區	郡	人數
第一區	信夫郡　伊達郡	一人
第二區	安達郡　安積郡	一人
第三區	田村郡　巖瀬郡　東白川郡　西白河郡　石川郡	二人
第四區	南會津郡　北會津郡　大沼郡　耶麻郡　河沼郡	二人
第五區	菊多郡　磐前郡　磐城郡　楢葉郡　標葉郡　行方郡　宇多郡	一人

巖手縣　議員總數五人

區	郡	人數
第一區	南巖手郡　北巖手郡　紫波郡　二戶郡	一人
第二區	東閉伊郡　中閉伊郡　北閉伊郡　南九戶郡　北九戶郡	一人

第三區	稗貫郡　東和賀郡　西和賀郡　西閉伊郡　南閉伊郡	一人
第四區	江刺郡　膽澤郡　氣仙郡	一人
第五區	西磐井郡　東磐井郡	一人

青森縣　議員總數四人

第一區	東津輕郡　上北郡　下北郡　三戸郡	二人
第二區	北津輕郡　南津輕郡	一人
第三區	中津輕郡　西津輕郡	一人

山形縣　議員總數六人

第一區	南村山郡　東村山郡　西村山郡	二人
第二區	東置賜郡　南置賜郡　西置賜郡	一人
第三區	飽海郡　西田川郡　東田川郡	二人
第四區	最上郡　北村山郡	一人

秋田縣　議員總數五人

第一區	南秋田郡	一人

第二區 山本郡 北秋田郡 鹿角郡 一人
第三區 河邊郡 由利郡 一人
第四區 仙北郡 平鹿郡 雄勝郡 二人

福井縣 議員總數四人
第一區 足羽郡 大野郡 一人
第二區 吉田郡 阪井郡 一人
第三區 南條郡 今立郡 丹生郡 一人

第四區 三方郡 遠敷郡 大飯郡 敦賀郡 一人

石川縣 議員總數六人
第一區 金澤區 石川郡 二人
第二區 能美郡 江沼郡 一人
第三區 河北郡 羽咋郡 鹿島郡 二人
第四區 鳳至郡 珠洲郡 一人

富山縣 議員總數五人

第一區　上新川郡　婦負郡　二人

第二區　下新川郡　一人

第三區　射水郡　一人

第四區　礪波郡　一人

鳥取縣　議員總數三人

第一區　邑美郡　法美郡　巖井郡　八上郡　八東郡　智頭郡　一人

第二區　高草郡　氣多郡　河村郡　久米郡　八橋郡　一人

第三區　汗入郡　會見郡　日野郡　一人

島根縣　議員總數六人

第一區　島根郡　秋鹿郡　意宇郡　一人

第二區　能義郡　仁多郡　大原郡　飯石郡　一人

第三區　出雲郡　楯縫郡　神門郡　一人

第四區　邇摩郡　安濃郡　邑智郡　一人

第五區　那賀郡　美濃郡　鹿足郡　一人

第六區　周吉郡　穩地郡　海士郡　知夫郡　一人

岡山縣　議員總數八人

第一區　岡山區　御野郡　上道郡　邑久郡　兒島郡　二人

第二區　津高郡　赤阪郡　盤梨郡　和氣郡　一人

第三區　都宇郡　窪屋郡　賀陽郡　下道郡　一人

第四區　淺口郡　小田郡　後月郡　一人

第五區　上房郡　川上郡　哲多郡　阿賀郡　一人

第六區　眞島郡　大庭郡　西西條郡　西北條郡　東南條郡　東北條郡　一人

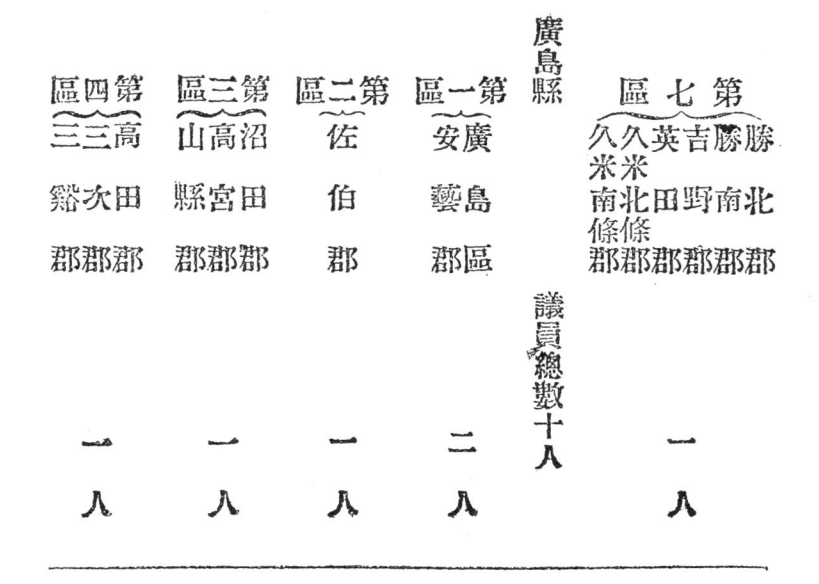

區	郡區	人數
第七區	勝北郡 勝南郡 吉野郡 英田郡 久米北條郡 久米南條郡	一人

廣島縣　議員總數十八人

區	郡區	人數
第一區	廣島區 安藝郡	二人
第二區	佐伯郡	一人
第三區	沼田郡 高宮郡 山縣郡	一人
第四區	高田郡 三次郡 三谿郡	一人
第五區	加茂郡	一人
第六區	豐田郡	一人
第七區	御調郡 世羅郡	一人
第八區	深津郡 沼隈郡 安那郡	一人
第九區	蘆田郡 品治郡 神石郡 甲奴郡 奴可郡 三上郡 惠蘇郡	一人

山口縣　議員總數七人

選舉區	郡區	人數
第一區	吉敷郡 美禰郡 厚狹郡 佐波郡	二人
第二區	阿武郡 見島郡 大津郡	一人
第三區	赤間關區 豐浦郡	一人
第四區	都濃郡 熊毛郡 大島郡	二人
第五區	玖珂郡	一人

和歌山縣　議員總數五人

選舉區	郡區	人數
第一區	和歌山郡 名草郡 海部郡 有田郡	二人
第二區	伊都郡 那賀郡	一人
第三區	日高郡 西牟婁郡 東牟婁郡	二人

德島縣　議員總數五人

選舉區	郡區	人數
第一區	名東郡 勝浦郡	一人
第二區	那賀郡 海部郡	一人
第三區	名西郡 阿波郡 麻植郡	一人

第四區　板野郡　一人

第五區　美馬郡　三好郡　一人

香川縣　議員總數五人

第一區　香川郡　山田郡　小豆郡　一人

第二區　大内郡　寒川郡　三木郡　一人

第三區　鵜足郡　阿野郡　一人

第四區　多度郡　那珂郡　一人

第五區　豐田郡　三野郡　一人

愛媛縣　議員總數七人

第一區　溫泉郡　和氣郡　風早郡　野間郡　久米郡　伊豫郡　下浮穴郡　二人

第二區　越智郡　桑村郡　周布郡　一人

第三區　喜多郡　上浮穴郡　一人

第四區　新居郡　宇摩郡　一人

第五區	西宇和郡、東宇和郡	一人
第六區	南宇和郡、北宇和郡	一人
高知縣		議員總數四人
第一區	土佐郡、長岡郡	一人
第二區	幡多郡、高岡郡、吾川郡	二人
第三區	香美郡、安藝郡	一人
福岡縣		議員總數九人
第一區	福岡區、怡土郡、志摩郡、早良郡	一人

第二區	糟屋郡、宗像郡、那珂郡、御笠郡、席田郡、上座郡、下座郡、夜須郡	二人
第三區	遠賀郡、鞍手郡、嘉麻郡、穗波郡	一人
第四區	御井郡、御原郡、山本郡、生葉郡、竹野郡	一人
第五區	三潴郡、上妻郡、下妻郡	一人

第六區　山門郡　三池郡　一人

第七區　企救郡　田川郡　一人

第八區　京都郡　仲津郡　築城郡　上毛郡　一人

大分縣　議員總數六人

第一區　大分郡　一人

第二區　北海部郡　南海部郡　一人

第三區　大野郡　直入郡　一人

第四區　速見郡　玖珠郡　日田郡　一人

第五區　西國東郡　東國東郡　一人

第六區　下毛郡　宇佐郡　一人

佐賀縣　議員總數四人

第一區　佐賀郡　神崎郡　小城郡　基肆郡　養父郡　三根郡　二人

第二區 東松浦郡 西松浦郡 一人
第三區 杵島郡 藤津郡 一人

熊本縣 議員總數八人

第一區 熊本區 飽田郡 託麻郡 宇土郡 二人
第二區 玉名郡 一人
第三區 山鹿郡 山本郡 菊池郡 合志郡 阿蘇郡 二人
第四區 上益城郡 下益城郡 一人
第五區 八代郡 葦北郡 球磨郡 一人
第六區 天草郡 一人

宮崎縣 議員總數三人

第一區 宮崎郡 北那珂郡 南那珂郡 兒湯郡 一人
第二區 北諸縣郡 西諸縣郡 東諸縣郡 一人
第三區 東臼杵郡 西臼杵郡 一人

鹿兒嶋縣　議員總數七人

區	郡	議員
第一區	鹿兒島郡　谿山郡　北大隅郡　熊毛郡　馭謨郡	一人
第二區	給黎郡　揖宿郡　頴娃郡　川邊郡	一人
第三區	日置郡　阿多郡	一人
第四區	高城郡　出水郡　南伊佐郡　薩摩郡　甑島郡	一人
第五區	菱刈郡　始良郡　桑原郡　西囎唹郡　北伊佐郡	一人
第六區	南諸縣郡　南大隅郡　肝屬郡　東囎唹郡	一人
第七區	大島郡	一人

朕樞密顧問ノ諮詢ヲ經テ會計法ヲ裁可シ之ヲ公布セシム

御名御璽

明治二十二年二月十一日

內閣總理大臣　伯爵黑田清隆
樞密院議長　伯爵伊藤博文
外務大臣　伯爵大隈重信
海軍大臣　伯爵西鄕從道
農商務大臣　伯爵井上馨
司法大臣　伯爵山田顯義
大藏大臣兼內務大臣　伯爵松方正義
陸軍大臣　伯爵大山巖
文部大臣　子爵森有禮
遞信大臣　子爵榎本武揚

法律第四號

會計法

第一章　總則

第一條　政府ノ會計年度ハ每年四月一日ニ始マリ翌年三月三十一日ニ終ル

一會計年度所屬ノ歳入歳出ノ出納ニ關ル事務ハ翌年度十一月三十日マテニ悉皆完結スヘシ

第二條　租稅及其ノ他一切ノ收納ヲ歳入トシ一切ノ經費ヲ歳出トシ歳入歳出ハ總豫算ニ編入スヘシ

第三條　各年度ニ於テ決定シタル經費ノ定額ヲ以テ他ノ年度ニ屬スヘキ經費ニ充ツルコトヲ得ス

第四條　各官廳ニ於テハ法律勅令ヲ以テ規定シタルモノヽ外特別ノ

資金ヲ有スルコトヲ得ス

第二章　豫算

第五條　歳入歳出ノ總豫算ハ前年ノ帝國議會集會ノ始ニ於テ之ヲ提出スヘシ

第六條　歳入歳出ノ總豫算ハ之ヲ經常臨時ノ二部ニ大別シ各部中ニ於テ之ヲ款項ニ區分スヘシ

總豫算ニハ帝國議會參考ノ爲ニ左ノ文書ヲ添附スヘシ

第一　各省ノ豫定經費要求書但シ各項中各目ノ明細ヲ記入スヘシ

第二　其ノ年三月三十一日ニ終リタル會計年度ノ歳入歳出現計書

第七條　豫算中ニ設クヘキ豫備費ハ左ノ二項ニ分ツ

第一　豫備金
　第二　豫備金
第一豫備金ハ避クヘカラサル豫算ノ不足ヲ補フモノトス
第二豫備金ハ豫算外ニ生シタル必要ノ費用ニ充ツルモノトス
第八條　豫備金ヲ以テ支辨シタルモノハ年度經過後帝國議會ニ提出シ其ノ承諾ヲ求ムルヲ要ス
第九條　每年度大藏省證券發行ノ最高額ハ帝國議會ノ協贊ヲ經テ之ヲ定ム
　第三章　收入
第十條　租稅及其ノ他ノ歲入ハ法律命令ノ規定ニ從ヒ之ヲ徵收スヘシ
法律命令ニ依リ當該官吏ノ資格アル者ニ非サレハ租稅ヲ徵收シ又

ハ其ノ他ノ歳入ヲ收納スルコトヲ得ス

第四章　支出

第十一條　每會計年度ニ於テ政府ノ經費ニ充ツル所ノ定額ハ其ノ年度ノ歳入ヲ以テ之ヲ支辨スヘシ

第十二條　國務大臣ハ豫算ニ定メタル目的ノ外ニ定額ヲ使用シ又ハ各項ノ金額ヲ彼此流用スルコトヲ得ス

國務大臣ハ其ノ所管ニ屬スル收入ヲ國庫ニ納ムヘシ直ニ之ヲ使用スルコトヲ得ス

第十三條　國務大臣ハ其ノ所管定額ヲ使用スル爲ニ國庫ニ向ヒテ仕拂命令ヲ發スヘシ但シ別ニ定ムル所ノ規程ニ從ヒ他ノ官吏ニ委任シテ仕拂命令ヲ發セシムルコトヲ得

第十四條　國庫ハ法律命令ニ反スル仕拂命令ニ對シテ仕拂ヲ爲スコ

トヲ得ス

第十五條　國務大臣ハ政府ニ對シ正當ナル債主若ハ其ノ代理人ノ爲ニスルニ非サレハ仕拂命令ヲ發スルコトヲ得ス

左ノ諸項ノ經費ニ限リ國務大臣ハ主任ノ官吏ニ委任シ又ハ政府ノ命シタル銀行ニ委任シテ現金支拂ヲ爲サシムル爲ニ現金前渡ノ仕拂命令ヲ發スルコトヲ得

第一　國債ノ元利拂

第二　軍隊軍艦及官船ニ屬スル經費

第三　在外各廳ノ經費

第四　前項ノ外總テ外國ニ於テ仕拂ヲ爲ス經費

第五　運輸通信ノ不便ナル內國ノ地方ニ於テ仕拂ヲ爲ス經費

第六　廳中常用雜費ニシテ一箇年ノ總費額五百圓ニ滿タサル者

第七　場所ノ一定セサル事務所ノ經費
第八　各廳ニ於テ直接ニ從事スル工事ノ經費但シ一主任官ニ付三千圓マテヲ限ル

第五章　決算

第十六條　會計檢査院ノ檢査ヲ經テ政府ヨリ帝國議會ニ提出スル總決算ハ總豫算ト同一ノ樣式ヲ用井左ノ事項ノ計算ヲ明記スヘシ

歲入ノ部
歲入豫算額
調定濟歲入額
收入濟歲入額
收入未濟歲入額
歲出ノ部

歳出豫算額
豫算決定後増加歳出額
仕拂命令濟歳出額
翌年度繰越額

第十七條　前條ノ總決算ニハ會計檢査院ノ檢査報告ト倶ニ左ノ文書ヲ添附スヘシ

第一　各省決算報告書
第二　國債計算書
第三　特別會計計算書

第六章　期滿免除

第十八條　政府ノ負債ニシテ其ノ仕拂フヘキ年度經過後滿五箇年内ニ債主ヨリ支出ノ請求若ハ仕拂ノ請求ヲ爲サヽル者ハ期滿免除ト

シ政府ハ其ノ義務ヲ免ルヽモノトス但シ特別ノ法律ヲ以テ期滿免除ノ期限ヲ定メタルモノハ各〻其ノ定ムル所ニ依ル

第十九條　政府ニ納ムヘキ金額ニシテ其ノ納ムヘキ年度經過後滿五箇年內ニ上納ノ告知ヲ受ケサルモノハ其ノ義務ヲ免ルヽモノトス但シ特別ノ法律ヲ以テ期滿免除ノ期限ヲ定メタルモノハ各〻其ノ定ムル所ニ依ル

第七章　歲計剩餘定額繰越豫算外收入及定額戾入

第二十條　各年度ニ於テ歲計ニ剩餘アルトキハ其ノ翌年度ノ歲入ニ繰入ルヘシ

第二十一條　豫算ニ於テ特ニ明許シタルモノ及一年度內ニ終ルヘキ工事又ハ製造ニシテ避クヘカラサル事故ノ爲ニ事業ヲ遲延シ年度內ニ其ノ經費ノ支出ヲ終ラサリシモノハ之ヲ翌年度ニ繰越シ使用

スルコトヲ得

第二十二條　數年ヲ期シテ竣功スヘキ工事製造及其ノ他ノ事業ニシテ繼續費トシテ總額ヲ定メタルモノハ毎年度ノ仕拂殘額ヲ竣功年度マテ遞次繰越使用スルコトヲ得

第二十三條　誤拂過渡トナリタル金額ノ返納出納ノ完結シタル年度ニ屬スル收入及其ノ他一切豫算外ノ收入ハ總テ現年度ノ歳入ニ組入ルヘシ但シ法律勅令ニ依リ前金渡概算渡繰替拂ヲ爲シタル場合ニ於ケル返納金ハ各〻之ヲ仕拂ヒタル經費ノ定額ニ戻入ルヽコトヲ得

第八章　政府ノ工事及物件ノ賣買貸借

第二十四條　法律勅令ヲ以テ定メタル場合ノ外政府ノ工事又ハ物件ノ賣買貸借ハ總テ公告シテ競爭ニ付スヘシ但シ左ノ場合ニ於テハ

競爭ニ付セス隨意ノ約定ニ依ルコトヲ得ヘシ
第一　一人又ハ一會社ニテ專有スル物品ヲ買入レ又ハ借入ルヽトキ
第二　政府ノ所爲ヲ祕密ニスヘキ場合ニ於テ命スル工事又ハ物品ノ賣買貸借ヲ爲ストキ
第三　非常急遽ノ際工事又ハ物品ノ買入借入ヲ爲スニ競爭ニ付スル暇ナキトキ
第四　特種ノ物質又ハ特別使用ノ目的アルニ由リ生產製造ノ場所又ハ生產者製造者ヨリ直接ニ物品ノ買入ヲ要スルトキ
第五　特別ノ技術家ニ命スルニ非サレハ製造シ得ヘカラサル製造品及機械ヲ買入ルヽトキ
第六　土地家屋ノ買入又ハ借入ヲ爲スニ當リ其ノ位置又ハ構造

第七　五百圓ヲ超エサル工事又ハ物品ノ買入借入ノ契約ヲ爲ストキ等ニ限アル場合

第八　見積價格二百圓ヲ超エサル動産ヲ賣拂フトキ

第九　軍艦ヲ買入ルヽトキ

第十　軍馬ヲ買入ルヽトキ

第十一　試驗ノ爲ニ工作製造ヲ命シ又ハ物品ヲ買入ルヽトキ

第十二　慈惠ノ爲ニ設立セル救育所ノ貧民ヲ傭役シ及其ノ生産又ハ製造物品ヲ直接ニ買入ルヽトキ

第十三　囚徒ヲ傭役シ又ハ囚徒ノ製造物品ヲ直接ニ買入ルヽトキ及政府ノ設立ニ係ル農工業場ヨリ直接ニ其ノ生産又ハ製造物品ヲ買入ルヽトキ

第十四　政府ノ設立シタル農工業場又ハ慈惠敎育ニ係ル各所ノ
生產製造物品及囚徒ノ製造物品ヲ賣拂フトキ

第二十五條　軍艦兵器彈藥ヲ除ク外工事製造又ハ物件買入ノ爲ニ前金拂ヲ爲スコトヲ得ス

第九章　出納官吏

第二十六條　政府ニ屬スル現金若ハ物品ノ出納ヲ掌ル所ノ官吏ハ其ノ現金若ハ物品ニ付一切ノ責任ヲ負ヒ會計檢査院ノ檢査判決ヲ受クヘシ

第二十七條　前條ノ官吏水火盜難又ハ其ノ他ノ事故ニ由リ其ノ保管スル所ノ現金若ハ物品ヲ紛失毀損シタル場合ニ於テハ其ノ保管上避ケ得ヘカラサリシ事實ヲ會計檢査院ニ證明シ責任解除ノ判決ヲ受クルニ非サレハ其ノ負擔ノ責ヲ免ルヽコトヲ得ス

第二十八條　現金又ハ物品ノ出納ヲ掌ルニ付身元保證金ヲ納メシムルコトヲ要スルモノハ勅令ヲ以テ之ヲ定ムヘシ

第二十九條　仕拂命令ノ職務ハ現金出納ノ職務ト相兼ヌルコトヲ得ス

第十章　雜則

第三十條　特別ノ須要ニ因リ本法ニ準據シ難キモノアルトキハ特別會計ヲ設置スルコトヲ得

特別會計ヲ設置スルハ法律ヲ以テ之ヲ定ムヘシ

第三十一條　政府ハ國庫金ノ取扱ヲ日本銀行ニ命スルコトヲ得

第十一章　附則

第三十二條　本法ノ條項帝國議會ニ關渉セサルモノハ明治二十三年四月一日ヨリ施行シ其ノ關渉スルモノハ帝國議會開會ノ時ヨリ施

行ス
決算ニ係ル條項ハ帝國議會ノ議定ヲ經タル年度ノ歲計ヨリ施行ス
第三十三條　本法ノ條項ト牴觸スル法令ハ各〻其ノ條項施行ノ日ヨリ廢止ス

朕大日本帝國憲法ノ明文ニ依リ樞密顧問ノ諮詢ヲ經テ貴族院令ヲ發布ス此ノ勅令ヲ實施スルノ時期ハ朕カ更ニ命スル所ニ依ルヘシ

御名御璽

明治二十二年二月十一日

内閣總理大臣　伯爵黑田清隆
樞密院議長　伯爵伊藤博文
外務大臣　伯爵大隈重信
海軍大臣　伯爵西鄉從道
農商務大臣　伯爵井上馨
司法大臣　伯爵山田顯義
大藏大臣兼内務大臣　伯爵松方正義
陸軍大臣　伯爵大山巖

文部大臣　子爵森　有禮
遞信大臣　子爵榎本武揚

勅令第十一號
貴族院令
第一條　貴族院ハ左ノ議員ヲ以テ組織ス
一　皇族
二　公侯爵
三　伯子男爵各〻其ノ同爵中ヨリ選擧セラレタル者
四　國家ニ勳勞アリ又ハ學識アル者ヨリ特ニ勅任セラレタル者
五　各府縣ニ於テ土地或ハ工業商業ニ付多額ノ直接國稅ヲ納ムル者ノ中ヨリ一人ヲ互選シテ勅任セラレタル者
第二條　皇族ノ男子成年ニ達シタルトキハ議席ニ列ス

第三條　公侯爵ヲ有スル者滿二十五歲ニ達シタルトキハ議員タルヘシ

第四條　伯子男爵ヲ有スル者ニシテ滿二十五歲ニ達シ各〻其ノ同爵ノ選ニ當リタル者ハ七箇年ノ任期ヲ以テ議員タルヘシ其ノ選擧ニ關スル規則ハ別ニ勅令ヲ以テ之ヲ定ム

前項議員ノ數ハ伯子男爵各〻總數ノ五分ノ一ヲ超過スヘカラス

第五條　國家ニ勳勞アリ又ハ學識アル滿三十歲以上ノ男子ニシテ勅任セラレタル者ハ終身議員タルヘシ

第六條　各府縣ニ於テ滿三十歲以上ノ男子ニシテ土地或ハ工業商業ニ付多額ノ直接國稅ヲ納ムル者十五人ノ中ヨリ一人ヲ互選シ其ノ選ニ當リ勅任セラレタル者ハ七箇年ノ任期ヲ以テ議員タルヘシ其ノ選擧ニ關スル規則ハ別ニ勅令ヲ以テ之ヲ定ム

第七條　國家ニ勳勞アリ又ハ學識アル者及各府縣ニ於テ土地或ハ工業商業ニ付多額ノ直接國税ヲ納ムル者ヨリ勅任セラレタル議員ハ有爵議員ノ數ニ超過スルコトヲ得ス

第八條　貴族院ハ天皇ノ諮詢ニ應ヘ華族ノ特權ニ關ル條規ヲ議決ス

第九條　貴族院ハ其ノ議員ノ資格及選擧ニ關ル爭訟ヲ判決ス其ノ判決ニ關ル規則ハ貴族院ニ於テ之ヲ議定シ上奏シテ裁可ヲ請フヘシ

第十條　議員ニシテ禁錮以上ノ刑ニ處セラレ又ハ身代限ノ處分ヲ受ケタル者アルトキハ勅命ヲ以テ之ヲ除名スヘシ
貴族院ニ於テ懲罰ニ由リ除名スヘキ者ハ議長ヨリ上奏シテ勅裁ヲ請フヘシ
除名セラレタル議員ハ更ニ勅許アルニ非サレハ再ヒ議員トナルコトヲ得ス

第十一條　議長副議長ハ議員中ヨリ七箇年ノ任期ヲ以テ勅任セラルヘシ
被選議員ニシテ議長又ハ副議長ノ任命ヲ受ケタルトキハ議員ノ任期間其ノ職ニ就クヘシ
第十二條　此ノ勅令ニ定ムルモノヽ外ハ總テ議院法ノ條規ニ依ル
第十三條　將來此ノ勅令ノ條項ヲ改正シ又ハ増補スルトキハ貴族院ノ議決ヲ經ヘシ

明治廿二年三月廿四日印刷
同　年三月廿六日出版

版權所有

發行者　東京々橋區南紺屋町七番地　神戸甲子二郎
著作者　東京麹町區元園町壹丁目卅四番地　竹村欽次郎
印刷者　東京神田區佐久間町三丁目卅六番地　山本鋏次郎
印刷所　東京々橋區西紺屋町廿六七番地　秀英舎

賣捌所
東京神田區小川町　集成社書店
同　京橋區南紺屋町　神戸書店
同　麹町區麹町三丁目　石塚文海堂
大阪東區備後町四丁目　梅原龜七
東京日本橋區通一丁目　大倉書店
同　日本橋區通四丁目　春陽堂
同　日本橋區大傳馬町　佐藤乙三郎
京都寺町押小路上ル　梅原龜七支店

各國憲法對照　帝國憲法正義　　　　**別巻 1437**

2025(令和 7)年 2 月20日　　復刻版第 1 刷発行

著　者　竹　村　欽　次　郎

発行者　今　井　　　貴

発行所　信　山　社　出　版

〒113-0033　東京都文京区本郷 6 - 2 - 9 -102
モンテベルデ第 2 東大正門前
電　話　03（3818）1019
F A X　03（3818）0344
郵便振替 00140-2-367777（信山社販売）

Printed in Japan.

制作／(株)信山社，印刷・製本／松澤印刷・日進堂

ISBN 978-4-7972-4450-2 C3332

別巻　巻数順一覧【1349 ～ 1530 巻】※網掛け巻数は、2021 年 11 月以降刊行

巻数	書名	編・著・訳者 等	ISBN	定価	本体価格
1349	國際公法	W・E・ホール、北條元篤、熊谷直太	978-4-7972-8953-4	41,800 円	38,000 円
1350	民法代理論 完	石尾一郎助	978-4-7972-8954-1	46,200 円	42,000 円
1351	民法總則編物權編債權編實用詳解	清浦奎吾、梅謙次郎、自治館編輯局	978-4-7972-8955-8	93,500 円	85,000 円
1352	民法親族編相續編實用詳解	細川潤次郎、梅謙次郎、自治館編輯局	978-4-7972-8956-5	60,500 円	55,000 円
1353	登記法實用全書	前田孝階、自治館編輯局(新井正三郎)	978-4-7972-8958-9	60,500 円	55,000 円
1354	民事訴訟法精義	東久世通禧、自治館編輯局	978-4-7972-8959-6	59,400 円	54,000 円
1355	民事訴訟法釋義	梶原仲治	978-4-7972-8960-2	41,800 円	38,000 円
1356	人事訴訟手續法	大森洪太	978-4-7972-8961-9	40,700 円	37,000 円
1357	法學通論	牧兒馬太郎	978-4-7972-8962-6	33,000 円	30,000 円
1358	刑法原理	城數馬	978-4-7972-8963-3	63,800 円	58,000 円
1359	行政法講義・佛國裁判所構成大要・日本古代法 完	パテルノストロ、曲木如長、坪谷善四郎	978-4-7972-8964-0	36,300 円	33,000 円
1360	民事訴訟法講義〔第一分冊〕	本多康直、今村信行、深野達	978-4-7972-8965-7	46,200 円	42,000 円
1361	民事訴訟法講義〔第二分冊〕	本多康直、今村信行、深野達	978-4-7972-8966-4	61,600 円	56,000 円
1362	民事訴訟法講義〔第三分冊〕	本多康直、今村信行、深野達	978-4-7972-8967-1	36,300 円	33,000 円
1505	地方財政及税制の改革〔昭和12年初版〕	三好重夫	978-4-7972-7705-0	62,700 円	57,000 円
1506	改正 市制町村制〔昭和13年第7版〕	法曹閣	978-4-7972-7706-7	30,800 円	28,000 円
1507	市制町村制 及 関係法令〔昭和13年第5版〕	市町村雑誌社	978-4-7972-7707-4	40,700 円	37,000 円
1508	東京府市区町村便覧〔昭和14年初版〕	東京地方改良協会	978-4-7972-7708-1	26,400 円	24,000 円
1509	改正 市制町村制 附 施行細則・執務條規〔明治44年第4版〕	矢島誠進堂	978-4-7972-7709-8	33,000 円	30,000 円
1510	地方財政改革問題〔昭和14年初版〕	高砂恒三郎、山根守道	978-4-7972-7710-4	46,200 円	42,000 円
1511	市町村事務必携〔昭和4年再版〕第1分冊	大塚辰治	978-4-7972-7711-1	66,000 円	60,000 円
1512	市町村事務必携〔昭和4年再版〕第2分冊	大塚辰治	978-4-7972-7712-8	81,400 円	74,000 円
1513	市制町村制逐条示解〔昭和11年第64版〕第1分冊	五十嵐鑛三郎、松本角太郎、中村淑人	978-4-7972-7713-5	74,800 円	68,000 円
1514	市制町村制逐条示解〔昭和11年第64版〕第2分冊	五十嵐鑛三郎、松本角太郎、中村淑人	978-4-7972-7714-2	74,800 円	68,000 円
1515	新旧対照 市制町村制 及 理由〔明治44年初版〕	平田東助、荒川五郎	978-4-7972-7715-9	30,800 円	28,000 円
1516	地方制度講話〔昭和5年再版〕	安井英二	978-4-7972-7716-6	33,000 円	30,000 円
1517	郡制注釈 完〔明治30年再版〕	岩田徳義	978-4-7972-7717-3	23,100 円	21,000 円
1518	改正 府県制郡制講義〔明治32年初版〕	樋山廣業	978-4-7972-7718-0	30,800 円	28,000 円
1519	改正 府県制郡制〔大正4年 訂正21版〕	山野金蔵	978-4-7972-7719-7	24,200 円	22,000 円
1520	改正 地方制度法典〔大正12第13版〕	自治研究会	978-4-7972-7720-3	52,800 円	48,000 円
1521	改正 市制町村制 及 附属法令〔大正2年第6版〕	市町村雑誌社	978-4-7972-7721-0	33,000 円	30,000 円
1522	実例判例 市制町村制釈義〔昭和9年改訂13版〕	梶康郎	978-4-7972-7722-7	52,800 円	48,000 円
1523	訂正 市制町村制 附 理由書〔明治33年第3版〕	明昇堂	978-4-7972-7723-4	30,800 円	28,000 円
1524	逐条解釈 改正 市町村財務規程〔昭和8年第9版〕	大塚辰治	978-4-7972-7724-1	59,400 円	54,000 円
1525	市制町村制 附 理由書〔明治21年初版〕	狩谷茂太郎	978-4-7972-7725-8	22,000 円	20,000 円
1526	改正 市制町村制〔大正10年第10版〕	井上圓三	978-4-7972-7726-5	24,200 円	22,000 円
1527	正文 市制町村制 並 選挙法規 附 陪審法〔昭和2年初版〕	法曹閣	978-4-7972-7727-2	30,800 円	28,000 円
1528	再版増訂 市制町村制註釈 附 市制町村制理由[明治21年増補再版]	坪谷善四郎	978-4-7972-7728-9	44,000 円	40,000 円
1529	五版 市町村制例規〔明治36年第5版〕	野元友三郎	978-4-7972-7729-6	30,800 円	28,000 円
1530	全国市町村便覧 附 全国学校名簿〔昭和10年初版〕第1分冊	藤谷崇文館	978-4-7972-7730-2	74,800 円	68,000 円

別巻　巻数順一覧【1309 ～ 1348 巻】※網掛け巻数は、2021 年 11 月以降刊行

巻数	書　名	編・著・訳者 等	ISBN	定　価	本体価格
1309	監獄學	谷野格	978-4-7972-7459-2	38,500 円	35,000 円
1310	警察學	宮國忠吉	978-4-7972-7460-8	38,500 円	35,000 円
1311	司法警察論	高井賢三	978-4-7972-7461-5	56,100 円	51,000 円
1312	増訂不動産登記法正解	三宅徳業	978-4-7972-7462-2	132,000 円	120,000 円
1313	現行不動産登記法要義	松本修平	978-4-7972-7463-9	44,000 円	40,000 円
1314	改正民事訴訟法要義 全〔第一分冊〕	早川彌三郎	978-4-7972-7464-6	56,100 円	51,000 円
1315	改正民事訴訟法要義 全〔第二分冊〕	早川彌三郎	978-4-7972-7465-3	77,000 円	70,000 円
1316	改正強制執行法要義	早川彌三郎	978-4-7972-7467-7	41,800 円	38,000 円
1317	非訟事件手續法	横田五郎、三宅徳業	978-4-7972-7468-4	49,500 円	45,000 円
1318	旧制對照改正官制全書	博文館編輯局	978-4-7972-7469-1	85,800 円	78,000 円
1319	日本政体史 完	秦政治郎	978-4-7972-7470-7	35,200 円	32,000 円
1320	萬國現行憲法比較	辰巳小二郎	978-4-7972-7471-4	33,000 円	30,000 円
1321	憲法要義 全	入江魁	978-4-7972-7472-1	37,400 円	34,000 円
1322	英國衆議院先例類集 巻之一・巻之二	ハッセル	978-4-7972-7473-8	71,500 円	65,000 円
1323	英國衆議院先例類集 巻之三	ハッセル	978-4-7972-7474-5	55,000 円	50,000 円
1324	會計法精義　全	三輪一夫、松岡萬次郎、木田川奎彦、石森憲治	978-4-7972-7476-9	77,000 円	70,000 円
1325	商法汎論	添田敬一郎	978-4-7972-7477-6	41,800 円	38,000 円
1326	商業登記法 全	新井正三郎	978-4-7972-7478-3	35,200 円	32,000 円
1327	商業登記法釋義	的場繁次郎	978-4-7972-7479-0	47,300 円	43,000 円
1328	株式及期米裁判例	繁田保吉	978-4-7972-7480-6	49,500 円	45,000 円
1329	刑事訴訟法論	溝淵孝雄	978-4-7972-7481-3	41,800 円	38,000 円
1330	修正刑事訴訟法義解 全	太田政弘、小濱松次郎、緒方惟一郎、前田兼寶、小田明次	978-4-7972-7482-0	44,000 円	40,000 円
1331	法律格言・法律格言義解	H・ブルーム、林健、鶴田忞	978-4-7972-7483-7	58,300 円	53,000 円
1332	法律名家纂論	氏家寅治	978-4-7972-7484-4	35,200 円	32,000 円
1333	歐米警察見聞録	松井茂	978-4-7972-7485-1	38,500 円	35,000 円
1334	各國警察制度・各國警察制度沿革史	松井茂	978-4-7972-7486-8	39,600 円	36,000 円
1335	新舊對照刑法蒐論	岸本辰雄、岡田朝太郎、山口慶一	978-4-7972-7487-5	82,500 円	75,000 円
1336	新刑法論	松原一雄	978-4-7972-7488-2	51,700 円	47,000 円
1337	日本刑法實用 完	千阪彦四郎、尾崎忠治、簑作麟祥、西周、宮城浩蔵、菅生初雄	978-4-7972-7489-9	57,200 円	52,000 円
1338	刑法實用詳解〔第一分冊〕	西園寺公望、松田正久、自治館編輯局	978-4-7972-7490-5	56,100 円	51,000 円
1339	刑法實用詳解〔第二分冊〕	西園寺公望、松田正久、自治館編輯局	978-4-7972-7491-2	62,700 円	57,000 円
1340	日本商事會社法要論	堤定次郎	978-4-7972-7493-6	61,600 円	56,000 円
1341	手形法要論	山縣有朋、堤定次郎	978-4-7972-7494-3	42,900 円	39,000 円
1342	約束手形法義解 全	梅謙次郎、加古貞太郎	978-4-7972-7495-0	34,100 円	31,000 円
1343	戸籍法 全	島田鐵吉	978-4-7972-7496-7	41,800 円	38,000 円
1344	戸籍辭典	石渡敏一、自治館編輯局	978-4-7972-7497-4	66,000 円	60,000 円
1345	戸籍法實用大全	勝海舟、梅謙次郎、自治舘編輯局	978-4-7972-7498-1	45,100 円	41,000 円
1346	戸籍法詳解〔第一分冊〕	大隈重信、自治館編輯局	978-4-7972-7499-8	62,700 円	57,000 円
1347	戸籍法詳解〔第二分冊〕	大隈重信、自治館編輯局	978-4-7972-8950-3	96,800 円	88,000 円
1348	戸籍法釋義 完	板垣不二男、岡村司	978-4-7972-8952-7	80,300 円	73,000 円

別巻　巻数順一覧【1265 ～ 1308 巻】

巻数	書　名	編・著・訳者 等	ISBN	定　価	本体価格
1265	行政裁判法論	小林魁郎	978-4-7972-7386-1	41,800 円	38,000 円
1266	奎堂餘唾	清浦奎吾、和田鍊太、平野貞次郎	978-4-7972-7387-8	36,300 円	33,000 円
1267	公證人規則述義 全	箕作麟祥、小松濟治、岸本辰雄、大野太衛	978-4-7972-7388-5	39,600 円	36,000 円
1268	登記法公證人規則詳解 全・大日本登記法公證人規則註解 全	鶴田皓、今村長善、中野省吾、奥山政敬、河原田新	978-4-7972-7389-2	44,000 円	40,000 円
1269	現行警察法規 全	内務省警保局	978-4-7972-7390-8	55,000 円	50,000 円
1270	警察法規研究	有光金兵衛	978-4-7972-7391-5	33,000 円	30,000 円
1271	日本帝國憲法論	田中次郎	978-4-7972-7392-2	44,000 円	40,000 円
1272	國家哲論	松本重敏	978-4-7972-7393-9	49,500 円	45,000 円
1273	農業倉庫業法制定理由・小作調停法原義	法律新聞社	978-4-7972-7394-6	52,800 円	48,000 円
1274	改正刑事訴訟法精義〔第一分冊〕	法律新聞社	978-4-7972-7395-3	77,000 円	70,000 円
1275	改正刑事訴訟法精義〔第二分冊〕	法律新聞社	978-4-7972-7396-0	71,500 円	65,000 円
1276	刑法論	島田鐵吉、宮城長五郎	978-4-7972-7398-4	38,500 円	35,000 円
1277	特別民事訴訟論	松岡義正	978-4-7972-7399-1	55,000 円	50,000 円
1278	民事訴訟法釋義 上巻	樋山廣業	978-4-7972-7400-4	55,000 円	50,000 円
1279	民事訴訟法釋義 下巻	樋山廣業	978-4-7972-7401-1	50,600 円	46,000 円
1280	商法研究 完	猪股淇清	978-4-7972-7403-5	66,000 円	60,000 円
1281	新會社法講義	猪股淇清	978-4-7972-7404-2	60,500 円	55,000 円
1282	商法原理 完	神崎東藏	978-4-7972-7405-9	55,000 円	50,000 円
1283	實用行政法	佐々野章邦	978-4-7972-7406-6	50,600 円	46,000 円
1284	行政法汎論 全	小原新三	978-4-7972-7407-3	49,500 円	45,000 円
1285	行政法各論 全	小原新三	978-4-7972-7408-0	46,200 円	42,000 円
1286	帝國商法釋義〔第一分冊〕	栗本勇之助	978-4-7972-7409-7	77,000 円	70,000 円
1287	帝國商法釋義〔第二分冊〕	栗本勇之助	978-4-7972-7410-3	79,200 円	72,000 円
1288	改正日本商法講義	樋山廣業	978-4-7972-7412-7	94,600 円	86,000 円
1289	海損法	秋野沆	978-4-7972-7413-4	35,200 円	32,000 円
1290	舩舶論 全	赤松梅吉	978-4-7972-7414-1	38,500 円	35,000 円
1291	法理學 完	石原健三	978-4-7972-7415-8	49,500 円	45,000 円
1292	民約論 全	J・J・ルソー、市村光恵、森口繁治	978-4-7972-7416-5	44,000 円	40,000 円
1293	日本警察法汎論	小原新三	978-4-7972-7417-2	35,200 円	32,000 円
1294	衛生行政法釈釋義 全	小原新三	978-4-7972-7418-9	82,500 円	75,000 円
1295	訴訟法原理 完	平島及平	978-4-7972-7443-1	50,600 円	46,000 円
1296	民事手続規準	山内確三郎、高橋一郎	978-4-7972-7444-8	101,200 円	92,000 円
1297	國際私法 完	伊藤悌治	978-4-7972-7445-5	38,500 円	35,000 円
1298	新舊比照 刑事訴訟法釋義 上巻	樋山廣業	978-4-7972-7446-2	33,000 円	30,000 円
1299	新舊比照 刑事訴訟法釋義 下巻	樋山廣業	978-4-7972-7447-9	33,000 円	30,000 円
1300	刑事訴訟法原理 完	上條慎藏	978-4-7972-7449-3	52,800 円	48,000 円
1301	國際公法 完	石川錦一郎	978-4-7972-7450-9	47,300 円	43,000 円
1302	國際私法	中村太郎	978-4-7972-7451-6	38,500 円	35,000 円
1303	登記法公證人規則註釋 完・登記法公證人規則交渉令達註釋 完	元田肇、澁谷慥爾、渡邊覺二郎	978-4-7972-7452-3	33,000 円	30,000 円
1304	登記提要 上編	木下哲三郎、伊東忍、緩鹿實彰	978-4-7972-7453-0	50,600 円	46,000 円
1305	登記提要 下編	木下哲三郎、伊東忍、緩鹿實彰	978-4-7972-7454-7	38,500 円	35,000 円
1306	日本會計法要論 完・選擧原理 完	阪谷芳郎、亀井英三郎	978-4-7972-7456-1	52,800 円	48,000 円
1307	國法學 完・憲法原理 完・主權論 完	橋爪金三郎、谷口留三郎、高槻純之助	978-4-7972-7457-8	60,500 円	55,000 円
1308	圀家學	南弘	978-4-7972-7458-5	38,500 円	35,000 円

巻数	書　名	編・著・訳者　等	ISBN	定　価	本体価格
1225	獄制研究資料　第一輯	谷田三郎	978-4-7972-7343-4	44,000 円	40,000 円
1226	歐米感化法		978-4-7972-7344-1	44,000 円	40,000 円
1227	改正商法實用 完　附 商業登記申請手續〔第一分冊 總則・會社〕	清浦奎吾、波多野敬直、梅謙次郎、古川五郎	978-4-7972-7345-8	60,500 円	55,000 円
1228	改正商法實用 完　附 商業登記申請手續〔第二分冊 商行為・手形〕	清浦奎吾、波多野敬直、梅謙次郎、古川五郎	978-4-7972-7346-5	66,000 円	60,000 円
1229	改正商法實用 完　附 商業登記申請手續〔第三分冊 海商・附録〕	清浦奎吾、波多野敬直、梅謙次郎、古川五郎	978-4-7972-7347-2	88,000 円	80,000 円
1230	日本手形法論 完	岸本辰雄、井本常治、町井鐵之介、毛戸勝元	978-4-7972-7349-6	55,000 円	50,000 円
1231	日本英米比較憲法論	川手忠義	978-4-7972-7350-2	38,500 円	35,000 円
1232	比較國法學 全	末岡精一	978-4-7972-7351-9	88,000 円	80,000 円
1233	國家學要論 完	トーマス・ラレー、土岐僙	978-4-7972-7352-6	38,500 円	35,000 円
1234	税關及倉庫論	岸﨑昌	978-4-7972-7353-3	38,500 円	35,000 円
1235	有價證券論	豊田多賀雄	978-4-7972-7354-0	60,500 円	55,000 円
1236	帝國憲法正解 全	建野郷三、水野正香	978-4-7972-7355-7	55,000 円	50,000 円
1237	權利競爭論・権利爭闘論	イエーリング、レーロア、宇都宮五郎、三村立人	978-4-7972-7356-4	55,000 円	50,000 円
1238	帝國憲政と道義　附 日本官吏任用論 全	大津淳一郎、野口勝一	978-4-7972-7357-1	77,000 円	70,000 円
1239	國體擁護日本憲政本論	寺内正毅、二宮熊次郎、加藤弘之、加藤房藏	978-4-7972-7358-8	44,000 円	40,000 円
1240	國體論史	清原貞雄	978-4-7972-7359-5	52,800 円	48,000 円
1241	商法實論 附 破産法 商法施行法 供託法 競賣法 完	秋山源藏、井上八重吉、中島行藏	978-4-7972-7360-1	77,000 円	70,000 円
1242	判例要旨定義學說試驗問題准條適條對照 改正商法及理由	塚﨑直義	978-4-7972-7361-8	44,000 円	40,000 円
1243	辯護三十年	塚﨑直義	978-4-7972-7362-5	38,500 円	35,000 円
1244	水野博士論集	水野錬太郎	978-4-7972-7363-2	58,300 円	53,000 円
1245	強制執行法論 上卷	遠藤武治	978-4-7972-7364-9	44,000 円	40,000 円
1246	公証人法論綱	長谷川平次郎	978-4-7972-7365-6	71,500 円	65,000 円
1247	改正大日本六法類編 行政法上卷〔第一分冊〕	磯部四郎、矢代操、島巨邦	978-4-7972-7366-3	55,000 円	50,000 円
1248	改正大日本六法類編 行政法上卷〔第二分冊〕	磯部四郎、矢代操、島巨邦	978-4-7972-7367-0	68,200 円	62,000 円
1249	改正大日本六法類編 行政法上卷〔第三分冊〕	磯部四郎、矢代操、島巨邦	978-4-7972-7368-7	55,000 円	50,000 円
1250	改正大日本六法類編 行政法下卷〔第一分冊〕	磯部四郎、矢代操、島巨邦	978-4-7972-7369-4	66,000 円	60,000 円
1251	改正大日本六法類編 行政法下卷〔第二分冊〕	磯部四郎、矢代操、島巨邦	978-4-7972-7370-0	57,200 円	52,000 円
1252	改正大日本六法類編 行政法下卷〔第三分冊〕	磯部四郎、矢代操、島巨邦	978-4-7972-7371-7	60,500 円	55,000 円
1253	改正大日本六法類編 民法・商法・訴訟法	磯部四郎、矢代操、島巨邦	978-4-7972-7372-4	93,500 円	85,000 円
1254	改正大日本六法類編 刑法・治罪法	磯部四郎、矢代操、島巨邦	978-4-7972-7373-1	71,500 円	65,000 円
1255	刑事訴訟法案理由書〔大正十一年〕	法曹會	978-4-7972-7375-5	44,000 円	40,000 円
1256	刑法及刑事訴訟法精義	磯部四郎、竹内房治、尾山萬次郎	978-4-7972-7376-2	91,300 円	83,000 円
1257	未成年犯罪者ノ處遇 完	小河滋次郎	978-4-7972-7377-9	33,000 円	30,000 円
1258	增訂普通選挙法釋義〔第一分冊〕	濱口雄幸、江木翼、三宅正太郎、石原雅二郎、坂千秋	978-4-7972-7378-6	55,000 円	50,000 円
1259	增訂普通選挙法釋義〔第二分冊〕	濱口雄幸、江木翼、三宅正太郎、石原雅二郎、坂千秋	978-4-7972-7379-3	60,500 円	55,000 円
1260	會計法要義 全	山崎位	978-4-7972-7381-6	55,000 円	50,000 円
1261	會計法語彙	大石興	978-4-7972-7382-3	68,200 円	62,000 円
1262	實用憲法	佐々野章邦	978-4-7972-7383-0	33,000 円	30,000 円
1263	訂正增補日本行政法講義	坂千秋	978-4-7972-7384-7	64,900 円	59,000 円
1264	增訂臺灣行政法論	大島久滿次、持地六三郎、佐々木忠藏、髙橋武一郎	978-4-7972-7385-4	55,000 円	50,000 円

巻数	書　名	編・著・訳者　等	ISBN	定　価	本体価格
1185	改正衆議院議員選擧法正解	柳川勝二、小中公毅、潮道佐	978-4-7972-7300-7	71,500円	65,000円
1186	大審院判決例大審院檢事局司法省質疑回答 衆議院議員選擧罰則　附 選擧訴訟、當選訴訟判決例	司法省刑事局	978-4-7972-7301-4	55,000円	50,000円
1187	最近選擧事犯判決集　附 衆議院議員選擧法、同法施行令選擧運動ノ爲ニスル文書圖畫ニ關スル件	日本撿察學會	978-4-7972-7302-1	35,200円	32,000円
1188	民法問答全集 完	松本慶次郎、村瀬甲子吉	978-4-7972-7303-8	77,000円	70,000円
1189	民法評釋 親族編相續編	近衛篤麿、富田鐵之助、山田喜之助、加藤弘之、神鞭知常、小林里平	978-4-7972-7304-5	39,600円	36,000円
1190	國際私法	福原鐐二郎、平岡定太郎	978-4-7972-7305-2	60,500円	55,000円
1191	共同海損法	甲野荘平、リチャード・ローンデス	978-4-7972-7306-9	77,000円	70,000円
1192	海上保険法	秋野沆	978-4-7972-7307-6	38,500円	35,000円
1193	運送法	菅原大太郎	978-4-7972-7308-3	39,600円	36,000円
1194	倉庫證券論	フォン・コスタネッキー、住友倉庫本店、草鹿丁卯次郎	978-4-7972-7309-0	38,500円	35,000円
1195	大日本海上法規	遠藤可一	978-4-7972-7310-6	55,000円	50,000円
1196	米國海上法要略 全	ジクゾン、秋山源蔵、北畠秀雄	978-4-7972-7311-3	38,500円	35,000円
1197	國際私法要論	アッセル、リヴィエー、入江良之	978-4-7972-7312-0	44,000円	40,000円
1198	國際私法論 上卷	跡部定次郎	978-4-7972-7313-7	66,000円	60,000円
1199	國法學要義 完	小原新三	978-4-7972-7314-4	38,500円	35,000円
1200	平民政治 上巻〔第一分冊〕	ゼームス・ブライス、人見一太郎	978-4-7972-7315-1	88,000円	80,000円
1201	平民政治 上巻〔第二分冊〕	ゼームス・ブライス、人見一太郎	978-4-7972-7316-8	79,200円	72,000円
1202	平民政治 下巻〔第一分冊〕	ゼームス・ブライス、人見一太郎	978-4-7972-7317-5	88,000円	80,000円
1203	平民政治 下巻〔第二分冊〕	ゼームス・ブライス、人見一太郎	978-4-7972-7318-2	88,000円	80,000円
1204	國法學	岸崎昌、中村孝	978-4-7972-7320-5	38,500円	35,000円
1205	朝鮮行政法要論 總論	永野清、田口春二郎	978-4-7972-7321-2	39,600円	36,000円
1206	朝鮮行政法要論 各論	永野清、田口春二郎	978-4-7972-7322-9	44,000円	40,000円
1207	註釋刑事記録	潮道佐	978-4-7972-7324-3	57,200円	52,000円
1208	刑事訴訟法陪審法刑事補償法先例大鑑	潮道佐	978-4-7972-7325-0	61,600円	56,000円
1209	法理學	丸山長渡	978-4-7972-7326-7	39,600円	36,000円
1210	法理學講義 全	江木衷、和田經重、奥山十平、宮城政明、粟生誠太郎	978-4-7972-7327-4	74,800円	68,000円
1211	司法省訓令回答類纂 全	日下部りゅう	978-4-7972-7328-1	88,000円	80,000円
1212	改正商法義解 完	遠藤武治、横塚泰助	978-4-7972-7329-8	88,000円	80,000円
1213	改正新會社法釋義　附 新舊對照條文	美濃部俊明	978-4-7972-7330-4	55,000円	50,000円
1214	改正商法釋義 完	日本法律學校内法政學會	978-4-7972-7331-1	77,000円	70,000円
1215	日本國際私法	佐々野章邦	978-4-7972-7332-8	33,000円	30,000円
1216	國際私法	遠藤登喜夫	978-4-7972-7333-5	44,000円	40,000円
1217	國際私法及國際刑法論	L・フォン・バール、宮田四八	978-4-7972-7334-2	50,600円	46,000円
1218	民法問答講義	吉野寛	978-4-7972-7335-9	88,000円	80,000円
1219	民法財産取得編人事編註釋　附法例及諸法律	柿嵜欽吾、山田正賢	978-4-7972-7336-6	44,000円	40,000円
1220	改正日本民法問答正解　総則編物權編債權編	柿嵜欽吾、山田正賢	978-4-7972-7337-3	44,000円	40,000円
1221	改正日本民法問答正解　親族編相續編　附民法施行法問答正解	柿嵜欽吾、山田正賢	978-4-7972-7338-0	44,000円	40,000円
1222	會計法釋義	北島兼弘、石渡傳藏、德山銓一郎	978-4-7972-7340-3	41,800円	38,000円
1223	會計法辯義	若槻禮次郎、市來乙彦、松本重威、稲葉敏	978-4-7972-7341-0	77,000円	70,000円
1224	相續税法義解	會禰荒助、若槻禮次郎、菅原通敬、稲葉敏	978-4-7972-7342-7	49,500円	45,000円

巻数	書　名	編・著・訳者　等	ISBN	定　価	本体価格
1147	各國の政黨〔第一分冊〕	外務省欧米局	978-4-7972-7256-7	77,000 円	70,000 円
1148	各國の政黨〔第二分冊〕・各國の政黨 追録	外務省欧米局	978-4-7972-7257-4	66,000 円	60,000 円
1149	獨逸法	宮内國太郎	978-4-7972-7259-8	38,500 円	35,000 円
1150	支那法制史	淺井虎夫	978-4-7972-7260-4	49,500 円	45,000 円
1151	日本法制史	三浦菊太郎	978-4-7972-7261-1	44,000 円	40,000 円
1152	新刑法要説	彦阪秀	978-4-7972-7262-8	74,800 円	68,000 円
1153	改正新民法註釋 總則編・物權編	池田虎雄、岩﨑通武、川原閑舟、池田撝卿	978-4-7972-7263-5	66,000 円	60,000 円
1154	改正新民法註釋 債權編	池田虎雄、岩﨑通武、川原閑舟、池田撝卿	978-4-7972-7264-2	44,000 円	40,000 円
1155	改正新民法註釋 親族編・相續編・施行法	池田虎雄、岩﨑通武、川原閑舟、池田撝卿	978-4-7972-7265-9	55,000 円	50,000 円
1156	民法総則編物權編釋義	丸尾昌雄	978-4-7972-7267-3	38,500 円	35,000 円
1157	民法債權編釋義	丸尾昌雄	978-4-7972-7268-0	41,800 円	38,000 円
1158	民法親族編相續編釋義	上田豊	978-4-7972-7269-7	38,500 円	35,000 円
1159	民法五百題	戸水寛人、植松金章、佐藤孝太郎	978-4-7972-7270-3	66,000 円	60,000 円
1160	實用土地建物の法律詳説 附 契約書式 登記手續	宮田四八、大日本新法典講習會	978-4-7972-7271-0	35,200 円	32,000 円
1161	鼇頭伺指令内訓　現行類聚　大日本六法類編　行政法〔第一分冊〕	王乃世履、三島毅、加太邦憲、小松恒	978-4-7972-7272-7	77,000 円	70,000 円
1162	鼇頭伺指令内訓 現行類聚　大日本六法類編　行政法〔第二分冊〕	王乃世履、三島毅、加太邦憲、小松恒	978-4-7972-7273-4	71,500 円	65,000 円
1163	鼇頭伺指令内訓　現行類聚大日本六法類編 民法・商法・訴訟法	玉乃世履、三島毅、加太邦憲、小松恒	978-4-7972-7274-1	66,000 円	60,000 円
1164	鼇頭伺指令内訓　現行類聚大日本六法類編 刑法・治罪法	玉乃世履、三島毅、加太邦憲、小松恒	978-4-7972-7275-8	71,500 円	65,000 円
1165	國家哲學	浮田和民、ウィロビー、ボサンケー	978-4-7972-7277-2	49,500 円	45,000 円
1166	王權論 自第一册至第五册	ロリュー、丸毛直利	978-4-7972-7278-9	55,000 円	50,000 円
1167	民法學説彙纂 總則編〔第一分冊〕	三藤久吉、須藤兵助	978-4-7972-7279-6	44,000 円	40,000 円
1168	民法學説彙纂 總則編〔第二分冊〕	三藤久吉、須藤兵助	978-4-7972-7280-2	66,000 円	60,000 円
1169	民法學説彙纂 物權編〔第一分冊〕	尾﨑行雄、松波仁一郎、平沼騏一郎、三藤卓堂	978-4-7972-7281-9	93,500 円	85,000 円
1170	民法學説彙纂 物權編〔第二分冊〕	尾﨑行雄、松波仁一郎、平沼騏一郎、三藤卓堂	978-4-7972-7282-6	55,000 円	50,000 円
1171	現行商法實用	平川橘太郎	978-4-7972-7284-0	44,000 円	40,000 円
1172	改正民法講義 總則編 物權編 債權編 親族編 相續編 施行法	細井重久	978-4-7972-7285-7	88,000 円	80,000 円
1173	民事訴訟法提要 全	齋藤孝治、緩鹿實彰	978-4-7972-7286-4	58,300 円	53,000 円
1174	民事問題全集	河村透	978-4-7972-7287-1	44,000 円	40,000 円
1175	舊令参照 罰則全書〔第一分冊〕	西岡逾明、土師經典、笹本栄蔵	978-4-7972-7288-8	66,000 円	60,000 円
1176	舊令参照 罰則全書〔第二分冊〕	西岡逾明、土師經典、笹本栄蔵	978-4-7972-7289-5	66,000 円	60,000 円
1177	司法警察官必携 罰則大全〔第一分冊〕	清浦奎吾、田邊輝實、福田正已	978-4-7972-7291-8	49,500 円	45,000 円
1178	司法警察官必携 罰則大全〔第二分冊〕	清浦奎吾、田邊輝實、福田正已	978-4-7972-7292-5	57,200 円	52,000 円
1179	佛郎西和蘭陀ノテール〔公証人〕規則 合卷	黒川誠一郎、松下直美、ヴェルベツキ、ラッパール、中村健三、杉村虎一	978-4-7972-7294-9	71,500 円	65,000 円
1180	公證人規則釋義・公證人規則釋義 全	箕作麟祥、石川惟安、岸本辰雄、井本常治	978-4-7972-7295-6	39,600 円	36,000 円
1181	犯罪論	甘糟勇雄	978-4-7972-7296-3	55,000 円	50,000 円
1182	改正刑法新論	小河滋次郎、藤澤茂十郎	978-4-7972-7297-0	88,000 円	80,000 円
1183	現行刑法對照改正刑法草案全説明書・改正草案刑法評論	辻泰城、矢野猪之八、關内兵吉、岡田朝太郎、藤澤茂十郎	978-4-7972-7298-7	61,600 円	56,000 円
1184	刑法修正理由 完	南雲庄之助	978-4-7972-7299-4	50,600 円	46,000 円

別巻　巻数順一覧【1106～1146巻】

巻数	書　名	編・著・訳者 等	ISBN	定　価	本体価格
1106	英米佛比較憲法論　全	ブートミー、ダイセイ、岡松參太郎	978-4-7972-7210-9	33,000円	30,000円
1107	日本古代法典(上)	小中村清矩、萩野由之、小中村義象、増田于信	978-4-7972-7211-6	47,300円	43,000円
1108	日本古代法典(下)	小中村清矩、萩野由之、小中村義象、増田于信	978-4-7972-7212-3	71,500円	65,000円
1109	刑政に關する緊急問題	江木衷、鵜澤總明、大場茂馬、原嘉道	978-4-7972-7214-7	39,600円	36,000円
1110	刑事訴訟法詳解	棚橋愛七、上野魁春	978-4-7972-7215-4	88,000円	80,000円
1111	羅馬法 全	渡邉安積	978-4-7972-7216-1	49,500円	45,000円
1112	羅馬法	田中遜	978-4-7972-7217-8	49,500円	45,000円
1113	國定教科書に於ける法制経済	尾﨑行雄、梅謙次郎、澤柳政太郎、島田俊雄、簗轍	978-4-7972-7218-5	71,500円	65,000円
1114	實用問答法學通論	後藤本馬	978-4-7972-7219-2	77,000円	70,000円
1115	法學通論	羽生慶三郎	978-4-7972-7220-8	44,000円	40,000円
1116	試驗須要 六法教科書	日本法律學校内法政學會	978-4-7972-7221-5	77,000円	70,000円
1117	試驗須要 民法商法教科書	日本法律學校内法政學會	978-4-7972-7222-2	77,000円	70,000円
1118	類聚罰則大全〔第一分冊〕	松村正信、伊藤貞亮	978-4-7972-7223-9	60,500円	55,000円
1119	類聚罰則大全〔第二分冊〕	松村正信、伊藤貞亮	978-4-7972-7224-6	55,000円	50,000円
1120	警務實用	髙﨑親章、山下秀實、奥田義人、佐野之信、和田鍒三郎、岸本武雄、長兼備	978-4-7972-7226-0	66,000円	60,000円
1121	民法と社會主義・思想小史 全	岡村司	978-4-7972-7227-7	82,500円	75,000円
1122	親族法講義要領	岡村司	978-4-7972-7228-4	39,600円	36,000円
1123	改正民法正解 上巻・下巻	磯部四郎、林金次郎	978-4-7972-7229-1	55,000円	50,000円
1124	登記法正解	磯部四郎、林金次郎	978-4-7972-7230-7	44,000円	40,000円
1125	改正商法正解	磯部四郎、林金次郎	978-4-7972-7231-4	55,000円	50,000円
1126	新民法詳解 全	村田保、鳩山和夫、研法學會(小島藤八、大熊實三郎、光信壽吉)	978-4-7972-7232-1	88,000円	80,000円
1127	英吉利内閣制度論・議院法改正資料	H・ザフェルコウルス、I・ジェニングス、國政研究會	978-4-7972-7233-8	38,500円	35,000円
1128	第五版警察法規 全〔上篇〕	内務省警保局	978-4-7972-7234-5	55,000円	50,000円
1129	第五版警察法規 全〔下篇〕	内務省警保局	978-4-7972-7235-2	77,000円	70,000円
1130	警務要書 完	内務省警保局	978-4-7972-7237-6	121,000円	110,000円
1131	國家生理學 第一編・第二編	佛郎都、文部省編輯局	978-4-7972-7238-3	77,000円	70,000円
1132	日本刑法博議	林正太郎、水内喜治、平松福三郎、豊田鉦三郎	978-4-7972-7239-0	77,000円	70,000円
1133	刑法新論	北島傳四郎	978-4-7972-7240-6	55,000円	50,000円
1134	刑罰及犯罪豫防論 全	タラック、松尾音次郎	978-4-7972-7241-3	49,500円	45,000円
1135	刑法改正案批評 刑法ノ私法觀	岡松參太郎	978-4-7972-7242-0	39,600円	36,000円
1136	刑法合看 他之法律規則	前田良弼、蜂屋玄一郎	978-4-7972-7243-7	55,000円	50,000円
1137	現行罰則大全〔第一分冊〕	石渡敏一、堤一馬	978-4-7972-7244-4	88,000円	80,000円
1138	現行罰則大全〔第二分冊〕	石渡敏一、堤一馬	978-4-7972-7245-1	66,000円	60,000円
1139	現行民事刑事訴訟手續 完	小笠原美治	978-4-7972-7247-5	38,500円	35,000円
1140	日本訴訟法典 完	名村泰藏、磯部四郎、黒岩鐵之助、後藤亮之助、脇屋義民、松井誠造	978-4-7972-7248-2	66,000円	60,000円
1141	採證學	ハンス・グロース、設楽勇雄、向軍治	978-4-7972-7249-9	77,000円	70,000円
1142	刑事訴訟法要義 全	山﨑恵純、西垣為吉	978-4-7972-7250-5	44,000円	40,000円
1143	日本監獄法	佐藤信安	978-4-7972-7251-2	38,500円	35,000円
1144	法律格言釋義	大日本新法典講習會	978-4-7972-7252-9	33,000円	30,000円
1145	各國ノ政黨〔第一分冊〕	外務省欧米局	978-4-7972-7253-6	77,000円	70,000円
1146	各國ノ政黨〔第二分冊〕	外務省欧米局	978-4-7972-7254-3	77,000円	70,000円